Karla Höcker

Carl Maria von Weber

W0407816

Die Autorin:

Karla Höcker, gebürtige Berlinerin, studierte an der Staatlich-Akademischen Hochschule für Musik und war zehn Jahre lang Mitglied des ›Bruinier-Quartetts‹. Seit 1938 veröffentlichte sie 30 Bücher, die sich meist mit Themen aus der Musik beschäftigten. Der Roman ›Die Mauern standen noch‹ wurde 1945 mit dem Verlagspreis des Berliner Kulturbuchverlages ausgezeichnet. Bücher über Wilhelm Furtwängler festigten ihren Ruf als Musikschriftstellerin. Im Jahre 1977 wurde Karla Höcker zum Professor e.h. ernannt. Während ihrer musikpädagogischen Tätigkeit erkannte sie, daß es an Lebensdarstellungen großer Musikerpersönlichkeiten fehlt. So schrieb sie mit Erfolg die Biographien ›Das Leben von Clara Schumann, geborene Wieck‹, in der dtv junior-Ausgabe mit dem Titel ›Clara Schumann – Die große Pianistin ihrer Zeit – Die Lebensgefährtin Robert Schumanns – Die Freundin von Johannes Brahms‹, Band 79015, dann ›Das Leben des Wolfgang Amadé Mozart‹, dtv junior 79011, ›Johannes Brahms, Begegnung mit dem Menschen‹, dtv junior 79006, ›Franz Schubert in seiner Welt‹, dtv junior 79019, den vorliegenden Band und ›Ein Kind von damals‹, Erinnerungen, in denen sie die Epoche ihrer eigenen musikdurchdrungenen Kindheit vor dem Ersten Weltkrieg schildert.

Karla Höcker lebt heute noch in Berlin. 1982 erhielt sie das Bundesverdienstkreuz 1. Klasse.

Karla Höcker

Carl Maria von Weber

Schöpfer der Romantischen Oper

Mit zahlreichen Abbildungen

Deutscher Taschenbuch Verlag

Titel der Originalausgabe: ›Oberons Horn. Das Leben von Carl Maria von Weber‹

Von Karla Höcker sind außerdem bei dtv junior lieferbar:
Franz Schubert in seiner Welt, Band 79019
Das Leben des Wolfgang Amadé Mozart, Band 79011
Clara Schumann, Band 79015
Johannes Brahms. Begegnung mit dem Menschen, Band 79006

Ungekürzte Ausgabe
Dezember 1988
Deutscher Taschenbuch Verlag GmbH & Co. KG, München
© 1986 Erika Klopp Verlag GmbH, Berlin · München
ISBN 3-7817-0765-2
Umschlaggestaltung: Irmgard Voigt unter Verwendung eines Fotos aus dem Archiv für Kunst und Geschichte, Berlin (Kupferstich von J. Neidl nach J. Lang)
Gesamtherstellung: Kösel, Kempten
Printed in Germany · ISBN 3-423-79027-X

Für Dietrich Liborius Huber

1. »Ein Musiker wirst du nimmermehr«

Ich bin den 18. Dezember 1786 zu Eutin im Holsteinischen geboren. Ich genoß der sorgfältigsten Erziehung mit besonderer Vorliebe für die schönen Künste, da mein Vater selbst ausgezeichnet Violine spielte. Die eingezogene Weise, in der meine Familie lebte, der stete Umgang mit erwachsenen gebildeten Menschen... lehrte mich früh, mehr in mir selbst und der Phantasiewelt zu leben und in ihr meine Beschäftigung und mein Glück zu suchen... Eigentümliche Neigung bestimmte meinen Vater zuweilen, seinen Aufenthaltsort zu wechseln...«

So berichtete Carl Maria von Weber 1818 von seiner Kindheit. Seine Mutter, Genovefa, geb. Brenner – übrigens Franz Antons zweite Frau – hat er schon als Zwölfjähriger verloren; sie starb an Lungentuberkulose, einer Krankheit, gegen die es damals kein Mittel gab. Carl Maria, möglicherweise schon als Säugling infiziert, blieb ein schwächliches Kind. Er litt von klein auf an einer nicht klar diagnostizierten Knochenkrankeit, konnte erst mit vier Jahren selbständig gehen und blieb sein Leben lang anfällig. Ein leichtes Hinken verlor sich nie ganz. Er war ein nachdenklicher und phantasievoller Junge, insofern stimmt sein Bericht. Aber das Schicksal dieses hochbegabten, physisch wie psychisch gefährdeten Kindes war sein Vater. Deshalb ist es notwendig, einen Blick auf dessen wechselvolles Leben zu werfen.

Franz Anton (von) Weber wurde 1734 in Zell im Wiesental (Schwarzwald) geboren; die Familie stammte aus dem Handwerkerstand. Der Vater, Fridolin Weber, hat als erster Vorfahre in Freiburg studiert und wurde später Amtmann in Zell; schon bei ihm zeichnete sich eine musikalische Begabung ab. Seine Söhne, Fridolin II. und Franz Anton, waren beide musikalisch begabt, Franz Anton spielte ausgezeichnet Geige und Kontrabaß. Er war einige Zeit Soldat, wurde verwundet und als Lieutenant entlassen. Das hinderte ihn nicht, später in wichtigen Briefen als »Major« zu unterzeichnen, gelegentlich auch als »Kammerherr«, der er nie war. Seine Angaben über die Familiengeschichte sind mit Vorsicht zu betrachten, wir kommen darauf noch zurück.

Durch seine erste Ehe mit Maria Anna geb. Fumetti fiel ihm die einträgliche Stellung des fürstbischöflichen Amtmannes von Steuerwald bei Hildesheim zu, ohne die geringste Vorbildung. Um Einfälle nie verlegen, trat er gern als liebenswürdiger Kavalier auf, gewann schnell Sympathien, die er leichtsinnig aufs Spiel setzte, sobald Forderungen an ihn gestellt wurden, die ihm nicht behagten. Als Eifer und Pflichtgefühl nachließen, wurde er seines Amtes enthoben, behielt aber zunächst noch Titel und Gehalt. Im fürstbischöflichen Entlassungsschreiben kommt zum erstenmal das »von« Weber offiziell vor. Franz Anton widmete sich nun vor allem der Musik und seiner ständig wachsenden Familie. Zum Vergnügen der ländlichen Bevölkerung begab er sich gern auf Spaziergänge durch Wald und Flur, bei denen er die Kinder geigespielend anführte.

Welchen Unternehmungen er sich in den Jahren 1773–79 zuwandte, ist nicht genau bekannt. Möglicherweise schloß er sich unter anderem Namen einer wandernden Schauspielergesellschaft an. 1779 wurde er Kapellmeister des Fürstbischofs von Eutin, 1779–1785 Stadtmusikus daselbst. Maria Anna war schon 1783 gestorben. Sie hatte ihm acht Kinder geschenkt, von denen drei noch in Hildesheim beerdigt wurden. Als Franz Anton 1784 die Söhne Fritz und Edmund zur Ausbildung dem berühmten Joseph Haydn in Wien übergab, lernte er dort Genovefa Brenner kennen, die sich zur musikalischen Ausbildung in Wien aufhielt. In sie verliebte sich der 50jährige Franz Anton Hals über Kopf. Genovefa, die seine Tochter hätte sein können, nahm erstaunlicherweise seinen Heiratantrag an; offenbar besaß der Alternde noch etwas von seinem jugendlichen Charme und seiner Kavaliersliebenswürdigkeit. Die Hochzeit fand am 20. August 1785 statt; auch die Brauteltern scheinen mit ihr einverstanden gewesen zu sein. Genovefas Vater, Markus Brenner, hatte es vom Bauernsohn zum erfolgreichen Kunstschreiner gebracht, er war bischöflicher Hoftischler in Augsburg, eine solide Persönlichkeit.

Gleich nach der Hochzeit reiste das ungleiche Paar nach Eutin, wo Franz Anton als Stadtmusikus die ländliche Umgebung und das Städtchen mit passender Musik für alle anfallenden Feste zu versorgen hatte. Es war eine einträgliche Stellung, aber keine, die zu künstlerischem Ruhm führen konnte.

Webers Geburtshaus in der Rosenstadt Eutin. Aufführungen der *Freilichtbühne Am See* und vielseitige musikalische Programme – nicht zuletzt Webers romantische Opern und seine brillante Konzertmusik – ziehen jeden Sommer Scharen von Besuchern an. Zeitgenössischer Stich

Carl Maria kam in Eutin nicht, wie es lange Zeit hieß, am 18. Dezember 1786 zur Welt, sondern wahrscheinlich am 18. oder 19. November. Die Eintragung ins Eutiner Taufregister lautet auf den 20. November 1786, und die Taufe wurde meist ein bis zwei Tage nach der Geburt vorgenommen. Wenig später legte Franz Anton das Amt des Stadtmusikus nieder. Es war jetzt sein sehnlichster Wunsch, eine eigene »von Weberische Schauspielgesellschaft« zu gründen und mit dieser durch die Lande zu ziehen. Die musikbegabten Kinder aus erster Ehe, seine Schwester Adelheid und seine junge Gattin, die als Sängerin ausgebildet war, sollten den Kern des neuen Ensembles bilden. Auch an Opernaufführungen dachte der ehrgeizige Franz Anton schon im stillen. Er verkaufte seine Instrumente an seinen Nachfolger; die Pension, die der Fürstbischof ihm gnädig bewilligt hatte, erbrachte noch einmal 800 Taler. So ausgerüstet fuhr er nach Hamburg, um seiner Gesellschaft die geschäftliche Grundlage zu geben.

Genovefa war tief unglücklich über die nun ganz unsichere Zukunft der Familie. Sie litt an heftigem Heimweh nach den Eltern und nach ihrem schönen Zuhause; denn beim Umherziehen mit einer Theatergruppe waren alle Bemühungen aussichtslos, ein behagliches Heim zu schaffen.

Über die Erfolge der Gesellschaft, die Qualitäten ihrer Aufführungen und den Kreis der Darsteller wissen wir nur wenig. Jedenfalls trat die »von Weberische Schauspielgesellschaft« 1788 in Wien auf, 1789 in Kassel, 1790 in Meiningen, 1791 in Nürnberg. Ein Mitglied der Truppe, Carl Ludwig Costenoble, hat berichtet, daß der Herr von Weber ein freundlicher Direktor und seine Gattin »kreuzbrav« gewesen sei. Sie trat sowohl als Sängerin wie als Schauspielerin auf, wie damals üblich. Costenoble lobte sie vor allem als Schauspielerin, obwohl ihr Vortrag »etwas Maniriertes« gehabt habe. Es ist schwer zu sagen, was er darunter verstand.

Die Unruhe eines Wandertheaters mit ständig wechselnden, oft recht behelfsmäßigen Bühnen, dem Auf- und Abbau der Dekorationsstücke und den nie ausbleibenden Auseinandersetzungen einer zusammengewürfelten Gesellschaft: dies alles erlebte Carl Maria von früh an. Die Kinder, mit denen er in Berührung kam, waren Schauspielerkinder, die jeweilige Bühne in probenfreien Stunden ein herrlicher Platz für Abenteuerspiele. Er lernte die Mängel, die Schwierigkeiten, die unabdingbaren Notwendigkeiten eines Theaters von Grund auf kennen. Dazu gehörte die Einbeziehung der Musik in das dramatische Geschehen wie auch das zuverlässige Funktionieren der Technik.

Von Schule ist nirgends die Rede, es gab ja damals noch keine Schulpflicht. Für Carl Maria bedeutete der selbstverständliche Umgang mit dem Theater eine wertvolle Ausbildung, die ihm in seinem späteren Wirken als Theaterkapellmeister hundertfach zugute kommen sollte. Auffallend ist, daß er in seiner Selbstbiographie von 1818 über den ganzen Komplex mit dem Satz hinweggeht: »Eigentümliche Neigungen bestimmten meinen Vater zuweilen, seinen Aufenthaltsort zu wechseln.« Auch von Aufführungen und ihren Erfolgen ist nie die Rede. Umherziehende Theatertruppen wurden sozial erheblich tiefer eingestuft als seßhafte Künstler. Der Bürger genoß zwar die Spektakel, die er durch die Komödianten erlebte, deren kulturelle Informa-

Carl Maria wuchs in der bunten Welt eines Wandertheaters auf, das sein Vater leitete. Er war ein kränkliches Kind und konnte erst mit vier Jahren alleine laufen. Zeichnung

tionen für die Allgemeinheit man nicht unterschätzen sollte; nähere Berührung fand jedoch nur selten statt. Das wußte Weber sehr genau, und sein kleiner Sohn wird es an zahllosen Äußerlichkeiten bemerkt haben, ohne darüber mit den Erwachsenen zu sprechen.

Doch gab es in dieser Zeit für Carl Maria noch etwas anderes, etwas sehr Wichtiges: Er hatte einen Menschen, zu dem er jederzeit flüchten konnte, der immer für ihn da war: seine schöne, sanfte, körperlich leidende, doch geistig rege und gebildete Mutter. Sie hat dem wißbegierigen Jungen mehr als nur Schulkenntnisse vermittelt, sie schenkte ihm durch ihr eigenes Wesen Maßstäbe menschlichen Verhaltens und zugleich die Hinwendung zum christlichen Glauben, dem er bis zu seinem Tode anhing. Bei seiner Mutter fand er Nestwärme, die sonst in diesem Milieu vollständig gefehlt hätte.

Inzwischen visierte der unruhige Vater schon wieder ein neues Ziel an, das ihn innerlich seit langem beschäftigte. Er hoffte nämlich, unter seinen zahlreichen Kindern einen »zweiten Mozart« zu finden, und wollte diesen entsprechend erziehen und berühmt machen. Keiner der Söhne aus erster Ehe war für eine so anspruchsvolle Laufbahn begabt genug. Ausgerechnet der körperlich schwächste Jüngste wurde dazu ausersehen, die Strapazen einer

Wunderkindausbildung durchzumachen – so wie Franz Anton sie verstand. Er und der schon erwachsene Stiefbruder Fritz teilten sich in die Aufgabe, mit dem Kleinen täglich stundenlang zu üben: ohne pädagogische Kenntnisse, ohne jene behutsame und menschenfreundliche Grundhaltung, die der kluge, maßvolle Leopold Mozart dem kleinen Wolfgang hatte angedeihen lassen. Der Erfolg der Webers war dementsprechend: Den Schüler packte heftige Abneigung, nicht nur gegen die anstrengende Überei, sondern gegen die Musik überhaupt. Fritz soll eines Tages beim Unterrichten verzweifelt ausgerufen haben: »Carl, du kannst vielleicht alles werden, aber ein Musiker wirst du nimmermehr!«

Trotzdem bemühte sich der Vater weiter um eine gute vielseitige Ausbildung des Jungen. Während des Nürnberger Aufenthaltes ließ er ihm sogar von einem Maler Unterricht im Zeichnen, Malen und Kupferstechen geben, ohne daß in den kindlichen Versuchen mehr als eine Durchschnittsbegabung erkennbar wurde. Im Anschluß an Nürnberg und Erlangen begab sich die »von Weberische Schauspielgesellschaft« 1796 nach Hildburghausen. Dieser Aufenthalt, der sich wider Erwarten bis zum Herbst 1797 hinzog, hat Carl Marias weitere Entwicklung günstig beeinflußt. Der Grund war allerdings bedrückend: Genovefa erkrankte so schwer, daß Franz Anton sich entschloß, seine Truppe allein weiterreisen zu lassen. Die Familie fand eine bescheidene, aber angenehme Unterkunft in bürgerlicher Umgebung; auch Franz Antons ältere Schwester Adelheid teilte den Haushalt mit der Familie. Sie hatte nach einer unglücklichen Ehe Aufnahme bei ihrem Bruder gefunden, beteiligte sich an den Aufführungen der Gesellschaft und ging liebevoll auf Carl Marias Probleme ein.

Vor allem erhielt er in dieser Zeit den ersten systematischen Musikunterricht von einem tüchtigen jungen Musiker der Herzoglichen Kapelle: Johann Peter Heuschkel. Er wurde als Orgelspieler, Pianist und Oboist geschätzt, schrieb Kompositionen für den Klavierunterricht und half bei der Redaktion des Hildburghauser Gesangbuches.

Er war ein gebildeter, seriöser Musiker, der hohe Forderungen an den kleinen Schüler stellte, aber zugleich auch Verständnis für dessen witzige Einfälle, den manchmal plötzlich ausbrechenden Übermut hatte. Carl Maria erkannte diesen Lehrer voll an und liebte sein fröhliches junges Wesen. In seiner Selbstbiographie von 1818 steht der schöne Satz: »Den wahren festen

Grund zur künftigen, deutlichen charaktervollen Spielart auf dem Klavier und gleicher Ausbildung beider Hände habe ich dem braven, strengen und eifrigen Heuschkel in Hildburghausen zu verdanken.«

Zum Klavierunterricht kamen jetzt auch erste Übungen im Generalbaß; Franz Anton nutzte außerdem eine sich bietende Gelegenheit, seinen Sohn an französischem Unterricht teilnehmen zu lassen. So dilettantisch seine Grundeinstellung war, die Ausbildung der Kinder lag ihm stets am Herzen.

Durch die Bekanntschaft der Webers mit Vertretern des gehobenen Bürgertums lernte der Elfjährige jetzt auch Gleichaltrige kennen, mit denen er spielen konnte; zum erstenmal führte er in seiner freien Zeit das Leben eines normalen Jungen. Auch die Schüchternheit, die er zuweilen infolge seiner körperlichen Unterlegenheit empfand, lernte er überwinden. Oft wurde er durch seine Gewandtheit, seinen Mut und Witz zum Anführer einer größeren Schar, die ihn anerkannte und ihm folgte.

Im Herbst hielt es den ruhelosen Franz Anton nicht länger am selben Ort. Er beschloß, mit der Familie nach Salzburg zu gehen, wo er sich mit seiner Theatertruppe wieder vereinigen wollte. Er hatte vor, mit dieser nach Bayern, Baden und der Pfalz zu wandern, in Gegenden also, die ihm von früh an vertraut waren. Doch inzwischen waren die Zustände im »Heiligen Römischen Reich Deutscher Nation« so bedrohlich wie noch nie: Es stand vor dem endgültigen Zusammenbruch. Napoleons Siegeszug durch Italien hatte sich nördlich der Alpen fortgesetzt, General Moreau war mit französischen Truppen vor München erschienen, und im Oktober 1797 wurde der Vertrag von Campo Formio geschlossen, durch den Österreich außer Belgien auch seine rheinischen Gebiete und die Lombardei verlor. Im Abtausch dafür erhielt es Teile Venetiens.

Unter diesen Voraussetzungen schien es Franz Anton das beste, zu bleiben, wo er war, und weitere Theaterpläne auf später zu verschieben.

Brief des elfjährigen Carl Maria

An Johann Peter Heuschkel

Salzburg den 28. xbris 1797

Hochedelgeborener Herr Kammer-Musikus.

Mein teuerster, geliebtester Lehrer.

Der eintretende Neue Jahrs Wechsel erinnert mich an die Pflicht, Ihnen, mein teuerster Lehrer, meinen herzinnigen Glückwunsch abzustatten, der Himmel erhalte Sie noch lange Jahre im besten Wohlsein, noch habe leider keinen so guten Lehrer gefunden, als ich an Ihnen verloren, und habe wegen diesem, was ich von Ihnen gelernt, schon oft große Ehre eingeerntet. Nach vieler Mühe hat es endlich mein Hr. Vater dahin gebracht, daß ich dieses Neue Jahr bei Herrn Kapellmeister Michael Haydn den Kontrapunkt anfange, da er mich auf seinem Zimmer das Konzert von Kozeluch, einige Variationen, etwas von Righiniliedern und ein Rezitativ aus dem Tod Jesu spielen gehört und großen Beifall gegeben hat. Es ist ein Glück für mich, denn er nimmt sonst keine Schüler mehr an, weil er gar zu viel zu tun hat. Lieber Hr. Heuschkel, vergessen Sie mich ja nicht, so wie ich ewig an Sie gedenke. Darf ich bitten, die Einlage an Hr. Tertius zu bestellen. Der ich in Erwartunge einer baldig gütigen Antwort zeitlebens mit wahrer Achtung bin

Ihr getreuer Schüler Carl von Weber

2. Unruhige Kindheit

Der Entschluß seines Vaters, die Zeit unübersehbarer politischer Entwicklungen mit seiner Theatertruppe in Salzburg zu verbringen, wirkte sich für Carl Marias Ausbildung recht günstig aus. In Salzburg gab es eine seit Jahrhunderten gewachsene Musiktradition. Die Hofkapelle war schon 1591 gegründet worden; Wolf Dietrich, der damalige Erzbischof, hatte als ersten Kapellmeister den berühmten Tiburtius Massainus aus Cremona berufen. Zur feierlichen Einweihung des neuen Salzburger Domes komponierte Ora-

Im Salzburger Dom wirkte Carl Maria als Chorknabe mit. Zeitgenössischer Stich

zio Benevoli eine 53stimmige Messe, die in großem Rahmen aufgeführt wurde. Sieben Tage und Nächte dauerten damals die Festlichkeiten.

Italienische Musik und ihre Meister blieben jahrhundertelang im geistlichen wie weltlichen Salzburg führend. Doch klingen in Webers Kindheit auch schon deutsche Namen auf: Georg Muffat war als Domorganist tätig, der berühmte Geiger und Komponist Franz Heinrich von Biber als Domkapellmeister, Johann Ernst Eberlin, Anton Cajetan Adlgasser saßen an der Domorgel, zwei Jahre lang auch Wolfgang Amadé Mozart, dem Michael Haydn, der jüngere Bruder des genialen Joseph Haydn, folgte. In Salzburg war Michael Haydn als Komponist und Lehrer hochgeachtet, ihm unterstand auch das Kapellknabeninstitut für die hohen Chorstimmen. Der Erzbischof war, wie zu Mozarts Zeiten, noch immer Hieronymus Colloredo, ein nun schon alter Mann. Er hatte seinerzeit in Hirtenbriefen alle Theateraufführungen scharf verurteilt, die in Salzburg so beliebten »geistlichen Volksspiele« sogar als Mißbrauch der Religion bezeichnet. Mit seiner Unduldsamkeit, Härte und dem völligen Mangel an menschlichem Verständnis hatte er den selbstbewußten jungen Mozart damals aus Salzburg vertrieben. Die Oper war dann unter Colloredos Ägide ganz eingegangen. In musikalischer Hinsicht hatte er einige Reformen durchgeführt, die zwar Kosten einsparten, aber die künstlerische Qualität reduzierten.

Schon Mozart beklagte das, nachdem er das hervorragende Orchester und die ersten Versuche deutscher Opernkomponisten in Mannheim kennengelernt hatte.

Doch Carl Maria war ein elfjähriges Kind, Opernehrgeiz lag noch in weiter Ferne. Er fand Aufnahme in der Knabenkapelle und wurde nicht nur als zuverlässiger Sänger geschätzt, sondern von den Mitschülern auch als fröhlicher Kamerad, der für jeden Spaß zu haben war. Sehr schmerzlich empfand der Junge den großen Unterschied zwischen seinem lieben Freund und Mentor in Hildburghausen und dem trockenen, nüchternen alten Haydn, der streng in seinen Forderungen, zurückhaltend im Lob war und zu dem

Franz Anton von Weber (1734–1812), Carl Marias Vater, war musikbegabt und von kavaliersmäßiger Liebenswürdigkeit. Er wechselte mehrfach den Beruf und gab einträgliche Stellungen ohne langes Überlegen auf; sein ganzes Leben ist gezeichnet von ständiger innerer Unruhe. Ölgemälde, Privatbesitz, Dresden-Hosterwitz ▶

schwächlichen kleinen Jungen keinen rechten Kontakt fand. Doch wird Carl Maria durch die Mitwirkung bei Messen und anderen kirchlichen Musiken Beispiele der Aufführungspraxis kennengelernt haben, die für seine späteren Aufgaben sehr wertvoll waren. Zum Studium der italienischen Sprache, das im Lehrplan der Kapelle vorgesehen war, kamen Klavierstunden und erste Studien im Kontrapunkt, die Haydn dem Jungen kostenlos erteilte, nachdem er sein erstaunlich fortgeschrittenes Klavierspiel angehört hatte. Denkbar ist, daß Carl Maria als Chorknabe auch geistliche und andere Werke von Mozart kennenlernte und dadurch eine erste Ahnung von dessen Musik erhielt. Später hat er vor allem seine Opern über alles geliebt und als Kapellmeister in Prag und Dresden zu Aufführungen im Mozartischen Geist gebracht.

Die Familien Mozart und Weber waren durch Heirat miteinander verwandt. Franz Antons Bruder Fridolin, der dem Mannheimer Theater verbunden war, hatte vier begabte Töchter; Aloysia, die Sängerin, war des jungen Mozart leidenschaftliche und hoffnungslose Liebe gewesen, ihre jüngere Schwester Constanze hat er 1782 in Wien geheiratet.

Während Carl seinen Studien nachging und Franz Anton kaum noch Möglichkeiten für Aufführungen seiner Truppe fand, nahmen Genovefas Kräfte erschreckend ab. Zu den physischen gesellten sich seit langem psychische Leiden. Sie litt unter der groben Atmosphäre der Theatergesellschaft, die ihr seit je zuwider war, es kam zu quälenden Auseinandersetzungen mit Franz Anton, der verzweifelt und ratlos am Krankenlager seiner Frau stand und nicht begreifen wollte, daß er mit einer Sterbenden sprach. Am 13. März 1798 wurde Genovefa von ihren Leiden erlöst und zwei Tage später auf dem Sebastianskirchhof beigesetzt. Ihre letzte Ruhe fand sie im Grabe von Leopold Mozart. Constanze Mozart, geb. Weber, überlebte ihren Gatten um über 40 Jahre. Sie wurde 1842 als Constantia von Nissen, wie sie in ihrer zweiten Ehe geheißen hatte, im selben Grab wie Carl Marias Mutter zur Ruhe gebettet. Es ist seltsam und rührend, daß die familiäre Bindung zwischen den Webers und den Mozarts, die sich im Leben nie ausgewirkt hat, im Tode eine schlichte Bestätigung fand.

◀ An seiner Mutter Genovefa, geb. Brenner (1764–98), einer kranken, doch geistig regen und liebevollen Frau, hing Carl Maria mit ganzem Herzen. Sie starb früh an Lungenschwindsucht, wie später auch ihr Sohn. Miniatur, Privatbesitz, Dresden-Hosterwitz

Für Carl Maria bedeutete der Verlust seiner Mutter die erste große menschliche Erschütterung. Er war noch keine zwölf Jahre alt. Daß er bei seiner Tante Adelheid, einer reifen erfahrenen Frau, liebevolles Verständnis für alle Schwankungen seines Wesens und seiner Stimmungen fand, muß als Glücksfall betrachtet werden. Sie konnte ihm geben, was der Halbwüchsige jetzt am nötigsten brauchte: praktische Hilfe, persönliche Zuwendung und, wenn nötig, energische Führung.

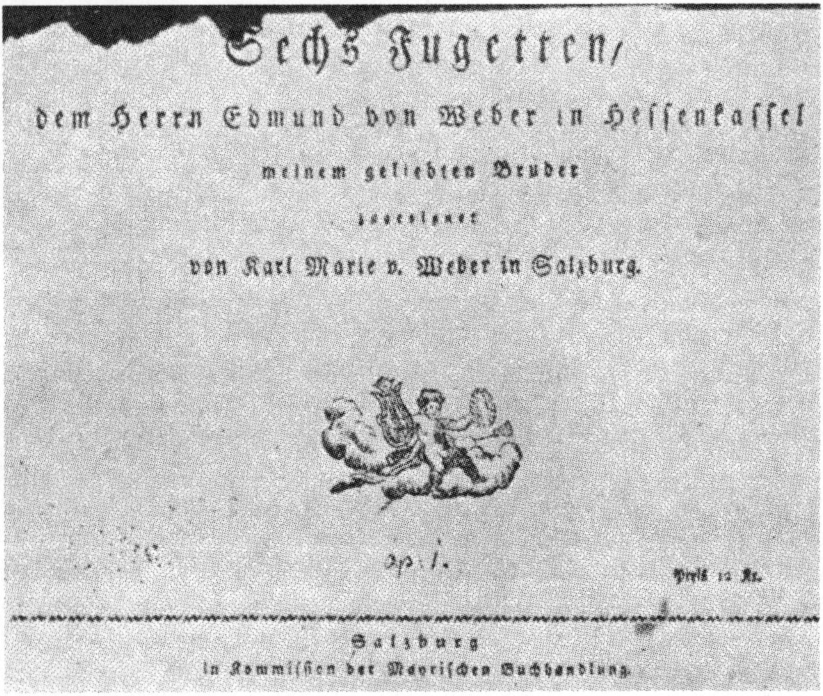
Sechs Fugetten,
dem Herrn Edmund von Weber in Hessenkassel
meinem geliebten Bruder
zugeeignet
von Karl Marie v. Weber in Salzburg.
Op. 1.
Preis 12 Kr.
Salzburg
in Kommission der Mayrischen Buchhandlung.

Die erste gedruckte Komposition des 12jährigen Carl

Das wichtigste Ergebnis seines Studiums bei Michael Haydn bestand in sechs kleinen Fugen, die Carl unter dessen Aufsicht geschrieben hatte und die der sonst so strenge Lehrer freundlich lobte. Franz Anton ließ sie daraufhin durch die Mayrische Buchhandlung veröffentlichen. Sie erhielten den Titel *Sechs Fughetten* und eine Widmung an den Stiefbruder Edmund:

»Dir, als Kenner, Tonkünstler, als Lehrer und endlich als Bruder weihet, im elften Jahr seines Alters, die Erstlinge seiner musikalischen Arbeit Dein dich liebender Bruder

Carl Maria von Weber

Salzburg, 1. September 1798«

Der jugendliche Komponist befand sich zwar schon im zwölften Jahr seines Alters, doch schien es dem eitlen Vater offenbar vorteilhafter, das Wunderkind hervorzuheben. Er sandte das Werkchen an den Musikschriftsteller Friedrich Rochlitz, der es im 1. Jahrgang seiner »Allgemeinen Musikalischen Zeitung« wohlwollend besprach: »Daß ein junger Künstler, wie der Verfasser, im elften Jahr Fughetten komponiert, und so brave Fughetten, ist gewiß eine ausgezeichnete und ungemein vielversprechende Seltenheit.«

Die kleinen Stücke, deren längstes nur 13 Takte enthält, sind schülerhaft unbedeutend. Weber hat in späteren Jahren, oft durch Zeitdruck zu größter Eile gezwungen, frühere Themen, überhaupt Einfälle aus Werken, die für ihn keine Bedeutung mehr besaßen, in neuen Kompositionen verwendet, so auch drei der Fughetten. Nr. 1 tauchte in der kleinen Oper *Peter Schmoll und seine Nachbarn* auf, Nr. 2 und Nr. 6 in der *Es-Dur-Messe*, die er 1818 in Dresden komponierte. Die Episode Salzburg war damit – zunächst wenigstens – beendet. Nach einem kurzen Wiener Aufenthalt von Vater und Sohn traf sich die Familie Weber Ende 1798 in München.

Franz Anton war von der Leitung seiner Theatergesellschaft inzwischen zurückgetreten. Er hatte offenbar begriffen, daß es höchste Zeit war, Carl Maria in die Lehre erfahrener und solider Musikpädagogen zu geben, wenn etwas Besonderes aus ihm werden sollte. Er hoffte auf Joseph Grätz, einen ehemaligen Schüler von Michael Haydn, der ihn Franz Anton empfohlen hatte. Doch Grätz war prominent, galt in der Münchener Gesellschaft als »Unterrichtstalent« und nahm enorme Honorare. Schließlich empfahl er den Webers seinen Schüler Johann Nepomuk Kalcher. Der führte den Unterricht mit großer Gewissenhaftigkeit durch. Carl Maria sagte später über ihn: »Dem klaren, stufenweise fortschreitenden, sorgfältigen Unterricht des letzteren danke ich größtenteils die Herrschaft und Gewandtheit im Gebrauche der Kunstmittel, vorzüglich in bezug auf den reinen vierstimmigen Satz, die dem Tondichter so natürlich werden müssen, soll er rein sich und seine Ideen auch dem Hörer wiedergeben können, wie dem Dichter Rechtschreibung und Silbenmaß.«

Gleichzeitig wurde Carl von dem berühmten Valesi in Stimmbildung und Gesang unterrichtet. Dies war Franz Antons Idee gewesen, zweifellos aus praktischer Erfahrung geschöpft. Denn nur wenige Opern- und Bühnenkomponisten konnten damals in Deutschland konzertreif singen (und wie viele können es heute?).

Valesi hieß eigentlich Johann Evangelist Wallishauser und stammte aus Unterhattenhofen in Bayern. Er hatte in Italien studiert, war seit 1771 Mitglied der Münchener Oper und besaß den Ruf, einer der besten Stimmbildner Deutschlands zu sein. Im Gegensatz zu dem jungen Kalcher war er ein Greis, aber ein feuriger; Carl widmete sich diesem für ihn neuen Fach mit großer Freude und offensichtlicher Begabung. Er hat bis zu einem Unfall, durch den er seine hübsche baritonale Stimme fast ganz einbüßte, mit Freude und Temperament gesungen, besonders gern zur Gitarre, die er virtuos zu beherrschen lernte. Hierin war er ein Parteigänger der romantischen Jugend, die ihre Treffen, Feste und Serenaden am liebsten im Freien abhielt und durch gemeinsames Singen verschönte. Es ist bezeichnend, daß diejenigen Zuhörer, die Weber 1813 am begeistertsten feierten, wenn seine mehrstimmigen Gesänge aus *Leier und Schwert* von Theodor Körner ertönten, die jungen Hörer waren, vor allem Studenten. Die Körnerlieder waren die ersten Werke von Weber, die echte Popularität erreichten.

Valesi nahm den halbwüchsigen Carl Maria in seine Vokal- und Instrumental-Akademien auf, zunächst als gewandten Klavierbegleiter, bald auch als Sänger. Er hatte hier sofort Erfolg – wie übrigens auch in volkstümlicher Umgebung –, wozu neben seiner künstlerischen Leistung auch sein unbefangenes Wesen beitrug. Zeugen jener frühen Jahre bezeugen, daß er schon damals etwas Sprühendes haben konnte, über Witz und überraschende Einfälle verfügte und überall schnell zum Mittelpunkt eines Kreises wurde. Franz Anton machten die Erfolge des Sohnes stolz, ja eitel, er übertrieb sie zuweilen in plumper Weise und brachte den empfindlichen Sohn mehr als einmal in Verlegenheit.

Bei Kalcher wurde fleißig weitergearbeitet. Carl hielt sich fast mehr bei ihm als bei seinem Vater auf. Im Verlauf von zwei Jahren hatte er eine große Zahl von Werken komponiert, die zwar das bisherige Niveau weit hinter sich ließen, aber eben doch noch Schülerarbeiten waren. Er ließ sie zur Aufbewahrung in einem Schrank seines Lehrers; die Partitur seiner ersten Oper, *Die Macht der Liebe und des Weines*, war darunter, eine unvollendete Messe, Sonaten, Variationen, Klavierstücke, Lieder. Franz Anton hätte diese Arbeiten, die er für wahre Meisterwerke hielt, am liebsten alle veröffentlicht; noch aber fanden sich keine Verleger für den knapp vierzehnjährigen, kaum bekannten Jungen.

Ein merkwürdiger Zufall erschloß jedoch den Webers bald darauf den Weg zu einer neuen faszinierenden Vervielfältigungsmethode. Sie begegneten in München Alois Senefelder wieder, den sie von Nürnberg her kannten und der ein System des Steindrucks entwickelt hatte: die Lithographie. Carl Maria, der etwas Erfahrung im Zeichnen und Radieren besaß, interessierte sich sofort für die neue Technik und soll Senefelder sogar eine brauchbare Verbesserung seiner Maschinerie vorgeschlagen haben. Franz Anton sah bereits eine eigene Produktionsstätte vor sich, in der Carl seine Werke kostenlos vervielfältigen konnte und die außerdem durch einen großen Kundenkreis beachtliche Einnahmen erbringen würde. Es kam aber wieder einmal alles ganz anders.

Ein rätselhafter Brand, der in Abwesenheit von Kalcher angeblich den Schrank mit Carls Entwürfen ergriff und alle Noten vernichtete, war für den Vierzehnjährigen ein schwerer Schock. Sehr früh mußte er die Erfahrung machen, daß eine geheimnisvolle Macht, »mein Stern«, wie er später sagte, von Zeit zu Zeit Einfluß auf sein Leben gewann – doch nie in günstiger Weise. Er fühlte sich von ihm bedroht, und dies war vielleicht das erste Mal, daß es ihm bewußt wurde. Bedeutete es, daß er der Musik entsagen sollte, daß seine fernere Zukunft von der mechanischen Kunst der Vervielfältigung bestimmt wurde? Dieser Gedanke beschäftigte und ängstigte ihn ständig. Er sprach auch mit seinen Lehrern davon, die ihm diese Zwangsvorstellung auszureden suchten.

Im Laufe der Zeit hatten sich zwischen den beiden Webers und dem Erfinder des Steindrucks starke Spannungen entwickelt. Franz Antons unverhohlene Neugierde und die Geschicklichkeit des Jungen beunruhigten Senefelder. Er befürchtete, der Alte könnte möglicherweise seine eigenen Zukunftspläne gefährden. Er wurde mißtrauisch. Schließlich schlug Franz Anton seinem Sohn vor, München zu verlassen und nach einem anderen geeigneten

Ort für die eigene Steindruckwerkstatt zu suchen. Carl Maria war damit einverstanden. Er hatte in den ersten 13 Jahren seines Lebens etwas von der Ruhelosigkeit in sich aufgenommen, die seinen Vater umtrieb; es sollte noch viele Jahre dauern, bis diese nervöse Unrast abklang und er sich nur an einem einzigen Ort glücklich fühlte: bei seiner Frau, den Kindern, seinen Musikern.

Geraume Zeit gingen die Konzertreisen von Vater und Sohn weiter, doch verlor der Vater den Plan nie aus den Augen. Schließlich entschied er sich für Freiberg in Sachsen, die alte Hüttenstadt, damals die bedeutendste Pflegestätte technischer Wissenschaften und deshalb für seine Pläne besonders geeignet. Sie kehrten nach München zurück, um ihre Übersiedlung vorzubereiten, und Carl Maria besuchte nach langer Pause seine beiden Lehrer. Dabei wurde er von dem Wunsch nach Musik völlig überwältigt. »Die Weitläufigkeit und das Mechanische, Geisttötende des Geschäfts ließen mich die Sache aufgeben und mit verdoppelter Lust die Komposition fortsetzen«, schrieb er rückblickend über die Steindruckzeit. Er wollte nichts als studieren, alles, was er noch nicht beherrschte, mußte er jetzt lernen, das war ihm klar. Und er wollte Opernmusik schreiben! Der Direktor Karl Ritter von Steinsberg, der mit seiner Theatergesellschaft gerade in Freiberg gastierte, war ihnen vor kurzem schon in Karlsbad begegnet. Er hatte Gefallen an Carl Marias frühreifer Persönlichkeit gefunden und ihm wahrscheinlich dort schon von seinem Operntext erzählt, der nur noch auf eine entsprechende Musik wartete: *Das Waldmädchen*.

Die Hauptschwierigkeit, die dieser Text dem unerfahrenen jungen Komponisten bereitete: die Titelpartie war stumm! Doch Carl war schon besessen von der neuen Idee, befand sich in einem Rauschzustand ohnegleichen und schrieb den 2. Akt in nur zehn Tagen. Später gestand er: »Eine der vielen unseligen Folgen der auf ein so junges Gemüt so lebhaft einwirkenden Wunderanekdoten von hochverehrten Meistern, denen man nachstrebt.«

Freiberg, das seit 1765 eine Bergakademie besaß, war damals ein Sammelplatz für die verschiedenartigsten Aktivitäten, eine Studentenstadt, deren Unruhe und Unberechenbarkeit Franz Anton sofort anzogen. Er hatte in die »Allgemeine Musikzeitung« eine Annonce einrücken lassen, daß er in Freiberg eine Offizin für lithographischen Notendruck errichtet habe; das war aber auch alles, was in dieser Sache noch geschah. Carl Marias Rückkehr zur Musik, die Hoffnungen, die beide an die Aufführung der neuen Oper knüpften, ließen für andere Pläne keinen Raum mehr. Jedenfalls sorgte Franz Anton in dem beliebten Freiberger Lokal »Der goldene Löwe« für die Verbreitung von Carl Marias zukünftigem Ruhm; seine erstaunliche Beredsamkeit fand unter Professoren, Studenten und Künstlern ein aufmerksames, zuweilen leicht amüsiertes Publikum. In den »Gemeinnützigen Freiberger Nachrichten« erschien vor der Uraufführung des *Waldmädchens* eine Ankündigung, die unleugbar Franz Antons Stil trug:

»Romantisch Komische Oper in 2 Aufzügen von Ritter von Steinsberg, in Musik gesetzt und ihrer Kurfürstlichen Durchlaucht Maria Amalia Auguste, regierenden Kurfürstin von Sachsen, in tiefster Ehrfurcht gewidmet, von Carl Maria Baron von Weber, 13 Jahre alt, einem Zögling Haydns.«

Carl wurde also wieder um ein Jahr jünger gemacht und Haydns Vorname verschwiegen, so daß die meisten Leser annehmen mußten, es handle sich um den berühmten Joseph Haydn. Steinsberg, der über gute Beziehungen verfügte, konnte die Oper am 24. November 1800 im Buttermarkt-Theater aufführen lassen. Weniger durch einige kleine Premierenpannen als durch die lauttönenden Vorankündigungen des Vaters und sein unaufhörliches Gerede von der Bedeutung der Weberschen Musik wirkte diese in der öffentlichen Aufführung matt und enttäuschend. In einer lokalen Rezension hieß es, eigentlich noch wohlwollend: »Freilich darf man sie (die Musik) mehr nur als Blüten betrachten, die erst in der Folge schöne und reichere Früchte versprechen.«

Sicher wird Carl Maria von dem schwachen Erfolg enttäuscht gewesen sein. Aber er war einsichtig und fühlte selber die großen Schwächen seiner Partitur. Er hielt sie später »für ein höchst unreifes, vielleicht hin und wieder nicht ganz von Erfindung leeres Produkt«.

Franz Anton dagegen war empört. Er griff offenbar sofort zur Feder und entfesselte eine Diskussion zwischen dem Rezensenten, dem Kantor Fischer sowie dem Stadtmusikus Siegert, der die Aufführung dirigiert hatte, und – Carl Maria. Unterzeichnet nämlich waren diese Don Quichotteschen Angriffe mit dem Namen des Sohnes. Es müssen bittre Stunden für den redlich empfindenden Jungen gewesen sein, als er sich hilflos in dieses Gezänk hineingezogen sah.

Die Oper wurde am 4. Dezember 1800 als *Das stumme Waldmädchen* auch in Chemnitz gespielt und vier Jahre später in Wien unter dem Titel *Das Mädchen im Spessarter Wald.*

Von der Partitur sind nur zwei kurze Bruchstücke erhalten geblieben. Carl Maria wird manche Teile der ersten Vertonung später wieder verwendet haben, als ihm der Schriftsteller und Freund Franz Carl Hiemer eine neue Fassung des Waldmädchens schuf, die den Namen *Silvana* erhielt und 1810 in Frankfurt am Main uraufgeführt wurde.

Königliche Schauſpiele.

Freytag, den 10. July 1812.

Zum Erſtenmale:

Silvana.

Heroiſche Oper in Drey Akten, mit Tanz, von F. Hiemer.
In Muſik geſetzt von Carl Maria von Weber.

Perſonen:

Graf Adelhart	Hr. Franz.
Mechtilde, ſeine Tochter	Mad. Müller.
Graf Rudolph von Helfenſtein, ihr beſtimmter Bräutigam	Hr. Eunike.
Albert von Cleeburg	Hr. Stümer.
Fuſt von Grimbach, Rudolphs Lehnsmann	Hr. Kaſelitz.
Hugo, in Adelharts Dienſten	Hr. Holzbecher.
Silvana	Mlle. Maaß.
Ulrich, ihr Pflegevater	Hr. Labes.
Curt, Cleeburgs Knappe	Hr. Blume.
Krips, Knappe des Grafen Helfenſtein	Hr. Wauer.
Klara, Mechtildens Zofe	Mlle. Gern.
Ein Hausvogt	Hr. Berger.
Ein Herold	Hr. Rüthling S.
Ein Diener	Hr. Benda.

Edeldamen. Edelknaben. Herolde. Ritter. Jäger. Ein Scherge. Reiſige ꝛc.

Arienbücher ſind das Stück für 2 Groſchen bey der Kaſſe zu haben.

Erstaufführung der »Heroischen Oper« *Silvana* in Berlin

3. »Des Künstlers Wirkungskreis ist die Welt«

Der Freiberger Traum von märchenhaften Einnahmen und erstem Opernruhm hatte sich nicht verwirklicht, der kritische Zeitungsbriefwechsel die Webers in Verruf gebracht. Vater und Sohn brachen ihre Zelte in Freiberg ab, und es folgten wieder einmal unruhige Zeiten.

Im November 1801 trafen sie zum zweitenmal in Salzburg ein. Merkwürdig: Während zur Zeit ihrer ersten Ankunft die näherrückenden Truppen von Moreau Angst und Bestürzung hervorgerufen hatten, wirkte ihr Abzug jetzt fast noch beunruhigender auf die Salzburger Bevölkerung. Franz Anton aber trug sich unbeirrt schon wieder mit neuen glänzenden Plänen: Sein Sohn sollte die Messe, die er seinerzeit bei Kalcher in München begonnen hatte und deren Manuskript verbrannte, aus der Erinnerung heraus vollenden und dem Fürsterzbischof Colloredo widmen. Das geschah dann auch; nur war dieser inzwischen aus Salzburg geflohen, und die Reinschrift des Werkes blieb, diesmal mehr als ein Jahrhundert lang, unauffindbar. Erst 1925 wurde sie im Salzburger Museum entdeckt und nun sogar ediert. Als »originellsten Moment« rühmt John Warrack, Webers englischer Biograph, »ihren symmetrischen Aufbau um das zentrale Es-Dur-Credo, das beinahe wie ein opernhaftes Baß-Rezitativ angelegt ist – eine ausgedehnte Szena über das wiederholte Wort *Credo*«.

Weber komponierte in dieser Zeit seine reizenden *Six petites Pièces faciles* für Klavier vierhändig, die er dem Pianisten und Komponisten Paul Schulthesius widmete. Sie erschienen bei dessen Verleger Gombart in Augsburg, wie auch *Douze Allemandes für Klavier*. Beide Sammlungen sind für junge Klavierspieler auch heute noch interessant. Die Hauptarbeit, die unter den Augen seines alten Lehrers Michael Haydn vor sich ging, galt einem Opernstoff: *Peter Schmoll und seine Freunde*. Carl Maria war damals fünfzehn Jahre alt, und dies war sein dritter Opernversuch. Der Roman gleichen Namens von K. G. Cramer, der 1798/99 erschien und mehrfach aufgelegt wurde, war damals eine Art Bestseller. Die Idee, seinen Inhalt zum Operntext umgestalten zu lassen, stammte von Franz Anton. Er versprach sich von der Verwendung dieses literarisch bereits erfolgreichen Stoffes eine schnellere Verbreitung des Singspiels. Leider hielt sich der Bearbeiter Joseph Türke pedantisch an die umständliche Romanvorlage. Interessant ist für uns, daß in ihr die Thematik der französischen Emigranten behandelt wird, die beim Ausbruch der Revolution aus ihrer Heimat geflohen waren und nun in verschiedensten Gruppierungen und mit unterschiedlichen Voraussetzungen in Deutschland auftauchten. Viele waren unzufrieden mit ihrer Lage, nachdem die Todesangst vor der Guillotine abgeklungen war; andere fühlten sich unglücklich, weil sie durch ihre ungeklärte finanzielle Situation von fremden Menschen abhängig wurden, deren Opfer sie zwar dankbar, aber doch bedrückt annahmen. Man sieht: Auch damals gab es Probleme bei der Aufnahme von Asylanten.

Die Handlung des Romans ist kompliziert verschachtelt und ungeeignet für eine Dramatisierung. Menschen, die aus Frankreich geflohen sind, suchen einander, manche kehren dorthin zurück, werden erneut mit den Gefahren der Revolution konfrontiert und verändern deshalb Namen und Äußeres. Es dauert daher lange, bis sie sich wiederfinden, bei Carl Maria zwei Akte lang. Die Form des Werkes ist die des deutschen Singspiels mit gesprochenen Dialogen; die originalen Sprechtexte sind verlorengegangen.

Michael Haydn, der sich mit dem reiferen und jetzt lebhaft interessierten Carl Maria viel besser verstand als mit dem kränklichen kleinen Jungen von einst, suchte ihm durch eine Empfehlung zu helfen:

»Salzburg, 2. Juni 1802

Mit wahrem Vergnügen habe ich gestern einer freundschaftlichen Probe der von meinem lieben Zöglinge Herrn Carl Maria von Weber komponierten Oper *Peter Schmoll und seine Nachbarn* beigewohnt und kann nicht anders, als mit Wahrheit und meiner Einsicht und vollkommenen Überzeugung gemäß attestieren, daß diese Oper mannhaft und vollkommen nach den wahren Regeln des Kontrapunktes bearbeitet, mit vielem Feuer und Delikatesse und dem Text ganz angemessen von ihm komponiert und daß derselbe zugleich ein ganz ausgezeichneter starker Klavierspieler dieser Zeit sei und daher es für gerecht und billig finde, diesen meinen lieben Zögling der ganzen musikalischen gefühlvollen Welt zur besten Aufnahme zu empfehlen.«

Haydns Worte werden Carl sicher erfreut haben. Aber der Komponist dieses blutarmen Textes war ein Jüngling von knapp sechzehn Jahren, und die Probleme der konstruierten Figuren lagen ihm ganz fern. Doch zeigt sich schon in diesem frühen Werk Webers leichte Hand und die Fähigkeit, Arien, Duette, heitere und graziöse Partien zum Klingen zu bringen. Besonders gut gelang ihm die lebendige Figur des Hans Bast, eine Baßbuffo-Partie, witzig, nachdenklich und an der allgemeinen Versöhnung intensiv beteiligt. Die Anwendung damals fast vergessener Instrumente wie Blockflöten und Bassetthorn tauchen einzelne Nummern in originelle wohltuende Orchesterfarben. Es geht dem Hörer mit dieser kleinen Oper ähnlich wie mit anderen Frühwerken von Weber: Alle sind Vorstudien, in allen sieht man ihn auf dem Weg zum späteren Ziel – der romantischen deutschen Oper. Aber es kommt auch vor, daß dieser oder jener rhythmische Einfall, diese oder jene klar formulierte Melodie absolut fertig wirken, daß plötzlich der Webersche Stil da ist, den er von früh an gesucht hat.

Die Aufführung der Oper sollte in Augsburg stattfinden, weil Carls Stiefbruder Edmund dort als Musikdirektor tätig war. Da der Termin der Aufführung noch keineswegs feststand und Franz Anton wieder von Wanderlust gepackt wurde, begab er sich mit seinem Sohn über einige Zwischenstationen nach Norddeutschland; sie besuchten Hamburg und auch Eutin. Es gab also ein Wiedersehen mit der Geburtsstadt, die Carl Maria als Kleinkind verlassen hatte. In Hamburg komponierte er *Die Kerze*, das erste Lied, dessen Originalhandschrift erhalten blieb; andere Liedkompositionen folgten. Sechs Ekossaisen – Tänze – für Pianoforte, die er ebenfalls in dieser Zeit schrieb, tragen die Widmung: »Dem schönen Geschlecht in Hamburg«. Damit sind seine neuesten Interessen klar und deutlich ausgedrückt.

Im Frühjahr 1803 kehrte Carl Maria nach Süddeutschland zurück und erlebte in Augsburg die Uraufführung von *Peter Schmoll*. »Ohne sonderlichen Erfolg, wie natürlich«, schrieb er später in seiner Selbstbiographie. Er sehnte sich nach einer strengen Schule, nach einem Lehrer, der in der Lage war, die vielen Lücken in seinen fachlichen Kenntnissen auszufüllen, die durch den ständigen Wechsel der Wohnorte und der Pädagogen entstanden waren. Sein

Vater brachte ihn nun endlich nach Wien und begab sich selbst in Geschäften nach Augsburg und später Salzburg.

Als der junge Mozart 1777 mit seiner Mutter Mannheim besucht hatte, lernte er außer berühmten Komponisten und Mitgliedern des hervorragenden Mannheimer Orchesters auch den Leiter der Kirchenmusik kennen, den Abbé Vogler. Seine Protektion wäre für Wolfgang wichtig gewesen, doch brachte er es nicht fertig, das schlechte Klavierspiel dieses Herrn zu loben. Sarkastisch berichtete er dem Vater, daß dieser den Baß meistens anders spielte, als er stand, und bisweilen auch eine ganz andere Harmonie und Melodie mache. »Es ist auch nicht anders möglich in der Geschwindigkeit, die Augen können es nicht sehen und die Hände nicht greifen. Die Zuhörer können nichts sagen, als daß sie Musik und Klavierspielen – gesehen haben.«

Dieser sehr aktive Abbé Georg Joseph Vogler hatte eine recht bunte Lebensgeschichte.

Er kam 1749 in Würzburg als Sohn eines Geigenbauers zur Welt. Er war intelligent und vielseitig begabt, auch für Musik, lernte zahlreiche Instrumente spielen, studierte Theologie und Jurisprudenz und kam 1771 nach Mannheim. Der dortige Kurfürst Karl Theodor erkannte sein Talent und wurde sein Protektor; er sandte ihn zu weiterem Studium nach Italien. In Rom erhielt Vogler die Priesterweihen und kehrte 1775 nach Mannheim zurück. Er errichtete eine eigene Musikschule, wurde Hofkaplan und 2. Kapellmeister. Trotzdem trieb ihn sein unruhiger Geist 1787 auf eine Tournee durch ganz Europa und längere Zeit auch nach Nordafrika; allein 13 Jahre verbrachte er am schwedischen Hof. Hier entwarf er eine Orgel, die nach seinem »Simplificationssystem« erbaut wurde. Auf ihr gab er Schlachtengemälde, Gewitterstürme und Nationalcharaktere zum besten.

Als er 1805 nach Wien kam, konnte er Wundersames von seinen vielen Erfolgen berichten. Klein, untersetzt, mit einem dekorativen Orden und dem Abbé-Mäntelchen ausgestattet, fiel er schon äußerlich überall auf. Er redete viel und machte vor allen Dingen von sich reden. Den Auftrag, eine große Oper zu komponieren, erhielt er vom Theater an der Wien – der gleichen Instanz, für die Ludwig van Beethoven an seiner *Leonore* schrieb, dem späteren *Fidelio*. Vogler, der Gott und die Welt kannte, erzählte gern, daß er im berühmten Haus Sonnleithner mit Beethoven um die Wette phantasiert habe und daß seine Oper *Samori*, ein exotischer Stoff, noch vor Beethovens *Leo-*

nore zur Aufführung kommen würde. So geschah es auch. Voglers Oper hatte großen Erfolg und blieb weiter im Repertoire. Es wehte um diesen Mann eine ganz andere Luft als um alle anderen Wiener Größen: etwas Sensationelles. Er faszinierte vor allem junge Musiker, und Carl Maria gehörte zu diesen.

Daß Voglers »auf mathematischen Grundsäulen errichtetes Privat Lehrsystem« interessant für ihn war, ist verständlich. Daß Vogler seine gläubigen Schüler vorsichtig, doch deutlich erkennbar von Beethoven fernhielt, Johann Sebastian Bach in seinem System keine Rolle spielte und er seelenruhig Bachsche Choräle in eigener Bearbeitung herausbringen konnte, zeigt nicht nur seine Skrupellosigkeit, sondern auch, wie ernst sein schillerndes Talent von der Wiener Gesellschaft genommen wurde.

Carl Maria, bald sein Schüler, schrieb naiv und selig an den Salzburger Freund Ignaz Susann: »Ich habe das Glück gehabt, den Abt Vogler kennenzulernen, der nun mein bester Freund ist und bei dem ich nun sein vortreffliches System studiere... und dann, was meinst Du, gibt er mir sogar seine eigenhändige Partitur der Oper, um so nach und nach die Oper in Klavierauszug zu setzen. Es ist ganz göttliche Musik!«

Sicher hat Weber eine Menge dabei gelernt, doch nur aus pädagogischen Überlegungen wird der Lehrer ihn bestimmt nicht an diese große zeitraubende Arbeit gesetzt haben. Er mußte Vogler versprechen, sich vorerst nur mit seinen Aufgaben, nicht mit eigenen größeren Kompositionen zu beschäftigen – und er versprach es. An Susann schrieb er nach einiger Zeit: »... es war auch keine Kleinigkeit für eine schreibfähige Seele, an einem so viel gebärenden Ort beinah neun Monate zu sitzen und – keine Note zu komponieren; aber es war mein Vorsatz, lange zu hören, zu sammeln, zu studieren, ehe ich wieder etwas schreiben würde.«

Carl Maria hat in dieser Zeit nur noch zwei Variationenwerke geschaffen, beide über Themen von Vogler. Aber er hat seine kompositorischen Kenntnisse erheblich erweitert und durch den betriebsamen Mann wichtige Persönlichkeiten der musikalischen Szene kennengelernt, auch manche neuen Werke. Vor allem erhielt er die erste Kenntnis von dem sich eben entfaltenden Stil, auf den er selbst unbewußt zustrebte: der musikalischen Romantik.

Man kann sich vorstellen, wie anstrengend die tägliche minutiöse Arbeit am Klavierauszug oder im strengen Satz war. Welches Glück, daß er sich mit

Johann Baptist Gänsbacher befreundet hatte, ebenfalls Schüler von Vogler. Gänsbacher war acht Jahre älter als Weber, stammte aus Tirol, sollte sich später als Freiheitskämpfer auszeichnen und studierte in der Wiener Zeit Musik und Lebenserfahrung. Er wurde bald einer der besten Freunde Carl Marias und blieb es bis zu dessen Tod.

Auch »Jörgel« oder »Gänserich«, wie ihn Carl spaßhaft titulierte, kannte prominente und einflußreiche Leute in Wien und nahm ihn zu allen Unternehmungen mit – besonders gern in die Wiener Schenken, in denen er sich ganz zu Hause fühlte. Hier ging es lustig, frivol und dabei gemütlich zu. Wenn Gänsbacher mit dem äußerlich unscheinbaren jungen Menschen auftrat, der stets die Gitarre bei sich hatte, dann wanderten viele Mädchenblicke von dem selbstsicheren, kraftvollen Tiroler zu dem überschlanken und trotz seines Hinkens anmutigen Weber hin. Es war nicht zu übersehen, daß sein virtuoses Spiel, sein hübscher Gesang, seine witzigen Artigkeiten sofort Sympathie erregten, vor allem beim weiblichen Geschlecht. Auch gehörte Carl Maria zu den Menschen, die anderen zuhören konnten – ganz besonders, wenn österreichische Volkslieder gesungen wurden. Er bewahrte sie in seinem Gedächtnis. Sie wurden eine Art von Chiffre für eigene Melodien, deren unverdorbene Klarheit wie aus der gleichen Quelle entsprungen schien. In manchen Nächten zogen die beiden jungen Leute von einem Lokal ins andere, und überall wiederholte sich das gleiche: Weber wurde, ohne sich darum zu bemühen, zum Mittelpunkt musikfreudiger Runden. Er, der bisher nur im Schlepptau des Vaters aufgetreten war, immer zurückhaltend, immer bedrückt von dessen Allüren – hier wirkte er glücklich, befreit, seiner selbst sicher. Am nächsten Vormittag saß er dann wieder geduldig an Voglers Opernpartitur und arbeitete. Und fühlte dabei, daß er ein Musiker war.

Voglers Musik gegenüber fällt in dieser Zeit nie ein Wort der Kritik; im Gegenteil, Weber begeisterte sich für sie. Er wollte später ein Buch über seinen verehrten Lehrer schreiben, zu dem es dann doch nicht kam. Erst Jahre später kommt vorsichtiges Abwägen anderer als musikalischer Qualitäten zur Sprache; er schrieb an Gänsbacher über Voglers Verhalten in einer Honorarfrage: »Es tut mir auch wehe, diese Flecken an dem großen Geiste zu wissen.«

Etwas in dem wendigen, wortgewandten und ehrgeizigen Vogler muß ihn an seinen Vater erinnert haben. Auch Franz Anton war von ewiger Unruhe

Der etwa 18jährige Carl Maria, damals Kapellmeister am Breslauer Nationaltheater. Stich nach einem Gemälde von Lang

besessen, auch er hatte ständig neue Ideen im Kopf, die er verführerisch entwickeln konnte und fallenließ, sobald Schwierigkeiten auftauchten. Immer bog er sich die Realitäten dann so zurecht, daß er makellos aus allen Komplikationen hervorging: für sich selber jedenfalls. Ein Fall von Pseudologia phantastica, der Neigung zur Lüge, lag hier vor. Auch der Vater war beredsam, wenn auch nicht so virtuos, so gebildet wie Vogler. Dessen Forderungen fügte sich Carl damals durchaus, auch wenn es unbequeme Forderungen waren. Und wahrscheinlich dachte er dabei mit einem kleinen entschuldigenden Lächeln an Franz Anton, dem er nie ernsthaft böse sein konnte. Er war eben, wie die Natur ihn geformt hatte: ein Glücksritter ohne Glück, eine Vatergestalt mit Fehlern, auf seine krause Weise bemüht, dem Sohn die besten Bedingungen für den künftigen Beruf zu schaffen – so wie er es sah. Beide

Männer waren von schicksalhafter Bedeutung für Carl Marias Lebensweg. Beide hat er akzeptiert.

Vogler, der von Carls frühen Theatererfahrungen wußte, empfahl ihn und Gänsbacher nach Breslau, als der dortige Direktor und Schauspieldramaturg Johann Gottlieb Rhode nach einem geeigneten Kapellmeister fragte. Gänsbacher verzichtete – und der noch nicht achtzehnjährige Weber wurde tatsächlich engagiert. Er holte seinen Vater in Salzburg ab und traf am 11. August 1804 in Breslau ein.

Sehr bald merkte er, daß er hier in ein Wespennest geraten war. Der 1. Konzertmeister Joseph Schnabel hatte, als Not am Mann war, die Aufführungen monatelang geleitet und selbstverständlich angenommen, er würde langfristig als Kapellmeister engagiert werden. Er war doppelt so alt wie Carl Maria, ein vielseitiger, hochbegabter Künstler, und er leitete fast alle bedeutenden Konzertveranstaltungen der Stadt. Für ihn war die Entscheidung des Direktoriums, das sich hauptsächlich aus Persönlichkeiten des gehobenen Bürgertums zusammensetzte, unverständlich und kränkend.

Weber war bestürzt, als er erfuhr, daß dieser hervorragende Musiker seinetwegen das Theater verlassen hatte. Er wollte auch jetzt noch gerne mit ihm zusammenarbeiten – doch davon konnte keine Rede sein. Schnabel blieb in Breslau, dirigierte die Dommusik und leitete wissenschaftlich fundierte Institutionen wie die Philharmonische Gesellschaft und war überall willkommen. Leider ließ er sich dazu hinreißen, gegen Weber in der Presse vorzugehen – für Carl Maria ein deutliches Zeichen, daß sein böser Stern am Werk war.

Die seltsamste Ablehnung erfuhr er jedoch von ganz unerwarteter Seite: von zahlreichen preußischen Adligen, die damals in Breslau lebten. Sie waren empört, daß ein Mann ihres gesellschaftlichen Ranges sich freiwillig in den niedrigen Stand von Musikern und Schauspielern einreihte. Was hätten sie wohl gesagt, wenn ihnen bekannt geworden wäre, daß Carl Maria gar nicht adlig war, daß Franz Antons Behauptungen über die adligen Vorfahren auf höchst unsicheren Angaben beruhten, vor allem auf einer Urkunde von 1738, die nicht mehr auffindbar war? Der Archivar Friedrich Hefele in Freiburg hat nach sorgfältigen Forschungen erst 1926 Klarheit darüber geschaffen, daß der früheste feststellbare Vorfahre, Hans Georg Weber, Müller in Stetten gewesen ist. Unter seinen 15 Kindern gab es einen Sohn Fridolin, der an der

Michael Haydn, der jüngere Bruder Joseph Haydns, nahm in Salzburg als Lehrer und Komponist eine geachtete Stellung ein. Unter seiner Anleitung hat Carl Maria sein op. 1 geschrieben. Lithographie von F. Eybl

Der Graben in Wien. Ölbild von Karl Karger, 1876

Festliche Korsofahrt der Wiener Gesellschaft zum 1. Mai: in Erwartung des Kaisers. Holzstich nach einer Zeichnung von W. Gause

Freiburger Universität studierte und 1721 Amtmann in Zell im Wiesental wurde. Er heiratete eine aus Frankreich stammende Eva Maria Schlar (Chelar). Auf diesen französischen Einschlag deuten manche Eigenheiten von Carl Marias musikalischem Ausdruck hin: die ritterliche Eleganz, der virtuose Schwung namentlich mancher späterer Klavierwerke wie auch seine spürbare Vorliebe für die Opéra comique der Franzosen, die er für die deutsche Oper, besonders in Prag und Dresden, mit deutschen Dialogen einstudierte. Eva Maria Chelar war seine Großmutter väterlicherseits.

Zweifellos ist es aus heutiger Sicht durchaus positiv zu bewerten, daß unter den Vorfahren beider Eltern Bauern, Jäger, Handwerker – aber auch studierte Leute gewesen sind. Die Gesellschaft war seit der französischen Revolution in einer Umformung begriffen; damals aufstrebende Schichten wurden wenig später zu Trägern einer neuen Geistigkeit. »Die Romantik ist zu einem großen Teil auch der Aufstand des Landes gegen die Stadt, der irrationalen Natur gegen die rationale Gesellschaft«, schreibt John Warrack in seiner Weber-Biographie.

Carl Maria wie auch sein Sohn Max Maria haben von den unrühmlichen Manipulationen, die Franz Anton betrieb, glücklicherweise nicht die geringste Ahnung gehabt.

Webers Wesen, seine Überzeugungskraft und die Fähigkeit, sich durch Feindseligkeiten nicht in seiner Haltung und schon gar nicht in seiner Arbeitsintensität beirren zu lassen, wirkte auf die meisten seiner Mitarbeiter beruhigend und positiv. Sein Gehalt war mäßig, es betrug monatlich 144,48 Mark. Er hätte damit auskommen können, wenn Franz Anton, der stark gealtert war, sich nicht schon wieder mit allerhand Spekulationen beschäftigt und Carl für sein Privatleben ebenfalls Schulden gemacht hätte. Doch wie überall fand Weber auch hier sofort neue Freunde. Der Organist und Musikdirektor der Universität, Friedrich Wilhelm Berner, sechs Jahre älter als Carl Maria, und der damals schon berühmte Klaviervirtuose Joseph Wilhelm Klingohr schlossen sich eng an ihn an. Alle drei waren vorzügliche Pianisten und musizierten gern vor dem erweiterten Freundeskreis; Carl Maria mit besonderer Begabung für das freie Phantasieren, das damals nur noch wenig gepflegt wurde. »Seine Phantasien waren goldene Träume, reich, schön, erquickend!« sagt die Überlieferung.

Im übrigen genoß der junge Kapellmeister den zuverlässigen freundschaftlichen Schutz des Direktors Rhode, der sehr viel von ihm hielt und ihn nach Möglichkeit unterstützte. Leider konnte er Webers übereilte Entschlüsse und Änderungen, die er dem Orchester wie den Sängern aufzwang, nicht verhindern. Es machte böses Blut, als er ältere, nicht mehr vollwertige Instrumentalisten entließ und statt dessen jüngere und leistungsfähigere engagierte. Da er auch die Sitzweise im Orchester zu verändern wünschte – man bedenke, eine Tradition! –, gab es Ärger. Nicht nur das Orchester, auch das Publikum lehnte diese Neuerung ab. Weber hatte zu wenig Erfahrung, war noch nie ständiger Kapellmeister einer Bühne gewesen und wollte manche seiner respektablen Ideen viel zu rasch durchsetzen. So probte er mit jedem Sänger zunächst allein, dann mit mehreren, schließlich gab es Ensemble- und Sitzproben mit Orchester. Das alles war vernünftig, kühn, modern. Aber ältere Sänger wollten nicht häufiger als bisher zu Proben herangezogen werden, noch dazu für Rollen, in denen sie seit Jahren erfolgreich aufgetreten waren.

Hinzu kam, daß Weber zwar das Grundrepertoire der Oper nach und nach übernahm, aber energisch darauf bestand, Werke, die er für besonders wertvoll und interessant hielt, ebenfalls einzustudieren. Zu diesen rechnete er drei Opern von Mozart: *La clemenza di Tito, Così fan tutte* und *Don Giovanni*, außerdem Werke von Antonio Salieri, Friedrich Heinrich Himmel, Giovanni Paisiello und anderen. Doch diese Stücke konnten mit den Kassenerfolgen der beliebesten Singspiele wie der *Jagd* von Johann Adam Hiller, dem *Donauweibchen* von Ferdinand Kauer oder dem *Unterbrochenen Opferfest* von Peter von Winter nicht konkurrieren. Im erweiterten Direktorium erwuchsen ihm dadurch ebenfalls neue Gegner.

Darüber machte sich Weber zunächst keine Gedanken. Er fand Sympathien, sobald er musizierte. Ganz unbefangen führte er die lockeren Wiener Sitten in Breslau ein. Das war nicht schwer: Während der Wintersaison bestimmte der wohlhabende schlesische Adel den Lebensstil. Man speiste gut, spielte hoch und war, was die Liebe anbetraf, nicht schüchtern – schon gar nicht in Künstlerkreisen. Weber wurde vom allgemeinen Leichtsinn mit fortgerissen und genoß es, angehimmelt und bewundert zu werden. Leider hatte er sich heftig in eine verheiratete Sängerin des Ensembles verliebt und machte daraus keinen Hehl. Für die Vergnügungen mit ihr und auch um ihr zu imponieren, verschwendete er sein ohnehin knappes Geld.

Zu den stilleren Freuden dieser hektischen Zeit gehörte die Arbeit an einer neuen Oper. Der Text stammte von seinem Gönner Rhode und behandelte das Thema *Rübezahl*. Carl Maria war, wie stets, wenn ihm ein Opernbuch angeboten wurde, sofort Feuer und Flamme. Er hat sich während des Breslauer Aufenthaltes intensiv mit diesem Vorwurf beschäftigt, ohne mehr als einige Bruchstücke und die Ouvertüre zu hinterlassen. Diese hat er später umgearbeitet und ihr den Titel *Beherrscher der Geister* gegeben.

Eines Tages lud er seinen Freund Berner auf den Abend zu sich, um ihm die eben vollendete Ouvertüre vorzuspielen. Berner verspätete sich etwas, sah aber noch Licht in Carl Marias Zimmer und trat in die nicht verschlossene Wohnung ein. »Die Lampe steht auf dem Tisch, das Piano ist offen, aber sonst das Zimmer leer. Berner will sich niederlassen und schreitet zum Sofa – da strauchelt er – über den Körper seines leblos daliegenden Freundes. Daneben eine zerschlagene Flasche, aus der scharfer Dunst aufsteigt. Ensetzt richtet er den Freund auf, schreit um Hilfe, Franz Anton eilt herbei und erkennt die Flasche, in der er Salpetersäure zu seinen Kupferstecharbeiten aufzuheben pflegt und die törichterweise unter die Weinflaschen gestellt worden war. Ärzte werden herbeigerufen, mit Mühe Carl Maria zum Leben zurückgebracht, die Stimmorgane zeigen sich vollständig gelähmt.« So berichtet der Sohn Max Maria später in seiner Biographie. Berner hatte seinem Freund durch den späten Besuch das Leben gerettet. Weber hat es ihm nie vergessen.

Es dauerte fast zwei Monate, bis er wieder eine normale Existenz führen konnte. Seine Gesangsstimme hatte er fast ganz eingebüßt, die Sprechstimme war schwächer geworden. Trotzdem wollte er sein Amt wieder antreten. Als er erfuhr, daß fast alle Neuerungen, die er mit so viel Mühe durchgesetzt hatte, rückgängig gemacht worden waren, reichte er seine Entlassung ein. Sie wurde sofort bewilligt. Rhode und andere einflußreiche Breslauer wollten vermittelnd eingreifen, doch Carl ging es jetzt wie so oft seinem Vater: Ihn packte eine Art geistige Atemnot. Er hat ihr in seinem später entworfenen, nie vollendeten Roman *Tonkünstlers Leben* Ausdruck gegeben: »Fort! Du mußt hinaus, fort ins Weite – des Künstlers Wirkungskreis ist die Welt – fort!«

4. Die wilden Jahre

Weber dachte nun an Tourneen, die ihn als Komponisten und Pianisten bekannt machen sollten. Noch gab es kein durch Konzertdirektionen oder Manager erschlossenes Musikleben, das begann erst um die Mitte des 19. Jahrhunderts. Clara Schumann hat sich über John Ella in London lustig gemacht, der ihre Engagements betreute: »Der Mensch hat eine Industrie, die ins Unglaubliche geht, so hatte er auch meine Photographie auf dem Podium aufgestellt. Gegen mich ergießt er sich fortwährend in zärtlichen Billetchen…«

Zu Webers Zeiten mußte jeder konzertierende Künstler eigene Wege suchen. Er hat über die zahllosen, oft vergeblichen Schritte, die zu einem Konzert führen konnten, intensiv nachgedacht und später die Absicht gehabt, ein »Hülfsbuch für reisende Musikfreunde« zu schreiben, das aber über die Anfänge nicht hinauskam.

1806 blieb er zunächst in Breslau hängen. Er wurde von Gläubigern bedrängt, die erfahren hatten, daß er aus der Oper ausgeschieden war und seinen Unterhalt durch Klavierunterricht bestritt. Die Freunde blieben ihm treu, sie halfen alle, besonders Berner, der ihm auch Schüler abtrat. Durch eine Hofdame der Herzogin von Württemberg, Fräulein von Belonde, ergab sich die nähere Beziehung zu Herzog Eugen von Württemberg-Öls. Er residierte mit seiner Familie in der Nähe von Breslau, in dem Schlößchen Carlsruhe bei Brieg, das er geschmackvoll herrichten ließ und 1794 um ein hübsches Theatergebäude bereicherte. Er verfügte über ein kleines Orchester mit ausgezeichneten Solisten und über eine Gruppe von Schauspielern. Besonders lag dem Herzogpaar die Musik am Herzen; in der Wintersaison hatten sie Carl wiederholt als Dirigent oder Pianist in Breslau erlebt, und beide waren gute Kammermusikspieler. Als Weber den Herzog brieflich um die Verleihung eines Titels bat, der ihm bei seinen Konzertreisen hilfreich sein könne, wurde er als Gast nach Carlsruhe eingeladen und mit dem Ehrentitel eines Musikintendanten ausgezeichnet, den er, wie der Herzog ihm schrieb, für seine Leistungen, nicht des Adels wegen erhalten habe.

Webers Vater und Tante Adelheid erhielten eine Wohnung im Städtchen. Carl Maria wurde als persönlicher Gast im Kavaliersgebäude am Schloßhof untergebracht, aß an der Tafel des Herzogs und gehörte zum Kreise der Solisten, die sich häufig in der Teestunde zum gemeinsamen Musizieren bei der Herzogin einfanden. Er lernte das hübsche Theater kennen, das in seinen technischen Einrichtungen durchaus mit dem Breslauer Theater konkurrieren konnte. In der Regel fanden donnerstags und sonntags hier Konzerte statt, meist ohne Probe. Werke von Haydn, Mozart, Salieri und Johann Friedrich Reichardt wurden prima vista – vom Blatt – gespielt: Der Herzog war stolz auf die Gewandtheit seiner Kapelle. Mittwochs oder sonntags kamen Schauspielaufführungen oder kleine Opern zu Gehör; Gäste aus der Umgebung oder von außerhalb waren stets willkommen. Weber genoß die harmonische Atmosphäre dieser höfischen Welt, ihren rokokohaften Charme, die verträumte Schönheit des Parks. Die Weltverlorenheit der waldigen Umgebung bedeuteten für ihn ein tiefes Aufatmen und Zur-Ruhe-Kommen. Zum erstenmal in seinem Leben konnte er hier seine neuesten Werke sofort mit guten Musikern proben. Als erstes einen *Tusch für 20 Trompeten*, der am 15. Oktober 1806 in Carlsruhe erklang. Ferner *6 Variationen für Alt-Viola mit Orchester*, eine Umarbeitung, offenbar für den Solo-Bratscher geschrieben, und das *Concertino für Horn und Orchester* für den vielseitig begabten Musiker Dautrevaux.

Zwei *Sinfonien*, beide in *C-Dur*, waren als freundschaftliche Geste für den Herzog gedacht; ihre Gestaltung nahm auf die Besetzungsmöglichkeiten des Carlsruher Orchesters Rücksicht sowie auf die Vorliebe des Herzogs für Haydn. Ein Abglanz dieser Welt spiegelte sich denn auch in den heiteren und besinnlichen Partien namentlich der 1. Sinfonie, in der sich auch Anklänge an Voglers Kompositionsstil finden. Dagegen kommt es nicht zu einer Auseinandersetzung mit Beethovens ersten Sinfonien. Webers Urteil über ihn war noch ganz von Voglers kritischer Einstellung bestimmt. Die Beethovensche Ausdruckskraft, die innere und äußere Dramatik seiner Musik hat Weber damals noch nicht erkannt. Übrigens sind die beiden Sinfonien in C-Dur die einzigen, die Weber je komponiert hat.

Der Herzog hat die sinfonischen Versuche seines Schützlings nicht mehr hören können, da er als General zu seiner Truppe gerufen wurde. Der Winter 1806/7 brachte nur schlechte Nachrichten nach Carlsruhe. Webers Hoffnung, bald zu einer erfolgreichen Konzertreise aufbrechen zu können, war aussichtslos. Da auch die Zukunft des kleinen Orchesters gefährdet schien, ließ der Herzog diejenigen Mitglieder, die hierfür geeignet waren, mit Administrationsposten in Carlsruhe bedenken. Weber hatte er seinem Bruder Herzog Ludwig von Württemberg in Stuttgart empfohlen; er sollte den bisherigen Sekretär ersetzen, der als Proviantmeister das württembergische Heer zu begleiten hatte.

Das klang in der gegenwärtig so unsicheren Lage wie ein großer Glücksfall. Keine innere Stimme warnte ihn vor den katastrophalen Folgen dieses Engagements, auch nicht sein »Stern«.

Arglos, fast naiv, drängte Weber nun von Carlsruhe fort. Die bisher so reizvolle Umwelt hatte sich in gespenstischer Weise verändert. Vor der Schlacht bei Preußisch-Eylau lagen in und um Carlsruhe die mit Frankreich verbündeten Württembergischen Truppen unter dem Kommando des strengen Vandammes. Das Privateigentum des Herzogs Eugen wurde geschont, doch in die Nähe des Schlosses und der Nebengebäude drängten Scharen von geflüchteten Bauern und Landedelleuten der Umgebung. Viele Eigentümer waren vertrieben, ihre Häuser beschlagnahmt worden oder durch Brandstiftung zerstört. Das Elend dieser Menschen war sehr groß. Diese Bilder hat Carl Maria nie mehr vergessen. Es war nicht nur der Krieg an sich, vor dem er schauderte; es war vor allem Napoleons Griff nach dem ewig uneinigen Deutschland. Und wie bei allen kriegerischen Auseinandersetzungen damals und später waren es die kleinen Leute, namentlich Frauen und Kinder, die alle Grausamkeiten am härtesten zu spüren bekamen.

Am 23. Februar 1807 verabschiedete sich Weber von der gütigen Herzogin, von seinem Vater und Tante Adelheid, die weiter in Carlsruhe bleiben durften. Er besuchte danach seine Breslauer Freunde, man feierte Abschied – vergnügt, verantwortungslos und auf üppige Manier, so daß sich die Gläubiger der beiden Webers verärgert bemerkbar machten. Carl floh schließlich geradezu vor ihnen, morgens um sechs Uhr und mit sehr wenig Reisegeld. Wahrscheinlich hat gerade die beschwerliche abenteuerliche Art, in der er nun versuchen mußte, mitten durch das aufgewühlte, vom Krieg überzogene

Land von einem Ort zum anderen zu gelangen, nach der monatelangen Versponnenheit in Carlsruhe einen ganz besonderen Reiz für ihn gehabt. Auch diese Fähigkeit seines Wesens, sich auf veränderte Lebensbedingungen sofort einstellen zu können, mag sich durch den häufigen Ortswechsel seiner Kindheit entwickelt haben.

Am 17. Juli 1807 traf er in Stuttgart ein. In der Zwischenzeit hatte er in einigen Städten konzertieren können und einen seiner Stiefbrüder getroffen. Er kam nun, ziemlich neugierig und andererseits auch scheu, in eine ihm gänzlich fremde Welt; *wie* fremd, das ahnte er zunächst nicht einmal. Württemberg litt seit Jahrzehnten unter seinen Herrschern. Zwanzig Jahre lang hatte Herzog Eberhard Ludwig mit seiner Mätresse regiert, dann wurde Karl Eugen sein Nachfolger. Er gründete 1770 die berühmt-berüchtigte Karlsschule, in der Erziehung durch militärische Strenge ausgeübt wurde. Der junge Friedrich Schiller empfing hier die Eindrücke, die ihn wenig später zu seinem leidenschaftlichen Drama *Die Räuber* inspirierten.

Karl Eugen folgten seine beiden Söhne, die früh starben. Der Sohn Friedrich Eugens, Herzog Friedrich, kam nun an die Regierung. Er zeigte sich im Laufe der Jahre als der schlimmste aller Tyrannen. Er lebte seiner Genußsucht, verwüstete die Ländereien der Bauern durch kostspielige Hetzjagden und imponierte Napoleon mit aufwendigen Ballett- und Opernaufführungen. Auf eindeutige Weise umgab er sich mit hübschen jungen Leuten, meist Stallknechten oder Dienern, die eine Zeitlang seine Gunst besaßen und dann mit gut bezahlten Stellungen abgefunden wurden. Einem gewissen Dillen, der als Bereiterjunge im Schloß angetreten war, wurde er regelrecht hörig. Dillen stieg rasch auf, wurde Baron, schließlich Graf und beteiligte sich an allen Methoden, das Volk zu unterdrücken. Die Steuern zog Friedrich selber ein und bestimmte ihre Höhe; er erhielt die Einnahmen vom Salz- und Tabakhandel, er entschied, ob ein Beamter heiraten durfte und welche bürgerlichen Anwärter zur Universität zugelassen wurden. Dem Gesetz nach waren Hofbeamte, einzige Söhne und Studierende in hohen Semestern oder sonst unabkömmliche Personen vom Militärdienst befreit. Doch auch hierin galt weder Recht noch Gesetz. Gegen hohe Summen verkauften die Hofschranzen hinter dem Rücken des Königs die Titel von Hofbeamten an junge Leute, die Geld besaßen. Daher gab es auffallend viele junge Höflinge im Stuttgarter Schloß.

Friedrich hatte als Belohnung für seinen Beitritt zum Rheinbund von Napoleon eine Fülle von Vergünstigungen erhalten: die Besitzungen der Orden in Württemberg, die Reichsritterschaft und schließlich den Königstitel und die Anerkennung Württembergs als Königreich. Herzog Ludwig, Friedrichs Bruder, an den Webers Empfehlung gerichtet war, sollte eigentlich König von Polen werden. Nach dem Scheitern dieses Planes fand er sich beim Hof in Stuttgart ein und lebte hier mit seiner Familie, seinen Dienern, Reitknechten und Hauslehrern auf großem Fuße. Er hatte Kinder aus zwei Ehen, Weber mußte einige von diesen unterrichten. Die reizenden *Six Pièces pour le Pianoforte à quatre mains* widmete er seinen kleinen Schülerinnen, den Prinzessinnen Marie und Amalie von Württemberg. Der damals halbwüchsige Prinz Adam liebte es, gesellige Abende mit Musik und Freunden bei Weber zu veranstalten. Er ließ Getränke und Gerichte sowie festliche Silberleuchter mit Kerzen vorher zu ihm bringen.

Das originellste Werk der Stuttgarter Zeit wurde die *Bühnenmusik zu Schillers Turandot*; auf der ersten Seite des Manuskripts steht: »Die Ouvertüre ist nach einem echt chinesischen Thema, welches sich im Dictionaire von Jean Jacques Rousseau fand.« Paul Hindemith hat es 1943 in seine *Symphonischen Metamorphosen über Themen Carl Maria von Webers* aufgenommen.

Die Haupttätigkeit des Geheimen Sekretärs, als der Carl Maria eingestellt worden war, bestand in der Beschäftigung mit den enormen Schulden seines Herrn. Er mußte Gläubiger zur Geduld bewegen, noch vorhandene Summen geschickt aufteilen und, wenn die Situation sich dramatisch zuspitzte, um Audienz bei Seiner Majestät bitten.

Auch nach der Rückkehr seines ständigen Geheimsekretärs von der Truppe legte Herzog Ludwig Wert darauf, daß Weber weiter seine Schatulle verwaltete. Dessen Situation in dieser verlogenen brüchigen Welt war im Grunde trostlos und seiner nicht würdig. Den König von Napoleons Gnaden haßte er. Durch seine maßlose Eßgier war dieser so dick geworden, daß man einen Ausschnitt in seinem Eßtisch schaffen mußte, damit er daran sitzen und selbständig essen konnte. Der König wiederum haßte Weber. Nicht nur wegen der Funktion, die er bei seinem Bruder ausübte, sondern diesen ganzen geistreichen, witzigen und keineswegs devoten jungen Mann.

Bei Audienzen ließ er ihn stundenlang warten und dann fortschicken. Er brüllte ihn an – um dann plötzlich doch noch eine Summe für Herzog Ludwig herauszurücken. Einmal, als Weber gerade von einem ergebnislosen Gespräch mit dem König kam, fragte ihn eine alte Frau nach der Wohnung der königlichen Waschfrau. Und Weber konnte nicht anders, er deutete auf die Tür, aus der er eben kam, und schickte die arme Frau hinein. Er wurde wenig später in seinen Räumen festgenommen und in Arrest gebracht. Die Sache sah übel für ihn aus: Er hatte den König beleidigt! Seltsamerweise war er nicht erregt oder fassungslos, sondern gelassen. Er versuchte, das Pianoforte, das in seinem Haftraum stand, zu stimmen, und komponierte eines seiner schwärmerischsten Lieder: *Ein steter Kampf ist unser Leben…*

Herzog Ludwig, der Weber eigentlich auch nicht leiden konnte (weil er ihm ständig seine Verschwendungssucht vorhielt), dem aber seine Intelligenz, seine Manieren und sein unbefangenes Auftreten imponierten, erreichte, daß der königliche Bruder ihm noch einmal großmütig verzieh. Am nächsten Tag war Carl wieder frei. Aber diese höfische Welt mit ihren Intrigen, ihrer Verschwendungssucht, ihrer Rücksichtslosigkeit gegen alle, die nicht ›von Stande‹ waren, bildete keine Atmosphäre, in der ein sensibler, in moralischen Fragen gänzlich unerprobter junger Künstler von 23 Jahren gedeihen oder sich behaupten konnte. Weber begriff nach und nach, was um ihn herum geschah; ändern konnte er es nicht, und sich herauszuhalten war unmöglich. So zechte und alberte und verschwendete er eben mit, genau wie seine Bewunderer und seine Gegner. Wie alle. Er dachte darüber nicht nach, schob es beiseite, zuweilen durch sein empfindliches Gewissen irritiert.

Sehr froh war er, durch den Leibarzt des Herzogs, Dr. Kellin, in die geistig interessierten Familien Stuttgarts eingeführt zu werden, die dem Hof gegenüber größte Zurückhaltung übten. Doch zu dem jungen Carl Maria ergaben sich bald menschliche Kontakte. Er lernte auch die Redakteure und Mitarbeiter des Morgenblattes kennen: den witzigen Haug, den sachlichen Reinbeck, den poetischen Matthisson, der das Gedicht *Adelaide* geschaffen hatte, das Beethoven vertonte. Auch Weber hat einige Verse dieser Autoren in Musik gesetzt – wenn sie ihn persönlich ansprachen. Lieder bedeuteten ja damals nicht viel mehr als hübsche Hausmusik, eine kleine Widmung, ein persönliches Albumblatt. Das eigentliche, das romantische Lied, schuf erst Schubert.

Neu war für Weber die Beziehung zu bildenden Künstlern. Er besuchte die Maler in ihren Ateliers, sah dem Bildhauer Johann Heinrich von Dannekker bei der Arbeit an seiner Ariadne zu und war beeindruckt vom Bildungs-

Klage.

C. Müchler.

Allegro con fuoco ed energia. Op. 15. № 2.

niveau dieser Künstler; es überstieg das der Musiker und Schauspieler beträchtlich. Seiner eigenen Lernbegierde, dem Wunsch nach Vertiefung seines Wissens, kam die Beziehung zu Hofrat Lehr entgegen, dem Leiter der Königlichen Bibliothek. Er begann unter dessen Anleitung philosophische Schriften zu studieren: von Immanuel Kant, von Christian Freiherr von Wolff und vor allem von Friedrich Wilhelm Joseph Schelling, dem er sich innerlich verwandt fühlte. Schelling entwickelte Gedanken von der Bedeutung des schöpferischen Künstlertums, das er dem genialen einzelnen zuschrieb und seinem dämonischen Weg. Manches war mehr romantische Vision als Philosophie – gerade das beeindruckte Weber.

Ein Künstlerkreis, dem sich Carl Maria mit jungenhaftem Vergnügen anschloß, nannte sich »Fausts Höllenfahrt«. Faust war Dr. Kellin, Weber hieß Krautsalat, Franz Danzi Rapunzel – und so weiter. Danzi war 23 Jahre älter als Carl Maria, die wertvollste und reifste Persönlichkeit dieser Stuttgarter Zeit, eine Vaterfigur. Er galt als vorzüglicher Cellist, das Cello war für ihn das vollkommenste aller Instrumente; besonderes Interesse widmete er der Bläserkammermusik. Als junger Musiker hatte er die Glanzzeit des Mannheimer Orchesters miterlebt, war zeitweise Schüler von Abbé Vogler gewesen, seit 1807 war er Hofkapellmeister in Stuttgart. Von den zahlreichen Opern, die er komponiert hatte, wurden besonders *Der Kuß* und *Iphigenie* geschätzt. Außerdem war er ein gebildeter, vielseitig interessierter Mensch – und er besaß Humor. Weber konnte ihm durch einen lustigen musikalischen Brief mit allerhand Anspielungen (z. B. auf Pucicaca, eine junge Sängerin, in

Ludwigsburg, den 15. Juni 1808

die er heftig verliebt war) die größte Freude machen. Und Weber hatte tiefes Zutrauen zu Danzi gefaßt. Er hielt Carl Maria ständig dazu an, sein eigentliches Ziel nicht aus den Augen zu verlieren – die Komposition.

Weber ging daran, *Das Waldmädchen* der Freiberger Zeit zu überarbeiten. Dazu bedurfte es einer Straffung des Textes; er war der Überzeugung, daß der Schriftsteller Franz Carl Hiemer, der schon ähnliche Aufgaben übernommen hatte, auch seine Oper verbessern könne. Leider arbeitete Hiemer entsetzlich langsam und umständlich, er brauchte zwei Jahre, bis *Silvana* vollendet, doch leider nur wenig verbessert war. Danzi wollte das Werk in Stuttgart zur Aufführung bringen; Weber hatte deshalb die Oper öfter besucht, um sich mit den Sängern vertraut zu machen – und den Sängerinnen. Vor allem Gretchen Lang, eben jene Dame, die er Pucicaca nannte, berückte sein leicht entflammbares Herz mit ihrem Charme und ihrer Kunstfertigkeit; sie sollte eine der weiblichen Hauptrollen übernehmen.

Übrigens wurde gelegentlich auch im Kreise der »Höllenfahrt« Theater gespielt, allerdings auf Webers Anregung travestiertes. Ein Stück hieß *Marc Antonius*, stammte von Hiemer, und Carl Maria hatte die Musik dazu geliefert. Der Haupteffekt war, daß alle Frauenrollen von Männern, die männlichen Rollen von Frauen dargestellt wurden. Weber spielte die Cleopatra, Gretchen Lang den Antonius. Die Anspielung auf höfische Privataffären, die im Kreis der Hofgesellschaft natürlich bekannt waren, gab dieser Verkleidungskomödie ihre pikante Note.

In dieses triviale Treiben trat eines Tages im April 1809 ein unerwarteter Gast. Ein klappriger Reisewagen, auf dessen Verdeck ein Kontrabaß befestigt war, hielt vor dem Schloß. Aus dem Inneren des Wagens kletterte Franz Anton, gefolgt von zwei lebhaft bellenden Pudelspitzen. Webers Vater war offenbar sehr krank gewesen. Der Tod seiner Schwester Adelheid hatte ihn schwer mitgenommen. Seitdem gab es nur ein Ziel für ihn: Carl Maria. Dem ging es ja gut, dem Vernehmen nach lebte er in Saus und Braus, da würde er doch für seinen kranken verarmten Vater ein Zimmerchen haben?

Carl Maria wußte im Grunde nicht das kleinste Plätzchen für den alten Herrn, nahm ihn aber als guter Sohn trotzdem auf. Franz Anton schlief fortan mit in seinem Schlafzimmer, die beiden Hunde wurden in Körben untergebracht, die zur Schlafenszeit in die Höhe gezogen werden mußten. Carl war auch tagsüber nie mehr allein. Er konnte nicht mehr ungestört arbeiten, er konnte die herzoglichen Kinder nicht wie bisher als Schüler bei sich empfangen, die geselligen Abende mit dem Prinzen Adam mußten ebenfalls aus-

Silhouette Carl Marias 1809

fallen – von Freundesbesuchen ganz zu schweigen. Die Situation war unerträglich für ihn.

Schlimm war auch, daß sich sein Vater ungefragt in seine beruflichen Angelegenheiten mischte, als wäre er noch der kindliche Sohn von einst. Er hatte auf Carls Schreibtisch das Manuskript *Der erste Ton* entdeckt, in dem Weber versuchte, Musik und Deklamation zu verbinden. Darin legte er dem kantatenartigen Text von Johann Friedrich Rochlitz den verminderten Septakkord zugrunde, entwickelte die chaotischen Partien der Weltschöpfung bis zum ersten Ton neben und mit der sprechenden Menschenstimme; das Ganze klingt in vierstimmigen Chorgesang aus, der mit einer strengen Fuge schließt. Ein kühner Einfall, vom Komponisten noch nicht ganz bewältigt.

Mit einem Brief von peinlicher Überheblichkeit sandte Franz Anton das Werk an den Textautor in Leipzig. Weber erfuhr es nachträglich. Er schwieg, gequält und resignierend. Schlimmer war, daß der alte Mann sich eines Tages an 800 Gulden vergriff, die aus der Schatulle des Herzogs stammten und an die schlesische Güterverwaltung geschickt werden sollten. Diesmal war Carl Maria verzweifelt. Woher sollte er die vom Vater entwendete Summe neh-

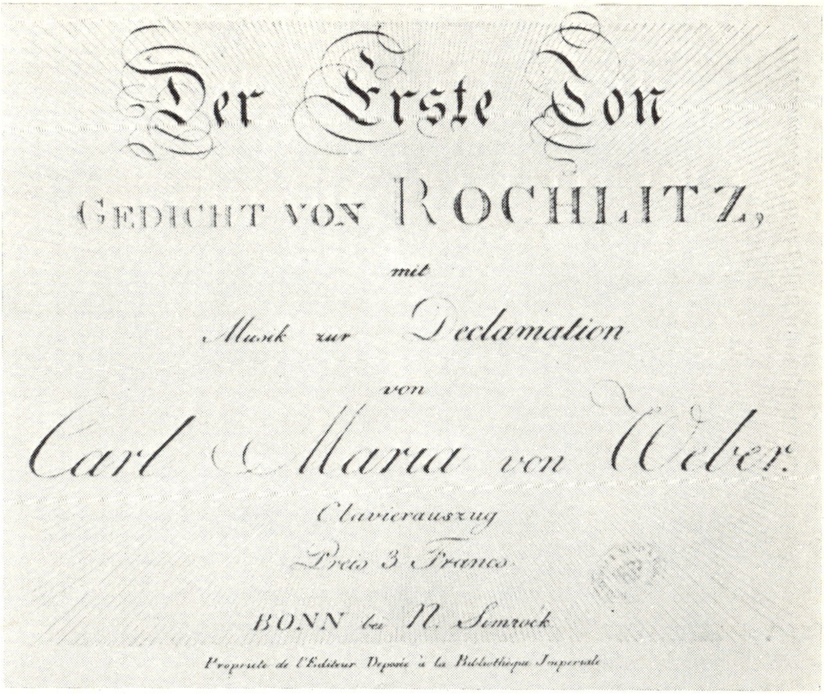
Der Erste Ton

Gedicht von Rochlitz,

mit

Musik zur Declamation

von

Carl Maria von Weber.

Clavierauszug

Preis 3 Francs

BONN bei N. Simrock

Propriété de l'Editeur Deposée à la Bibliothèque Imperiale

Der erste Ton, Gedicht von Fr. Rochlitz mit Musik zur Deklamation und Schlußchor. Titelblatt des Erstdruckes

men, um sie dem Herzog zu ersetzen? Der Gastwirt Höner, bei dem »Fausts Höllenfahrt« oft getafelt hatte, lehnte es ab, »Krautsalat« das Geld zu leihen.

Schließlich machte sich sein ehemaliger Diener Huber auf die Suche und erhielt von demselben Höner, der es Weber verweigert hatte, ein Darlehen von 1000 Gulden. Warum nur? Weber hat offenbar nicht einmal danach gefragt. Er unterschrieb erleichtert den Schuldschein und vergaß die Angelegenheit; genauer, er verdrängte sie. Als er einige Zeit später mit Danzi über die bevorstehende Aufführung der *Silvana* verhandelte, traten plötzlich zwei Gendarmen in den Orchesterraum der Oper und erklärten, sie hätten den Auftrag, Herrn von Weber zu verhaften.

Weber läßt die stumme Hauptfigur der Oper, die junge Silvana, durch die Musik zu ihrem Liebhaber sprechen. Hier drückt eine Cellomelodie aus, welche Gefühle sie für ihn empfindet

Die Erklärung: Huber, der natürlich an der Transaktion gut verdiente, hatte dem Gastwirt die Summe durch das Versprechen abgerungen, daß Weber seinem Sohn eine Hofbeamtenstelle beschaffen und damit dessen Befreiung vom Militärdienst erreichen werde. Diese blieb aus, der junge Höner wurde eingezogen, und sein Vater erstattete Anzeige. Der König war aufs äußerste empört: Verstöße gegen die Bestimmungen des Militärgesetzes galten als Verbrechen! Er beschloß, selber die Verhandlung zu führen und ein Exempel zu statuieren.

Weber blieb 16 Tage in Haft, es waren die bittersten Tage seines Lebens. Weder sein Vater noch Danzi durften zu ihm, er hatte zunächst keine Ahnung, was ihn in dem Prozeß erwartete. Doch schon die erste einsame lange Nacht nach der Verhaftung muß in seinem Innern vieles in Bewegung gebracht haben. Er sah sein Verhalten, das er bisher immer als Folge der allgemeinen Leichtfertigkeit vor sich selber entschuldigt hatte, zum erstenmal objektiv ohne Selbstmitleid an. Er entsetzte sich über seine Gedankenlosigkeit, über die vielen sinnlosen Ausgaben, die ihn an den Rand des Ruins gebracht hatten. Er hatte sich ein Pferd, einen Reitknecht gehalten. Er hatte große Feste auf der Basis der Umlage mit seinen Freunden veranstaltet: Hinterher war es ihm lästig gewesen, Rechnungen für diese aufzustellen, sich die Auslagen ersetzen zu lassen. Irgendwo in seinem Innern hielt er das auch für unter sei-

Schloß Carlsruhe bei Brieg in Oberschlesien, wo Weber nach dem gescheiterten Versuch am Breslauer Nationaltheater Aufnahme als Gast und Musikintendant fand. Über ein halbes Jahr konnte er hier ganz der Musik leben und mit dem musikalischen Herzog Eugen und vorzüglichen Musikern seine neuen Werke probieren

Stuttgart von der Morgenseite. Kolorierter Stahlstich von J. Niederbuehl

Rechts oben: Friedrich I. von Württemberg, König von Napoleons Gnaden und gefürchteter Tyrann

Links unten: Franz Danzi (1763–1826), erfolgreich als Theater-Kapellmeister und Komponist beliebter Singspiele. Er erkannte Webers große Begabung und regte ihn zu Opernkompositionen an

Rechts unten: In München lernte Weber Friedrich Wilhelm von Schelling (1775–1854) kennen, dessen Gedanken vom schöpferischen Künstlertum seinen eigenen Vorstellungen entsprachen. Weber wurde ein Freund »dieses wahrhaft großen Mannes«. Zeichnung von C. Chr. Vogel von Vogelstein, Dresden, Kupferstichkabinett

ner Würde. Was hatte ihm seine Großzügigkeit eingebracht? Ob nur ein einziger der fröhlichen Hofleute und Künstler jetzt für ihn eintreten würde? Selbst Gretchen Lang, die angeblich seine leidenschaftliche Liebe erwiderte, würde sie zu ihm halten? (Er erfuhr wenig später, wie schnell sie sich von ihm losgesagt hatte.) Er war also völlig verlassen. Er wußte nicht, wie sein Leben weitergehen würde. Nur durch eine radikale Umkehr würde er seine Existenz wieder glaubwürdig machen können. In seinem Herzen gelobte er Gott mit tiefem Ernst und einer neuen Art von Festigkeit, das auch zu tun.

Seine Erschütterung nach dieser inneren Zwiesprache mit seinem Gewissen war so groß, daß die eigentliche Verhandlung, die im Kabinett des Königs stattfand und in gefährlichen Drohungen und bösartigem Gebrüll seiner Majestät gipfelte, keinen entscheidenden Eindruck mehr auf ihn machte. Die beleidigende Beschuldigung, er habe sich Wertgegenstände der Herzoglichen Familie angeeignet, wies er empört zurück. (Damit waren offenbar die Silberleuchter gemeint, die Prinz Adam zu festlichen Abenden beigesteuert hatte.) Sonst aber blieb er ruhig und sachlich. Sein Vater, ein alter kranker Mann, hatte das Geld genommen, um seine Schulden abzuzahlen. Er selber habe versucht, die fehlende Summe zu ersetzen. Welche Abmachungen Herr Huber und Herr Höner getroffen hatten, war ihm nicht bekannt. Weber beschwor seine Aussagen mit solchem Ernst, solcher Überzeugungskraft, daß der König, dessen Urteil von vornherein festgestanden hatte, nun doch unsicher wurde. Auch scheute er vor einem allzu gründlichen Aufräumen zurück: Wer konnte wissen, was dabei noch alles ans Tageslicht gekommen wäre.

Zuletzt kamen Carl Marias eigene Schulden zur Sprache. Es hatten sich 42 Gläubiger gemeldet, die Gesamtsumme betrug 2500 Gulden. Es gab ein langwieriges Hin und Her. Weber verpflichtete sich, diese Summe im Laufe der nächsten Jahre abzuzahlen. Er hat seinen Schwur gehalten.

Er und sein Vater wurden aus Württemberg ausgewiesen und durften es nie wieder betreten. Am frühen Morgen des 26. Februar 1810 brachte der Polizeibeamte Götz sie mit wenigen Sachen in einem Wagen an den Grenzübergang Fürfeld. Von dort mußten sie selbständig weiterreisen. Der Beamte, der Mitgefühl mit ihnen hatte, wie fast alle Stuttgarter, die Carl Maria auch nur ein bißchen näher kannten, schenkte den Webers fünfundzwanzig Gulden, vierzig besaßen sie beide zusammen noch. Das wichtigste Geschenk aber war ein Bündel Empfehlungen und Briefe von Danzi, die er dem freundlichen Polizeibeamten zur Aushändigung an Weber übergeben hatte. Sie galten guten Freunden in Mannheim, wo Danzi so lange gelebt und gewirkt hatte. Dorthin wollten sie auf kürzestem Wege fahren. Carl Maria schöpfte neue Hoffnung.

Im Mannheimer Hoftheater fand das erste offizielle Konzert Webers statt, das Museumsorchester spielte seine 1. Sinfonie, er erntete Erfolg mit zwei Sätzen seines 1. Klavierkonzertes, den tiefsten Eindruck rief *Der erste Ton* hervor. Kupferstich, Mannheim, Stadtarchiv

5. Romantische Wirklichkeit

Carl Maria hatte durch seine unruhige Kindheit schon früh gelernt, eine eigene Ordnung für sein Leben zu suchen. Selbstdisziplin erwies sich als unerläßlich, wenn er mit dem ständigen Wechsel der äußeren Situation, den Unberechenbarkeiten des Vaters fertig werden wollte. Diese Erfahrungen kamen ihm jetzt zugute.

Äußerlich hatte er einen dicken Strich unter die Stuttgarter Zeit gezogen. Innerlich wurde er erst in einem langen Prozeß geistiger Verarbeitung mit allem fertig, was dort geschehen war und wofür er sich, zum mindesten teilweise, verantwortlich fühlte. Doch sprach er nicht darüber und hat sich auch im späteren Verlauf seines Lebens, selbst seiner Frau gegenüber, nur selten über die damaligen Verirrungen geäußert. Als eines Tages der unselige Huber bei ihm erschien, dessen Handlungsweise ihn damals in Stuttgart den gemeinsten Verleumdungen auslieferte, da hat er dem heruntergekommenen, verzweifelten Menschen stillschweigend geholfen. Erst lange danach erzählte er seiner Frau, wer dieser sonderbar düstere Gast gewesen war.

In Mannheim gab es für Weber eigentlich nur ein Thema: Er wollte sich als Musiker vervollkommnen. Er wollte konzertieren, komponieren, dirigieren und Menschen finden, die ihn verstanden und die er verstand. Junge Menschen, die ähnliche Lebensziele verfolgten wie er selber. Danzis Briefe brachten ihn schon bald mit führenden Persönlichkeiten der Stadt in Verbindung. Besonders wichtig wurde für ihn die Bekanntschaft mit dem Juristen, Dirigenten und Leiter der Museumskonzerte Gottfried Weber (kein Verwandter). Er war sieben Jahre älter als Carl Maria, von Beruf Rechtsanwalt und Richter, zugleich Mitbegründer des »Museumsorchesters«, das größtenteils aus guten Dilettanten bestand. Auch sein junger Schwager Alexander von Dusch gehörte dazu, ein ausgezeichneter Cellist und cand. jur. der Heidelberger Universität. Dusch ist später Staatsminister in Baden geworden.

In Mannheim wurde Gottfried Weber (1779–1839), bedeutender Jurist und vorzüglicher Musiker, sein Freund

Beide waren, ungeachtet ihres nüchternen Hauptfaches, geborene Musiker, beide hatten geistiges Format. Carl Maria ist in seinem Leben mehrfach ähnlichen Doppelbegabungen begegnet; das Musikleben zu Beginn des 19. Jahrhunderts wurde überhaupt stark von den Aktivitäten musikalischer Laien geprägt. Doch gingen die Initiativen schon vielfach von bürgerlichen Kreisen aus, nicht nur, wie im 18. Jahrhundert, von Höfen oder adligen Häusern. Orchestergründungen ohne praktische Teilnahme kenntnisreicher Dilettanten wären damals unmöglich gewesen. Noch lange Zeit fanden sich Fachmusiker vor allem im Dienst der Kirchen oder als musikalisch tätige Domestiken adliger Familien. Eine Institution wie die »Gesellschaft der Musikfreunde« in Wien, die 1812 entstand, ist mit und durch das Engagement des musikinteressierten Bürgertums ins Leben gerufen worden; die Uraufführrung des Schubertschen *Erlkönigs* zum Beispiel fand in den »Musikalischen Übungen« des Hauses Sonnleithner statt, wobei ein Dilettant, August Ritter von Gymnich, das schwierige Werk so eindringlich vortrug, daß es sofort einschlug und Schuberts Freunde auf ihr eigenes Risiko die Drucklegung besorgten.

In Mannheim tauchte Weber noch einmal, wie einst in Wien, in die Welt junger und ihrer Jugend bewußter Leute ein. Vom ersten Tage an war er umgeben von musikbegeisterten Menschen, von Studenten, die seine Gitarrenlieder entzückten, Familien, deren Kindern und Freunden er gerne vorspielte, am liebsten vor-improvisierte. Er lebte auf: Er wurde wieder geliebt!

Schon am 4. März trat er in einem Heidelberger Liebhaberkonzert auf, wobei er mit seinen *Klaviervariationen* über *»Vien quà, Dorina bella«* helle Begeisterung erregte. Wenige Tage später gab es einen Weberabend im Mannheimer Museum. Dort spielten ihm die Liebhaber unter Gottfried Webers Leitung seine erste *C-Dur-Sinfonie* zum Dank, Carl Maria wirkte als Pianist mit. Den stärksten Eindruck hinterließ *Der erste Ton*, ein kantatenähnliches Werk für Sprecher, Chor und Orchester, das in Stuttgart entstanden und Danzi gewidmet war. Da der berühmte Schauspieler Esslair den altmodisch steifen Text von Rochlitz durch seinen Vortrag zu beleben wußte und das Orchester die sparsame instrumentale Untermalung der Deklamation exakt wiedergab, kam die eigentümliche Stimmung des Werkes überzeugend zum Ausdruck. Heute ist das Faszinierendste an dieser Partitur für uns das chromatisch ansteigende sehnsüchtige Motiv, das sehr ähnlich, aber weiter ausgreifend, Jahrzehnte später als Leitmotiv, Sehnsuchtsmotiv, im *Tristan* zu den Hörern finden sollte.

Für Alexander von Dusch komponierte Weber *Cello-Variationen* mit Orchesterbegleitung, die schon am 30. Mai in Heidelberg zu Gehör kamen. Weber hat darin Teile aus früher entstandenen Werken verwendet. Er hat in allen Phasen seines arbeitsreichen Lebens Themen, Motive, Bruchstücke aus älteren Werken übernommen, wenn er diese als Ganzes für überholt hielt. Sein sicheres Gefühl für Nuancen, für die rhythmische und instrumentale Einheit eines Werkes täuschte ihn nie: Altes und Neues verschmolz nahtlos ineinander.

Dusch brachte Carl Maria auch in das romantische Heim der Familie Hout, die das Stift Neuburg bei Heidelberg bewohnte; ein geräumiges Haus, das aus einem Klostergebäude des 13. Jahrhunderts entstanden war. Dort entdeckten die Freunde das *Gespensterbuch* von Johann August Apel und Friedrich Laun und darin die Geschichte vom *Freischütz*. Weber hätte sie am liebsten sofort komponiert, doch dringende Examensarbeiten hinderten Dusch daran, das Textbuch zu entwerfen. Wahrscheinlich war das gut.

Über Heidelberg lag damals schon ein Hauch früher Romantik. Als erster junger Dichter hatte sich Clemens Brentano mit seiner Frau Sophie 1804 hier niedergelassen. Der sanfte Charakter der Landschaft, die begrünten Ufer des Neckars, die mittelalterlichen Burgen und Ruinen dieser Gegend bildeten den Hintergrund für die Sehnsüchte all jener Menschen, die in der Natur, im geschichtlichen Mittelalter mit seinen Sagen und Gesängen einer neuen Kunstrichtung auf der Spur waren. Hier gab Johann Joseph von Görres *Die Teutschen Volksbücher* heraus, hier entstand die Volksliedersammlung, die Achim von Arnim und Clemens Brentano unter dem Titel *Des Knaben Wunderhorn* 1806–1808 veröffentlichten, und eine kurze Zeit lang erschien hier auch ein Romantikerblatt mit dem charakteristischen Titel »Zeitung für Einsiedler«. Berühmte und unbekannte Autoren trugen zu ihrem Erscheinen bei, durchaus nicht nur aus Heidelbergs unmittelbarer Umgebung. Später kamen die Gebrüder Grimm mit ihren *Kinder- und Hausmärchen* hierher, und ihnen folgten Friedrich Rückert, Nikolaus Lenau, Friedrich Hebbel und, für eine kurze Studienzeit, auch Joseph von Eichendorff, der einige schöne Gedichte hier schrieb, aber damals noch ganz unbekannt war.

In dieser Atmosphäre entfalteten sich studentische Unternehmungen aller Art; die Heidelberger Universität wurde wieder stark besucht, sie war eine der ältesten Deutschlands und weithin berühmt. Außer ernsten Studien gab es Mondscheinständchen, private und öffentliche Musikveranstaltungen wie auch Vergnügungen in ländlichen Lokalen, bei denen Carl Maria unermüdlich Gitarre spielte und hinreißende neue Lieder improvisierte. Doch so beglückend es war, überall von alt und jung angeschwärmt und bewundert zu werden: Gleichzeitig empfand Weber mit innerer Ungeduld, daß ihn dieses halb spielerische, halb verträumte Dasein von seinem eigentlichen Ziel ablenkte. Es drängte ihn zu ernsthafter fachlicher Arbeit, zu öffentlich beachteten Konzerten, denen vielleicht harte Kritik und Auseinandersetzungen folgen würden. Doch gerade das, wie auch die ersehnte Anstellung als Kapellmeister, war weder in Heidelberg noch in Mannheim zu haben.

Da Franz Anton durch Gottfried Webers Vater liebevolle Betreuung erfuhr, entschloß sich Carl Maria, zunächst einmal Darmstadt zu besuchen. Dieser Aufbruch war das Ende seiner Unselbständigkeit, das Ende seiner Existenz als Sohn eines schwierigen Vaters, der beständig kränkelte und dem er bisher durch dick und dünn gefolgt war. Auch die schlimme Affäre in Stuttgart hatte seine kindliche Liebe zu dem alten Mann nicht getrübt. Wohl hatte der geistig abgebaut, er wußte manchmal nicht mehr genau, was er tat und was für Folgen es haben konnte: das war traurig. Weber hoffte im stillen, dem Vater bald wieder mehr von seinen zur Zeit so dürftigen Einnahmen zuwenden und seine Stimmung dadurch verbessern zu können.

In Darmstadt glaubte Weber eine günstigere berufliche Ausgangssituation zu finden als in Mannheim. Der regierende Großherzog Ludwig I. war ein hochmusikalischer Mann, er hatte Webers alten Lehrer, den Abbé Vogler, als Dauergast zu sich geladen und ihn mit einem Wohnhaus, einer guten Pension und einem wohlklingenden Titel ausgestattet. Allerdings ließ sich der Herzog in sein Lieblingsinstitut, die Hofoper, nicht hineinreden. Er bat Vogler auch nicht um Ratschläge, sondern probte und arbeitete mit guten Musikern hinter verschlossenen Türen. So fehlten dem Abbé die für ihn wichtigsten Lebenselemente in seiner angenehmen Position: die Öffentlichkeit der Auseinandersetzungen, die Intrigen, die übermäßige Begeisterung, die mit haarsträubenden Verrissen abwechselte. Eine so vielseitige Palette konnte nur eine echte Musikstadt bieten – zum Beispiel Wien. Ohne solche Stimulanzien war Voglers Stimmung sofort schlecht und trübselig.

Daran konnten zunächst auch die jungen Leute nichts ändern, die sich um diese Zeit als Schüler eingestellt hatten: Außer Carl Maria war es Johann Gänsbacher aus Tirol und der erst achtzehnjährige Jakob Beer, später Giacomo Meyerbeer, der hochbegabte Sohn eines kultivierten Berliner Bankiers. Er lebte »beim Papa«, wie die Schüler ihren Maestro nannten, in Kost und Logis. Das war in früheren Zeiten gang und gäbe gewesen; so hatte Mozart in den letzten Lebensjahren den damals zehnjährigen Johann Nepomuk Hummel als Wohnschüler aufgenommen, der ihn über alles liebte und verehrte und dessen feingliedrige Satzweise sich am Vorbild Mozarts entwickelt hat.

Vogler erkannte sofort das große Talent des jungen Beer. Er bewunderte seine pianistische Technik, die Sicherheit, mit der er auch reich instrumentierte Partituren pianistisch wiederzugeben vermochte. Er und Carl Maria erfanden eine neue vierhändige Form der Improvisation, an deren Themenwahl die Zuhörer beteiligt wurden und die nach höchst komplizierten Regeln vor sich ging. Giacomo gab sich im Kreis der Kollegen stets liebenswürdig, wenn auch etwas glatt und kühl, norddeutscher als der warmherzige Gänsbacher, der temperamentvolle Carl Maria. Als Komponist befand sich der Neunzehnjährige noch im Anfangsstadium, doch wurde ihm schon damals eine große Zukunft prophezeit. Die jungen Musiker, die sich in Darmstadt um den alten Lehrer scharten, bedeuteten später dessen ganzes Glück. Er sagte einmal in seiner überschwenglichen Art über Weber und Meyerbeer: »O wenn ich von der Welt hätte gehen sollen, ehe ich diese beiden ausgebildet hätte, welches Weh dürfte ich empfunden haben! Es ruht etwas in mir, das ich nicht herausrufen konnte, diese beiden werden es tun! Was wäre Perugino, was Fra Bartolomeo ohne Raffael!«

Die Treffpunkte der Freunde in Darmstadt, Mannheim oder Heidelberg, ihre oft strapaziösen Fahrten, nur um ein bestimmtes Konzert, eine häusliche Veranstaltung zusammen erleben zu können, führte sie auch menschlich eng zueinander. In nächtelangen Gesprächen wurden all die Probleme erörtert, die es ihnen so schwer machten, künstlerisch konzessionslos weiterzuarbeiten und gleichzeitig für die Öffentlichkeit leicht verständliche und attraktive Werke zu schaffen. Fast alle waren in ähnlicher Lage, hatten gegenseitiges Verständnis und den Wunsch zu gemeinschaftlicher Aktivität. Aus diesen Überlegungen heraus entstand schließlich der Plan, einen »Harmonischen Verein« zu gründen. Carl Maria, Gottfried Weber, Alexander Dusch und Meyerbeer zeichneten als Gründer, ferner gesellten sich Johann Gänsbacher und der Sänger Ludwig Berger hinzu. Später noch Franz Danzi und Friedrich Berner aus Breslau. Die Gründer waren sehr vorsichtig mit der Zuwahl neuer Mitglieder. »Gleich großer Eifer für die Kunst, gleiche Ansichten derselben, die Notwendigkeit besonders den ästhetischen Teil mehr zu pflegen, waren die Hauptgründe des Vereins.« Mannheim wurde zum Zentralpunkt und Sitz des Archivs bestimmt, das Gottfried Weber als Sekretär verwaltete; Carl Maria war Dirigent des Vereins, er entwarf auch die Satzungen.

Die Mitglieder nannten sich gegenseitig Brüder. Jeder übernahm die Verpflichtung, für seriöse Fachzeitschriften Rezensionen neuer Werke zu schreiben, soweit diese ihnen zugänglich wurden. Neuerscheinungen der Mitglieder wurden besonders berücksichtigt; die Rezensionen mußten aber

Wie in der »Krone« bei Darmstadt wurde Weber überall empfangen, wenn er mit seiner Gitarre erschien. Bei Hofe wie im ländlichen Kreise faszinierten sein Spiel und sein Charme. Illustration aus einer Erzählung

stets, auch Freunden gegenüber unparteiisch und von fachlichem Niveau sein. In Paragraph sechs heißt es sogar: »Eigentlich konstituierende Mitglieder können nur die sein, die Komponisten und Schriftsteller zugleich sind, besonders aber auch in Hinsicht ihres Charakters den wahren Gebrauch des Vereins nicht verunedeln.« Und in Paragraph elf: »Jeder Bruder muß sich einen Namen wählen, den er unter seine Rezensionen usw. setzt, wenn er nicht seinen eigenen unterzeichnet; hierdurch wird möglichen Kollisionen vorgebeugt, da jeder Bruder sogleich die Arbeiten des anderen erkennt.«

In der Wahl dieser Pseudonyme kam die jungenhafte Freude der Gründer am Spaß zum Ausdruck. Hier eine kleine Liste der bei Abdrucken verwendeten Namen:

Carl Maria von Weber – Melos, Simon Knaster, Niemand
Gottfried Weber – Giusto, Dias
Giacomo Meyerbeer – Philodikaios, Julius Billig
Johann Gänsbacher – Triole, Trias
Alexander von Dusch – Unknown, unknown man

Ein Jahr nach der Ausweisung aus Stuttgart konnte Carl Maria in sein Tagebuch schreiben: »Da mit dem 26. Februar d. J. eine neue Lebensepoche für mich begann, so rechne ich auch den Anfang dieses Jahres von diesem Zeitpunkt an.

Gott hat mich zwar mit vielem Verdruß und Widerwärtigkeiten kämpfen lassen, aber doch auch immer auf gute Menschen geführt, die mir das Leben wieder wert machen. Ich kann mit Beruhigung und Wahrheit sagen, daß ich in diesen 10 Monaten *besser* geworden bin, meine traurigen Erfahrungen haben mich gewitzigt. Ich bin endlich in meinen Geschäften anhaltend fleißig geworden.«

Das war er wirklich. Doch die Möglichkeiten, zu Konzerten und anderen Engagements zu kommen, waren von Darmstadt aus nicht größer als in Mannheim oder Heidelberg. Dagegen brachte ihm Frankfurt Glück. Der »Großpapa« Vogler nahm ihn als Begleitung zu Konzerten mit, die er dort geben sollte. Und Weber hatte Gelegenheit, mit seinem ehemaligen Gönner, Herzog Eugen aus Carlsruhe, zusammenzutreffen. Er wollte ihm die Ursachen seiner Stuttgarter Entlassung schildern. Der Herzog, der Weber auch menschlich schätzte, sprach eine ganze Nacht hindurch mit seinem ehemaligen Musikintendanten und schenkte ihm zum Abschied einen kostbaren Ring. Er hatte Webers Verfehlungen verstanden und ihm verziehen.

In Frankfurt zeichnete sich die Möglichkeit ab, *Silvana* aufzuführen; und hier erwarb der neue Musikverlag Simrock einige Werke von Weber: seine *Polonaise*, das *Klavierquartett*, ein virtuoses *Cello-Potpourri* und die Kantate *Der erste Ton*. Er erhielt für alles zusammen 50 Gulden. Eine ähnliche Abmachung traf er mit dem Verleger André in Offenbach. Dieser übernahm sein *1. Klavierkonzert* und einige Lieder, beauftragte ihn außerdem, *6 Sonaten für Klavier und Violine* zu schreiben. Weber machte sich viel Mühe mit diesen als Lehrstoff gedachten Werken, die André ihm aber mit der Begründung, sie seien »zu gut, sie müßten platter sein«, ablehnte.

Neben den Satzungen für den Harmonischen Verein und einigen Kompositionsplänen beschäftigte ihn auch der Entwurf eines literarischen Werkes, das er *Tonkünstlers Leben, eine Arabeske* nennen wollte. Es war weder Roman noch Selbstbiographie, doch stark von Webers Persönlichkeit, seinen Anschauungen und Erfahrungen geprägt. Er hat die ersten Kapitel verschiedentlich Kennern der literarischen Szene gezeigt, hat daraus vorgelesen, einige Partien auch drucken lassen. Tieck, Brentano und vor allem sein Freund Rochlitz in Leipzig rieten ihm dringend, das originelle Manuskript zu vollenden. Doch Weber war kein Romanschreiber. Die Personen, die die Handlung tragen, bleiben blasse, fast gesichtslose Figuren. Die Schilderung einer Persönlichkeit interessierte den Autor nur wenig. Beflügelt wurde sein Stil dagegen stets bei der Auseinandersetzung mit jenen Themen, die ihn Tag und Nacht beschäftigten und seine Zukunftshoffnungen enthielten: die Musik, seine Musik – romantische Musik. Da kommen Gedanken zum Vorschein, die ganz modern, oft geradezu surrealistisch sind. Es gibt Selbstbekenntnisse, Selbstgespräche, prächtige bunte Traumschilderungen. Die italienische, die französische und die deutsche Oper werden witzig und treffend parodiert, atemlose Ballszenen gleiten musikhaft vorüber, und es gibt Stellen von eigensinniger Originalität, in denen sich Webers erstaunliche Phantasie ausdrückt.

In Darmstadt hat Weber in verhältnismäßig kurzer Zeit, vom August 1810 bis Januar 1811, die einaktige komische Oper *Abu Hassan* komponiert, deren Textbuch ebenfalls von seinem Freund Hiemer stammte, der zwei Jahre lang über der *Silvana* gebrütet hatte. Der neue Stoff war einer Erzählung aus *Tau-*

sendundeiner Nacht entnommen und ihre Problematik durchaus beiden Freunden vertraut. In dem heiteren Spiel wird nämlich die Täuschung drängender Gläubiger durch den vorgegebenen Tod der Schuldner, eines lebenslustigen jungen Ehepaars, geschildert. Abwechselnd muß immer, wenn es opportun ist, einer von beiden sterben, damit der Überlebende das Begräbnisgeld kassieren kann. Dabei verfahren die Betroffenen so witzig und raffiniert, daß ihnen schließlich auch der strenge Kalif verzeiht und ihre Zukunft aufs beste regelt. Bezeichnenderweise komponierte Weber als erstes Nr. 3 des Textes, den Chor der Gläubiger.

Am 16. September 1810 kam *Silvana*, das ehemalige *Waldmädchen*, zur ersten Aufführung. Caroline Brandt, eine siebzehnjährige Soubrette, spielte die Titelrolle des kleinen Waldwesens und entzückte Weber schon in den Proben durch ihre pantomimische Grazie, mit der sie, ohne zu singen, ihren Gefühlen Ausdruck zu geben wußte. Ihren Gesang lernte er in einem Konzert kennen, das er mit der Sopranistin Gretchen Lang besuchte, jener Pucicaca, die ihn in Stuttgart so ganz und gar mit Beschlag belegt und nach der Katastrophe verleugnet hatte. Während er nach langer Zeit wieder neben ihr saß, empfand er erleichtert, daß seine Gefühle für sie fast ganz erloschen waren, daß er frei für eine neue Bindung wurde. An Caroline Brandt dachte er dabei noch nicht.

Das Interessanteste an *Silvana*, einer romantischen oder komisch-heroischen Oper, die Hiemer aus dem *Stummen Waldmädchen* entwickelt hatte, ist die Gestalt der Titelrolle. Dieses Naturkind, durch wilde Auseinandersetzungen in der Ritterschaft vom Tode bedroht, schließlich von einem treuen Knappen entführt und in entfernten Wäldern aufwachsend, ist glücklich in ihrer »schönen Waldeinsamkeit«. Sie tanzt gern, sie liebt den Vogelsang und den Klang ferner Jagdhörner; nur eines darf sie nicht: sprechen, mit niemandem, um nicht entdeckt zu werden. Weber hat ihr deshalb mit Oboe und

Cello die musikalisch verständliche Stimme beigesellt, und wenn Graf Rudolf, ihr Liebhaber, seine Liebeserklärung singt, versteht Silvana ihn durchaus und antwortet mit ausdrucksvoller Pantomime zu der sie wortlos begleitenden Sprache der Instrumente.

Weber hat nur wenige Nummern aus der alten Partitur verwendet, unter anderem die Ouvertüre. Er hatte sein Werk am 23. Februar 1810 beendet, an seinem letzten Hafttag in Stuttgart. Romantisch ist nicht nur die verwickelte Fabel des Stückes, in dem Silvana schließlich durch ein Muttermal als Tochter des Grafen erkannt und jegliche Fehde eingestellt wird. Romantisch ist vor allem die vom Orchester so überzeugend geschilderte Naturwelt, in der schon, wie in den späteren großen Opern von Weber, ein gewaltiges Unwetter über die Bühne fegt.

Die größte persönliche Aufregung bereitete Weber vor der Premiere die Nachricht, daß Madame Blanchard, die berühmte Luftschifferin, ausgerechnet am 16. September 1810 mit ihrem Ballon aufsteigen wollte. Seine Bitte, doch einen anderen Termin zu wählen, blieb erfolglos. Weber hat trotz der schlechten Nachricht am 13. September sein schönes *Wiegenlied* komponiert: *Schlaf, Herzenssöhnchen, mein Liebling bist du.* Sehr bald rankte sich eine Anekdote um das Liedchen. Es sei geschrieben worden, um die kleine Tochter von Madame zu trösten, die vor dem jungen Herrn von Weber in Tränen ausgebrochen sei. Aber Madame hatte keine kleine Tochter, die er hätte trösten müssen.

Weber hat dieses Liedchen zuerst mit Gitarrenbegleitung veröffentlicht; in den Jahren zwischen 1807 und 1812 entstanden überhaupt die meisten seiner etwa zwanzig Gitarrenlieder. Viele wurden später auch mit Klavierbegleitung veröffentlicht. Das *Wiegenlied*, lange Zeit weltbekannt, wird auch noch heute gesungen; aber nur wenige wissen, daß es von Carl Maria von Weber stammt. Die meisten Hörer halten es für ein Volkslied. Und das ist kein schlechtes Urteil über eine erfundene Melodie.

Der Aufstieg des Luftballons, noch dazu mit einer Frau, erregte die Frankfurter maßlos. Es wird etwa so gewesen sein wie in unserem Jahrhundert bei der Erwartung der Mondlandung amerikanischer Astronauten. Unglücklicherweise erfolgte der Aufstieg auch noch gegen Abend, so daß der Beginn der Vorstellung verschoben wurde. Doch selbst interessierte Theaterbesucher kamen verspätet, abgelenkt und kaum aufnahmefähig in die Premiere.

Wiegenlied.

C. F. Hiemer.

Op. 13. № 2.

Weber selber war fest überzeugt, daß er diese Störung wieder einmal seinem »Stern« verdanke. Trotzdem war der Erfolg jedoch ganz befriedigend, und nach der zweiten Aufführung schrieb er an Gottfried Weber: »Die Aufführung wurde so vortrefflich exekutiert, daß mir nichts mehr zu wünschen übrigblieb. Orchester und Sänger waren von dem größten Eifer beseelt; auch gefiel sie sehr.«

Inzwischen beschäftigte ihn der Gedanke an eine große Tournee; er dachte an Prag, Dresden, Berlin, Kopenhagen und Petersburg. Nach einigen Versuchen in Baden, die menschlich erfreulich waren, doch nur private Beziehungen förderten, traf er im Januar 1811 die letzten Vorbereitungen für seine große Fahrt. Er widmete die Partitur des *Abu Hassan* dem musikverständigen Großherzog von Darmstadt und erhielt zum Dank 440 Gulden von ihm. Für sein Abschiedskonzert erwarb der Hof 120 Billets; Weber erzielte an diesem Abend den ungewöhnlichen Reingewinn von 200 Gulden. Zum Konzert waren Alexander von Dusch und Gottfried Weber aus Mannheim gekommen, die größte Freude für Carl Maria, der so sehr an seinen Freunden hing. Dies war offensichtlich eine unmittelbare Folge der großen Unsicherheit seiner Jugendjahre, in denen die für ihn wichtigen und geliebten Bezugspersonen ständig gewechselt hatten.

Das erfolgreichste Konzert der beginnenden Tournee fand ganz in der Nähe, in Gießen, statt; ein besonderer Glücksfall war, daß Heinrich Bärmann, der bald als berühmtester Klarinettist Deutschlands gelten sollte, dabei mitwirkte. Es war zugleich der Beginn einer dauerhaften persönlichen und musikalischen Freundschaft zwischen ihm und Weber.

In Aschaffenburg, Augsburg, Bamberg und Würzburg kam es dagegen zu keinem Arrangement. Niedergeschlagen schrieb Weber an Gänsbacher: »Ich muß wirklich manchmal alle Vernunft zusammennehmen, um nicht nachlässig und verdrießlich zu werden, denn gibt es etwas Elenderes, als bei fremden Menschen herumzulaufen, jedem etwas vorzududeln, damit er sieht, daß man etwas kann, und unter 30 kaum auf einen zu stoßen, der Anteil nimmt und tätig ist.«

Diesen überall gleichen Schwierigkeiten, zu einem Engagement zu kommen, wollte Weber mit der Herausgabe einer *Musikalischen Topographie Deutschlands* begegnen. Leider fand seine Idee bei den Mitgliedern des »Harmonischen Vereins« keinen rechten Widerhall: teils weil sie die damit verbundene Arbeit scheuten, teils weil sie, bedingt durch ihre Lebenssituation, an Tourneen und öffentlichen Konzerten weniger Interesse hatten als Carl Maria, der sich damals in erster Linie noch als Pianist und konzertierender Künstler sah. Auch hoffte er, nach Erfolgen mit seinen virtuosen Solostücken auch seinen dramatischen Werken zu Aufführungen verhelfen zu können. Er hatte auf dieser ersten selbständigen Fahrt viele interessante Menschen kennengelernt und, wo er konnte, auch Positionen für den »Harmonischen Verein« zu erobern versucht. Viel Glück hatte er dabei nicht. Dies wurde ihm später von Gottfried Weber und Meyerbeer als Folge seines »egoistischen Verhaltens« vorgeworfen – ganz bestimmt zu Unrecht. Carl Maria hat weit mehr für den Verein getan als alle anderen Mitglieder zusammen und unverdrossen neue Beziehungen angeknüpft.

Auch auf den weiteren Stationen seiner Reise kam es nur selten zu Konzerten, häufiger zu interessanten Bekanntschaften. In Bamberg traf er Franz von Holbein, den er vom Frankfurter Theater her kannte und der jetzt als erfolgreicher Leiter an der Bamberger Bühne wirkte. Abends saß er mit ihm, dem Tenor Bader und E. T. A. Hoffmann beim Frankenwein. Hoffmann, damals

Theater und Gasthof »Zur Rose« in Bamberg, wo er E. T. A. Hoffmann kennenlernte, fasziniert, doch instinktiv schon vor der Zwiespältigkeit seines Charakters gewarnt

Friedrich Rochlitz (1769–1842), Komponist, Organist und Verleger, verfolgte Webers Weg seit seinem op. l. Er erkannte früh seine vielseitigen Talente und förderte sie, wo er konnte. Kupferstich, Deutsche Staatsbibliothek, Berlin

Durch Heidelberger Freunde kam Weber in ein verträumtes Idyll der jungen deutschen Romantik: das Stift Neuburg. Dort erfuhr er von der *Freischütz-Fabel.* Er schwärmte von ihrer Verwirklichung als Opernstoff. Doch sollte es erst zehn Jahre später dazu kommen. Kupferstich, Kurpfälzisches Museum

Rechts: Abbé Vogler, eine vielfältig schillernde Figur, hatte eine Zeitlang großen Einfluß auf Carl Maria. Der Abbé machte ihn mit den neuesten Entwicklungen der modernen Musik bekannt, während er Bach und Beethoven nur oberflächlich behandelte. Für viele junge Musiker waren seine Theorien faszinierend. Stich von Franz Valentin Dürmer

Links unten: Johann Baptist Gänsbacher (1778–1844), war einige Zeit mit Meyerbeer und Weber zusammen Schüler bei Abbé Vogler in Darmstadt. Kupferstich, Berlin, Deutsche Staatsbibliothek

Rechts unten: Giacomo Meyerbeer, ein hochbegabter Musiker aus Berlin. Kupferstich von Ignaz Kupp

E. T. A. Hoffmann, Bleistiftzeichnung von Wilhelm Hensel. Berlin, Nationalgalerie

als Schriftsteller kaum bekannt, war in Bamberg als Musikdirektor und Bühnenmaler tätig und – was Weber nicht erfuhr – in eine leidenschaftliche Liebesaffäre verstrickt. Er arbeitete an einer Oper *Aurora*, deren Text von Holbein stammte. Hoffmann schätzte intellektuelle Gespräche, die sich bis in die tiefe Nacht hinzogen; Carl Marias zarte Konstitution war dem weniger gewachsen. Er spürte in manchen Zügen von E. T. A. geistige Verwandtschaft, war auch von seiner Originalität fasziniert, innerlich aber doch schon leise gewarnt vor der Zwiespältigkeit seines Charakters: »Er scheint nebst einer Art von gutmütigem Äußeren eine gute Portion Verschlagenheit zu besitzen.«

Zehn Jahre später, bei seinem größten Theatererfolg in Berlin, sollte er die Bestätigung für diese Vermutung erhalten.

Das Anschauen einer Gegend ist mir die Aufführung eines Musikstückes. Ich erfühle das Ganze, ohne mich bei den es hervorbringenden Einzelheiten aufzuhalten; mit einem Worte, die Gegend bewegt sich mir, seltsam genug, in der Zeit. Sie ist mir ein sukzessiver Genuß.

Das hat aber seine großen Freuden und seinen großen Jammer. Freude, weil ich nie genau weiß, wo der Berg, der Baum, das Haus steht, oder etwa gar, wie das Ding heißt, und daher bei jedesmaligem Anschauen eine neue Aufführung erlebe. Aber großen Jammer, wenn ich *fahre*. Da fängt eine gute Konfusion an in meiner Seele, dann gaukelt und wirbelt alles durcheinander. Wie jagen, durchkreuzen und rädern sich alle Begriffe und Vorstellungen in mir! Sehe ich stillstehend so recht festen Blickes in die Ferne, so beschwört dies Bild fast immer ein ihm ähnliches Tonbild aus der verwandten Geisterwelt meiner Phantasie herauf, was ich dann vielleicht liebgewinne, festhalte und ausbilde. Aber, gerechter Himmel!, mit welchen Purzelbäumen stürzen die Trauermärsche, Rondos, Furiosos und Pastorales durcheinander, wenn die Natur so meinen Augen vorbeigerollt wird! Da werde ich dann immer stiller und stiller und wehre dem allzu lebendigen Drang in der Brust. Kann ich dann auch nicht den Blick abziehen von dem schönen Glanzspiele der Natur, so wird es mir bald doch nichts mehr als ein buntes Farbenspiel, meine Ideen entfernen sich durchaus von allem Tonverwandten, das bloße Leben mit seinen Verhältnissen tritt herrschend vor, ich gedenke vergangener Zeit, ich träume für die Zukunft...

Aus den Fragmenten des Romans
Tonkünstlers Leben
von Carl Maria von Weber

6. Aufschwung

Am 14. März 1811 kam Weber in der bayerischen Residenz an. München war damals noch nicht die schöne, verführerische Stadt, wie Thomas Mann sie um die Wende zum 20. Jahrhundert beschrieben hat: »München leuchtete.« Durch die Schöpferkraft vieler großartiger und phantasievoller Künstler hat sie sich in langen Jahren entfaltet, von bayerischen Staatsoberhäuptern verständnisvoll gefördert.

Der Kurfürst von Bayern hieß seit 1806 König Max IV. Joseph und stammte aus einer Seitenlinie der pfälzischen Kurfürsten. Er war, ähnlich wie Friedrich von Württemberg, von Napoleon zum König ernannt worden, weil er die Franzosen in den kriegerischen Auseinandersetzungen mit Österreich durch seine Truppen unterstützt hatte und eine fortschrittliche Gesinnung zeigte. Doch Max war durch sein Königtum weder eitel noch machtgierig geworden. Er forderte größte Sparsamkeit der Verwaltung, setzte sich für eine moderne Rechtspflege ein und hatte die Gleichberechtigung aller Religionsbekenntnisse durchgesetzt. Er war ein Freund der Aufklärung und nahm seine Verantwortung als Bürgerkönig sehr ernst. Als ihn die Abordnung des Münchener Rates am Tage der Verkündigung seiner neuen Würde aufsuchte, empfing er sie mit den Worten: »Ich freue mich, euch alle zu sehen. Ich wünsche euch ein gutes neues Jahr – und wir bleiben die alten!«

Die bereits von seinem Vorgänger Karl Theodor von der Pfalz begonnene Erweiterung des alten Stadtgebietes setzte er zügig fort; das Glacis wurde zugunsten moderner Bauvorhaben beseitigt, die Maximilianstadt entworfen, der Botanische Garten angelegt und schließlich ein neues Theater gebaut, in dem Logen für Künstler, Gelehrte und Geistliche vorgesehen waren. Max IV. Joseph war kein ausgesprochen musischer Mann, aber er hatte erkannt, daß die Pflege der Künste und ihre lebendige Ausstrahlung zu einer souveränen Hauptstadt gehörten. Unter ihm wurde das Theater in ein Nationaltheater umgewandelt; auch ausländische Opern sollten hier in deutscher Sprache aufgeführt werden. Eine Anordnung, die Weber mit Freuden vernahm.

»In München berühmt zu werden war schwer für den Künstler, geliebt zu werden sehr leicht, wenn er es redlich meinte und deutsch sprach, malte oder tönte«, schreibt Max Maria von Weber in seiner Biographie des Vaters. Weber kam mit hervorragenden Empfehlungsschreiben des Darmstädter Hofes nach München. Er wandte sich zunächst an den Staatsminister Graf von Montgelas, einen wichtigen Mann, der von Carl Marias Persönlichkeit sofort eingenommen war. Carl Maria hatte im Laufe der Reise, besonders durch seine pianistischen Erfolge, sein Selbstbewußtsein wiedergefunden. Sein nobles Auftreten, persönlicher Charme und das unverkennbare künstlerische Format, das sein ganzes Wesen prägte, öffneten ihm in München wichtige Türen.

Schon fünf Tage nach der Ankunft wurde er von der Königin empfangen, die musikalisch besonders interessiert war; in der berühmten Oper hörte er als erstes *Don Giovanni* von Mozart und war besonders von der Leistung des Orchesters beeindruckt: »So ein Orchester hebt einen gen Himmel wie Meereswogen«, schrieb er an Gottfried Weber. Das Orchester hatte seinen guten Ruf aus Mannheim mitgebracht, dort galt es schon in den siebziger Jahren des 18. Jahrhunderts als eines der besten Europas. Das Mannheimer Crescendo, anders als die bisher vom Cembalo bestimmte Terrassendynamik, wurde überall mit Begeisterung aufgenommen. Als Karl Theodor, Kurfürst von der Pfalz, 1778 durch die Erbfolge nach München gerufen worden war, folgte ihm der größte Teil der Musiker dorthin, auch Peter Winter, Leiter des Orchesters und Komponist des erfolgreichen *Unterbrochenen Opferfestes*.

Zu Webers Zeit bestand das Orchester aus 87 Mitgliedern, fast durchweg ausgebildete Fachleute. Unter den Solisten befanden sich die besten Virtuosen Deutschlands, auch Bärmann traf er hier wieder und komponierte für sein vorgesehenes Orchesterkonzert, das bereits am 5. April stattfand, ein *Concertino für Klarinette* mit Orchesterbegleitung. Weber führte außerdem eine seiner Sinfonien auf, sein *1. Klavierkonzert in C-Dur*, in dem seine brillante Technik und sein musikalisches Temperament die Hörer entzückte. Die Kantate *Der erste Ton* kam leider nicht recht zur Geltung; der vorgesehene Sprecher erkrankte schwer, und der einspringende Darsteller konnte sich nicht so schnell mit der Atmosphäre des Stücks vertraut machen. Der

König gab Weber nach dem großen Erfolg des Concertinos den Auftrag, zwei weitere Klarinettenkonzerte für Bärmann zu komponieren; das blieb nicht ohne Folgen. Carl Maria schrieb an Gottfried Weber: »Seit ich für Bärmann das *Concertino* komponiert habe, ist das ganze Orchester des Teufels und will Konzerte von mir haben. Sie überlaufen den König und die ganze Intendanz, und wirklich ist dermalen für ziemlichen Preis bei mir bestellt: 2 Klarinettenkonzerte, 2 große Arien, 1 Violoncellokonzert für Legrand, 1 Fagottkonzert.«

Schon nach vier intensiven Proben, von den Mitwirkenden mit Begeisterung aufgenommen, ging *Abu Hassan* am 4. Juni in Szene. Die Ouvertüre eröffnete mit Schwung, guter Laune und kompositorischer Gewandtheit das heitere Spiel. Witz und Anmut der Gesangspartien, apart gemischte Klangfarben des Orchesters, alles deutete auf eine neue musikalische Phase in Webers Entwicklung hin. Das gewissermaßen heiter Schwebende in der Beziehung von Hassan und Fatime wurde später durch hinzugefügte Arien noch vertieft, sie geben dem leichtgewichtigen Werk Momente der Innigkeit und Besinnung.

Übrigens trat bei der Uraufführung wieder einmal Webers »Stern« in Aktion. Nach der lebhaft beklatschten Ouvertüre gab es Feueralarm, das Publikum strömte aufgeregt durcheinander – doch stellte sich schnell heraus, daß es blinder Alarm gewesen war. Es dauerte eine Weile, bis die erregten Zuschauer fähig waren, den Charme des Einakters ganz zu erfassen. Fünf Nummern wurden lebhaft beklatscht, die Aufführung war ein voller Erfolg für Weber. Er schrieb nach der Premiere an Gänsbacher: »Ich warte mit Schmerzen auf einen neuen guten Operntext, denn wenn ich keine Oper unter den Fäusten habe, ist mir nicht wohl.«

In den folgenden Jahren erschien *Abu Hassan* auf den Bühnen von Berlin, Frankfurt am Main, Dresden und Gotha, ferner in Königsberg, Prag, Stuttgart, Würzburg und Wien, 1825 in England. Schon damals zeichnete sich ab, welche Möglichkeiten sich für Webers Temperament, seine künstlerische Intelligenz und seinen Humor auf dem Gebiet der Komischen Oper hätten öffnen können. Leider fanden sich keine Librettisten, die für seinen Stil geeignete Stoffe entdeckten. Sein eigener Versuch mit den *Drei Pintos*, der reizend zu werden versprach, scheiterte am mangelnden Interesse der Umwelt und schließlich an Webers fortgeschrittener schweren Krankheit.

Weber wurde nach dem Erfolg des *Abu Hassan* in München noch mehr beachtet und gefeiert als bisher. Besonders freundschaftliche Beziehungen entwickelten sich zur Familie des Baudirektors Wiebeking, dessen begabte Tochter Fanny Weber im Klavierspiel unterrichtete. Beim russischen Gesandten lernte er Friedrich Wilhelm Schelling kennen, seine Werke hatten ihn schon in Stuttgart tief beeindruckt. Besonders das Buch von der Weltseele, in dem er die Kunst als Brennpunkt bezeichnet, in dem Geist und Natur miteinander verschmelzen, hatte ihn zu Schellings Anhänger gemacht. Weber war glücklich über die freundschaftliche Beziehung, die sich zu diesem »wahrhaft großen Mann« ergab.

Auch manche neue Liebesgeschichte bahnte sich in dieser Zeit an; Webers zarte, fast zerbrechlich wirkende Erscheinung, sein treffender Witz und sein ganz von der Musik bestimmtes Wesen zogen bestimmte weibliche Charaktere unwiderstehlich an. Doch die stereotyp in üblichen Bahnen verlaufenden Beziehungen langweilten ihn sehr schnell. »Denn dieses ewige Einerlei von böse werden und sich wieder versöhnen rührt mich nicht – inzwischen lasse ich mich freundlich davon unterhalten und denke mein Teil.« Im selben Brief an Gottfried Weber stehen aber auch noch beklemmende Zeilen: »Eigentlich fröhlich oder glücklich bin ich nicht. Ich habe *keine Seele* gefunden an die ich mich mit wahrer freundschaftlicher Wärme hätte anschließen können, ich habe noch keinen Abend zugebracht, wie wir es gewohnt waren zu tun, ich habe noch nirgends ein einziges Liedchen zur Gitarre gesungen, weil ich nie so fröhlich war, mich dazu getrieben zu fühlen. So viel Sinn für Kunst man im Theater und Konzerten zeigt, so wenig häuslichen Musiksinn (möchte ich es nennen) haben die Münchener, man macht keine Quartette, nichts.«

Sehr wohl tat Carl Maria der Besuch eines alten Freundes der Stuttgarter Zeit, Franz Danzi. Er lernte durch ihn dessen talentvollen Schüler, Freiherrn von Poißl kennen, der an einer Oper *Ottaviano in Sicilia* arbeitete. Mit diesen beiden Kollegen, dem alten und dem jungen, verbrachte er drei sommerliche Wochen in Starnberg. Er wanderte mit ihnen, spielte Kegel, segelte mit anmutigen jungen Damen auf dem See und konnte Kräfte für die geplante Reise in die Schweiz sammeln, die er als »Kunst- und Naturkneip-Reise« ankündigte.

Am 7. August 1811 fand noch ein großes Hofkonzert in Nymphenburg statt, bei dem die berühmte Sopranistin Anna Milder-Hauptmann mitwirkte, für die Beethoven die Partie der Leonore im *Fidelio* komponiert hatte. Bärmann blies Webers neues *Klarinettenkonzert in f-Moll* herrlich, der König war entzückt und erwies sich als großzügig. Weber konnte am 9. August frohen Mutes in den Reisewagen steigen. Am 11. August langte er in Ravensburg an, befand sich also auf württembergischem Boden; diesen zu umgehen wäre erheblich umständlicher und zeitraubender gewesen. Hatte er vergessen, daß er diesen Boden als Persona non grata nie wieder betreten durfte? Dachte er nicht mehr an damals, an das katastrophale Ende seiner Stuttgarter Zeit?

Die Behörden jedenfalls hatten nichts vergessen. Er wurde arretiert, sein Paß nach Stuttgart eingesandt, und er durfte den »Gasthof zum Lamm« bis zur Entscheidung von höchster Stelle nicht verlassen. Durch die Aufregung, die ihn nun packte, erkrankte er an heftigem Fieber. Noch einmal wurde er in völlige Hilflosigkeit zurückgeworfen. Es wurde ihm bewußt, daß König Friedrich, der ihn ja hassen mußte, ihn jetzt leicht auf dem Hohenasperg verschwinden lassen konnte. Wie den Dichter Christian Friedrich Daniel Schubart... Nach drei Tagen war der Spuk verflogen. An Gottfried schrieb er, betont gelassen: »Zum Glück fand ich in Ravensburg viele bekannte Offiziere, den Landarzt etc., und zugleich zeigte mir unser Herrgott dadurch an, daß ich nicht übermütig werden möge, indem es mir eine lange Zeit so gut gegangen sei.«

Diesmal verließ Weber Württemberg endgültig und fuhr von Meersburg aus »einen himmlischen Abend über den Konstanzer See« zu Baron Hoggner, einem Schweizer Musikfreund, der ihn schon oft auf sein Landgut Schloß Wolfsburg eingeladen hatte. Er wurde dort mit Freuden aufgenommen, die ganze Familie sorgte dafür, daß er sich bald vollkommen erholte. Von hier aus besuchte er die Tagung der »Helvetischen Musikgesellschaft« in Schaffhausen. Vor allem hoffte er, dort mit Hans Georg Nägeli zusammenzutreffen, einem der Mitbegründer dieser Schweizer Gesellschaft. Nägeli hatte eine Gesangsausbildungslehre nach Pestalozzischen Grundsätzen geschrieben und hoffte dem Volk damit die »sittlichenden Elemente« der Musik nahezubringen. Daß er auch Buchhändler war, hatte in Carl Maria große Hoffnungen erweckt; er dachte mit seiner Hilfe endlich die ersehnte Musikzeitschrift des »Harmonischen Vereins« herauszubringen. Nägeli hatte in

Frankfurt am Main Webers *Silvana* gehört und einen starken Eindruck von seiner Begabung mitgenommen. Gleich in der ersten Sitzung der Gesellschaft schlug er vor, Weber zum »außerordentlichen Ehrenmitglied« zu ernennen, ein Vorschlag, der sofort akzeptiert wurde. Weber schrieb an Gottfried in Mannheim: »Den Sitzungen beizuwohnen und den echt republikanischen Geist und die Einigkeit zu sehen, die da herrscht, war mir sehr interessant.«

In Schaffhausen traf er nach langer Trennungszeit den jungen Meyerbeer wieder, der mit seiner Familie auf dem Weg nach Italien war. Zwischen Giacomos Eltern und Carl Maria stellte sich schnell ein herzliches, fast familiäres Verhältnis her, während der einstige Freund sich merkwürdig uninteressiert und kühl verhielt. Er war nicht nur auf dem Wege nach Italien, er war vor allem auf dem Weg zu einer internationalen Karriere. Carl Marias eigensinnige und schwärmerische Vorstellung einer romantischen deutschen Oper sagte ihm gar nicht zu. Gefragt waren jetzt nur Italiener wie Rossini und die erfolgreichsten Komponisten der Opéra comique in Frankreich, danach mußte man sich richten. An späteren dramatischen Werken von Meyerbeer, die unter dem Einfluß dieser Stile entstanden, erkannte Weber, was für eine Wandlung sich in dem hochbegabten und, wie er meinte, deutschen Komponisten vollzogen hatte.

Seine weiteren Erfahrungen in der Schweiz waren nicht sehr ermutigend. Aus Zürich schrieb er: »Gestern bin ich hier angekommen und glaube aber nicht, daß etwas zu machen ist. Nägeli hat die Handlung beinah ganz aufgegeben... Am 30. besuchte ich mit Nägeli seine Singanstalt. Das ist ein noch höchst unvollständiges Wesen. Die Leute singen wohl, aber wie? Wie das Volk in allen lutherischen Kirchen, und dann die Komposition wollte mir auch nicht in den Kopf, sie kam mir so platt und hundsgemein vor, vielleicht verstehe ich's aber nicht, und das ist Volksgesang.«

In den meisten Ortschaften kam es gar nicht zu Konzerten; von Winterthur heißt es: »...ein elendes Konzert, viel Beifall, wenig Geld.«

Weber war recht enttäuscht. Zweimal begab er sich auf anstrengende Touren in die Berge, zuerst mit einem Pianisten, Anton Liste, mit dem er über das Gebirge nach Luzern wanderte und auf dem Rigi einen Sonnenaufgang erlebte. Die zweite Wanderung zum Grindelwalder Gletscher unternahm er allein. »Unbeschreiblich das schöne Blau, unter den Füßen wie Glasfluß... Blümchen in der Nähe am Gletscher gepflückt. Die Bettelei ist sehr groß, aber sehr überraschten mich Kirschen, die man mir bot und bis auf den Gletscher nachtrug, wo ich wahre Wollust daran setzte, auf ihm Kirschen zu essen.«

Man spürt etwas von dem Entzücken, das Weber in dieser Landschaft bewegt angesichts einer Natur, wie er sie noch nie erlebt hat und auch später nicht mehr erleben sollte. Oft sind die Eindrücke, die für ihn und für sein ausgeprägtes Naturgefühl so wesentlich waren, ihm nur in begrenzten Zeiträumen zuteil geworden: die waldige Gegend um Carlsruhe, die Schweizer Hochgebirgslandschaft, später der südliche Adel der Dresdener Umgebung und der einzigen Sommerfrische, die ihn viele Sommer lang tröstete: Hosterwitz. Ein großes Erlebnis wurde die Überfahrt nach Dänemark. »Ozean, du Ungeheuer!«

Über diese Eindrücke zu berichten lehnte er ab. »Nein, ich fühle in Gottes freier Natur, aber davon reden mag ich nicht.«

Er verschloß solche Erlebnisse in seinem Innern wie die Musik, die er komponierte. Und das bedeutete bei ihm nicht, daß er sie aufschrieb, damit sie für andere existent wurde. Eines Tages, wenn er sie brauchte, konnte er sie aus einem sensibel reagierenden Gedächtnis hervorholen ohne Geschwätz dritter und ohne kollegiale Neugier. Viele seiner musikalischen Aussagen beruhen auf Geheimnissen, die ihm die Natur offenbarte. Am schönsten, in ihrer unsäglichen Klarheit, waren manche Melodien, die er schuf.

Mitte Oktober konnte er in Basel erfolgreich konzertieren und dabei 130 Gulden einnehmen. So endete die Schweizer Reise freundlich. Vor allem hatte sich sein geistiger Horizont in der ganz anders strukturierten Umwelt entschieden erweitert. Die ihm seit Kindertagen eingeprägte Meinung, künstlerische Erfolge seien nur unter »Allerhöchsten Herrschaften« möglich, war durch die bildungsbeflissene Sphäre des Schweizer Bürgerpublikums von ihm als unrichtig und weltfremd erkannt worden. Die Orchester allerdings bestanden hier größtenteils aus Dilettanten, ihre Leistungen waren den Weberischen Anforderungen nicht gewachsen. Doch die Art der Schweizer, sich zu geben, gefiel ihm; er hatte Bauern und Bergleute, Intellektuelle und Schwärmer, Partner wie Gegner kennengelernt und seine Gabe, behutsam mit Menschen umzugehen, dabei weiterentwickelt. Vor allem aber hatte er aus diesem herrlichen Land die Geheimnisse einer noch unzerstörten Natur als inneren Besitz mit sich genommen.

In München fand er seine zärtlichen Verehrerinnen genau wie vor einem Vierteljahr: fordernd, leicht gekränkt und zänkisch. »A. W. T. N. – alle Weiber taugen nichts«, stand mehrmals in seinem Tagebuch, das war damals die noch unreife Einstellung zum weiblichen Geschlecht, bevor die große Liebe zu Caroline Brandt ihn überwältigte.

Als Bärmann ihm vorschlug, gemeinsam eine Reise durch Norddeutschland zu unternehmen, stimmte er hocherfreut zu. Es kam zu einem Abschiedskonzert, in dem Bärmann Webers 2. *Klarinettenkonzert* blies und Weber die Bearbeitung der alten *Rübezahl-Ouvertüre* dirigierte, die nun *Beherrscher der Geister* hieß. Für die Königin hatte er einige *Kanzonetten in italienischem Stil* zusammengestellt – weit lieber hätte er ihr Bedeutenderes verehrt. Doch freute sie sich und sagte auf seine selbstkritischen Worte: »Still! Still! Da ist nichts klein, nichts groß! Was von Ihnen kommt, kann nicht anders als schön sein!«

Am 1. Dezember 1811 brachen sie im eigenen gemeinsam erworbenen Reisewagen auf, am 4. Dezember langten sie in Prag an, zwanzig Jahre nach Mozarts letztem Besuch. Zu Webers Zeit war die schöne Stadt eine Art zweites kleineres musikdurchklungenes Wien. Die adligen Familien spielten gesellschaftlich und kulturell die Hauptrolle. Viele engagierten ihre Domestiken weniger nach den Leistungen als Koch, Kammerdiener oder Sekretär, als nach ihren musikalischen Fähigkeiten; in all diesen Häusern wurde viel und anspruchsvoll musiziert. Johann Gänsbacher, Webers bester Freund aus den Wiener Jahren, hatte eine gehobene Stellung bei dem in Prag residierenden Grafen Fabian inne. Er führte beide Musiker in den wichtigsten Adelshäusern persönlich ein; man war gespannt auf Webers Kompositionen, auf Bärmanns berühmtes Klarinettenspiel. Es wurde alles getan, um dem Konzert günstige Voraussetzungen zu schaffen. Es fand kurz vor Weihnachten statt, war glänzend besucht, und die musikinteressierten Zuhörer folgten den Vorträgen mit wachsender Begeisterung.

Das Programm glich dem letzten Münchener; selbst *Der erste Ton* wurde mit Interesse aufgenommen. Origineller weise sprach hier eine Schauspielerin, die beliebte Madame Löwe, den Text. Anderentags hatte Weber Gelegenheit, den Direktor des Theaters kennenzulernen, Johann Liebich, der Typ des väterlichen Prinzipals, wie man ihn damals schätzte. Er lag krank im Bett, umgeben von einem großen Teil des Ensembles; jedes Mitglied wurde von ihm geduzt und mit Vornamen angeredet, man hatte den Eindruck einer einzigen großen Familie. Weber empfing er mit den Worten: »Sie sind der prächtige Kerl, ein Blitzdeixel auf dem Klavier; Sie wollen mir Ihre Opern verkaufen? Der Gänsbacher hat mir gesagt, sie sind gut. Die eine füllt den Abend, die andere nit, ich geb Ihnen 1500 Gulden für beide: schlagen's ein!« Weber war einverstanden und versprach, im nächsten Frühjahr beide Opern selber einzustudieren.

Über Dresden gelangten die beiden Freunde nach Leipzig, wo Weber vor allem den Hofrat Friedrich Rochlitz besuchen wollte, den Herausgeber der »Allgemeinen musikalischen Zeitung«. Er hatte die erste Veröffentlichung, *6 Fughetten,* des zwölfjährigen Carl Maria wohlwollend besprochen und verfolgte seitdem seinen weiteren Weg mit großer Aufmerksamkeit. Weber hatte 1809 die Kantate *Der erste Ton* mit dem Text von Rochlitz komponiert, die in ihrer originellen Eigenart, dem Zusammenwirken von Sprecher und Orchesterbegleitung, viel beachtet worden war. Einen Hymnus *In seiner Ordnung schafft der Herr* hatte Rochlitz auf Wunsch von Weber geschrieben, ihn aber damit nicht gerade inspiriert. Durch Rochlitz ergaben sich Kontakte zu anderen Schriftstellern und Musikverlegern. Carl Maria teilte von seinem begonnenen Roman *Tonkünstlers Leben* einiges mit und sah sich durch die Fachleute in seiner schriftstellerischen Arbeit bestätigt. Rochlitz hätte gerne für seine Musikzeitschrift regelmäßig musikalische Besprechungen gehabt; es gab damals nur wenige Fachleute, die es wie Weber verstanden, sachlich, für Laien verständlich und mit leichtem Humor über musikalische Ereignisse zu berichten.

Von Leipzig aus folgten Bärmann und Weber einer Einladung des Herzogs Friedrich IV. von Sachsen-Gotha, der als besonders musikinteressiert galt. Er war allerdings eine sehr merkwürdige Persönlichkeit, keineswegs normal zu nennen. So wechselte er fast täglich die Farbe seiner Haare, erschien bald in einer antiken Toga, bald in Frauenkleidung mit Damenhut oder bekränztem Haar; dabei dichtete und komponierte er ständig mit großer Aufregung und Anstrengung, weniger mit Können. Weber mußte ständig um ihn sein, eben entstandene Verse komponieren, andere begutachten oder ändern – der dilettantische Enthusiasmus des sächsischen Herzogs ging ihm bald auf die Nerven. Louis Spohr, der mit seiner Frau Dorette, einer vorzüglichen Harfenistin, am Hof verpflichtet war, amüsierte sich über Webers Bemühungen:

»Wenn ich mit dem Herzog so geistreich sein wollte wie Sie, ich könnte längst keinen Fiedelbogen mehr halten.«

Schließlich floh Weber mit Bärmann nach Weimar, von der Großherzogin Maria Pawlowna eingeladen, die einige Musiksoireen für beide arrangiert hatte. Während ihres Spiels trat eines Abends Goethe ein, der sofort in eine lebhafte Unterhaltung mit einigen Damen verwickelt wurde. Später fragte er Weber nach dem Befinden von Rochlitz und verabschiedete sich kühl und unpersönlich von ihm. Weber fühlte sich verletzt. Zwar war das Geplauder während musikalischer Vorträge in gesellschaftlichem Rahmen damals noch üblich, aber das Verhalten von Goethe ließ durchaus erkennen, daß er von diesem jungen Komponisten nicht viel hielt. Er folgte darin dem kritischen Urteil seines Freundes Zelter.

Eine ganz andere Atmosphäre begegnete ihm bei Christoph Martin Wieland, dem Dichter des *Oberon*. »Die tiefste Verehrung und Rührung muß jeden erfüllen, der sich ihm naht. Das Herzliche seines Umgangs, die biderbe Deutschheit reißt unwiderstehlich hin.« Das klingt wie eine Vorahnung innerer Verwandtschaft. Noch konnte Weber nicht voraussehen, daß ihn der Stoff des *Oberon* in den letzten Monaten seines Lebens intensiv beschäftigen sollte.

Die Großfürstin beschenkte und ehrte Bärmann und Weber beim Abschied. Sie wollten noch ein Konzert in Dresden geben. Die Vorbereitungen waren schwierig und ermüdend, das Konzert schlecht besucht. Die Einnahme betrug für beide zusammen nur 56 Taler. »Dresden erwischt uns nicht wieder!« So Webers Meinung. Aber das Schicksal hatte anderes mit ihm vor.

Der Klavierspieler

Mit dem natürlichen Vorteil großer Hände ausgestattet und dadurch in der Lage, Dezimen mit derselben Leichtigkeit zu spielen wie Oktaven, vermochte er die überraschendsten Klangwirkungen zu erreichen, und wie Rubinstein besaß er die Fähigkeit, eine fast vokal zu nennende Klangqualität aus dem Instrument herauszulocken, wo Zartheit oder beseelter Ausdruck es erforderten.

Webers Schüler Julius Benedikt

Weber war Meister auf der Gitarre wie auf dem Flügel. Seine damals noch wenig bekannten Lieder, von ihm selbst mit schwacher, aber ungemein wohlklingender Stimme in unnachahmlichem Ausdrucke vorgetragen und mit höchster Virtuosität auf der Gitarre begleitet, sind das Vollendetste, was vielleicht je in dieser Gattung geleistet worden, und gewannen ihm alle Herzen... Hatte ihn irgendein Gesangsstück in vorzügliche Begeisterung gesetzt, so pflegte er unaufgefordert, wie wenn er nur in einem längeren Nachspiel die Schönheit eines musikalischen Gedankens festhalten und verfolgen wollte, sich in freier Phantasie über ihn zu ergehen, und leistete dann, völlig Herr des Instruments... und stets von dem klarsten Bewußtsein der Regel geleitet, das Außerordentlichste, was die Kunst der Klavierspieler hervorzubringen vermochte... Sein Phantasieren in solcher Stimmung unterschied sich sehr von allen ähnlichen Kunstleistungen selbst größerer, d. h. fertigerer, Klavierspieler wie Hummel und Kalkbrenner, bei denen, auch wenn sie es noch so wenig meinen, doch immer ein Streben zu gefallen durchblickt. Bei Weber aber war es, als ob er in diesen Augenblicken erst das Organ fände, seine innersten Empfindungen vertrauten Freunden zu enthüllen, und als ob sein ganzes Wesen damit beschäftigt wäre, sich ihnen verständlich zu machen.

Hinrich Lichtenstein, *Aufzeichnungen*

Ein rechtschaffener Lehrer bildet nicht nur klassische Spieler, sondern auch klassische Hörer – Zuhörer, welche ein ganzes Stück hindurch con amore zuzuhören vermögen. Er macht ihnen klar, welche häßliche, säuische – und zugleich dumme Grobheit es ist, einen Künstler... zum Spielen aufzufordern und, während dieser dem Verlangen entspricht, mit dem Dritten ein Gespräch anzuknüpfen...

Weber, *Maximen beim Musikunterricht*

Weber begründete eine neue Art von Klavierauszügen... Sonst hatte man auf dem Klavier nur die allgemeine Umrißzeichnung des Orchestersatzes wiederzugeben versucht, unbequeme Mittelstimmen ohne Umstände weggelassen, die Geigenfiguren in Klavierfiguren verwandelt. Der alte Klavierauszug war ein Kartonstich, Weber versuchte, das Original im vollen Farbenstich nachzubilden. Er ließ das Klavier Orchester spielen.

Wilhelm Heinrich Riehl

7. »Der naseweise Schwabenjunge«

Weber war bisher hauptsächlich in kleinen oder mittelgroßen Städten aufgetreten, zunächst im südwestdeutschen Raum, der ihm Heimat bedeutete, dann auch in kulturell wichtigeren Orten wie München oder Prag. Dank der vorzüglichen Empfehlungen, die er vorweisen konnte, seines Rufs als Pianist und wohl auch durch sein Adelsprädikat kam er mit den kulturell wichtigen Persönlichkeiten meist schnell ins Gespräch. Interessant ist, daß damals zeitgenössische Komponisten in ihren Konzerten überwiegend eigene Werke spielten und daß diese Gepflogenheit allgemein üblich war. Es muß also in den Kreisen der Musikliebhaber Interesse auch für Neuheiten gegeben haben; sie durften allerdings nicht zu schwer sein und mußten Virtuoses geschickt servieren. Die Variation war deshalb eine beliebte Form, schon die Wahl eines bekannten Themas konnte den Erfolg steigern. Manche von Webers Klavierwerken fanden überall begeisterte Aufnahme, besonders die *Variationen* über das Thema von Bianchi *Vien quà, Dorina bella*. Neben dem ständig wechselnden Charakter der verschiedenen Variationen hatte auch die brillante Wiedergabe des Werkes ihren Anteil daran, besonders, wenn Weber das Thema von Bianchi vorher mit seiner angenehmen Stimme sang.

In Berlin lernte Weber eine für ihn neue Atmosphäre kennen. Berlin hatte nicht das Flair süddeutscher Kleinstaaten, auch nichts von der allgemeinen Musikbegeisterung und dem gemütlichen Schlendrian, die das weltstädtische Wien für Künstler so anziehend machten – ungeachtet der Intrigen und Affären, die es dort mehr als anderswo gab. Und republikanisch, wie in der Schweiz, ging es bei den Preußen erst recht nicht zu. Noch herrschte die überkommene Tradition, noch bestimmte das Königshaus, welche Werke welcher Komponisten gespielt wurden. Die Dirigenten hießen Vincenzo Righini und Bernhard Anselm Weber. Ersterer vertrat die Kunst Italiens nach Abstammung und Leistung, letzterer interessierte sich zwar für die deutsche Oper, hatte sogar selber eine komponiert; doch galt es, sich geschmeidig den Wünschen des Hofes anzupassen.

Ein vielseitig begabter Konkurrent wie Weber löste in dem durchschnittlichen Namensvetter panische Ängste aus. Die beiden Dirigenten hatten eine Aufführung der *Silvana* zunächst abgelehnt, es sei ein unreifes Werk und bedürfe gründlicher Überarbeitung. Der langjährige allgemein verehrte Generaldirektor des Theaters, August Wilhelm Iffland, schloß sich dieser Beurteilung an. Nun war *Silvana* bestimmt kein Meisterwerk, es war aus altem Stoff, ein oft geflicktes Gewand. Doch wie viele der schon im gleichen Hause gespielten Singspiele und Schauspiele mit Musik zeigten nicht ähnliche Schwächen? Es scheint, daß Carl Maria in Verkennung seiner Situation als sechsundzwanzigjähriger in Berlin fast unbekannter Komponist sich anfangs allzu selbstbewußt aufgeführt hatte und bei den Experten nun als »naseweiser Schwabenjunge« galt.

Er war daher höchst überrascht, als er eines Tages, auf Grund der Empfehlung des bayerischen Kronprinzen, von Friedrich Wilhelm III. freundlich empfangen wurde. Es schien um so erstaunlicher, weil der König als begeisterter Verehrer der italienischen Oper galt und einige Jahre später für den von ihm bewunderten Spontini eine Sonderposition an der Berliner Oper schuf. Immerhin schienen jetzt Aussichten zu bestehen, daß *Silvana* doch noch aufgeführt wurde, und Weber war davon auch sofort überzeugt: »Mit meiner Silvana geht es langsam, wie hier alles geht. Doch es wird gehen.«

Der alte Carl Friedrich Zelter, ursprünglich Maurermeister, geliebter und gefürchteter Leiter der berühmten »Singakademie«, hatte vor kurzem eine »Liedertafel« gegründet, einen Männergesangverein, der hohe Ansprüche an die Mitwirkenden stellte: Jedes Mitglied mußte gut vom Blatt singen, ein paar Verse schreiben, ein einfaches Lied setzen können. Zelter war zwar interessiert an dem jungen Weber, doch nicht bereit, sich mit seinen Kompositionen zu beschäftigen. Webers in Berlin entstandene kleine Kantate *Turnier-Bankett* erkannte er wohlwollend an, und sie wurde von der »Liedertafel« gern und häufig gesungen. Übrigens hatte Zelter ihn eingeladen, an den Proben seiner Chöre teilzunehmen. Im Laufe der Zeit lernte der kontaktfreudige junge Musiker dadurch Chorwerke kennen, die beruflich für ihn sehr wichtig waren. Außerdem kam er in einen Personenkreis von menschlichem und geistigem Niveau, wie er das in dieser Form bisher nirgends erlebt hatte.

Blick auf Schloß Nymphenburg bei München. Stahlstich von J. Poppel, 1855

Johann Wolfgang von Goethe im Alter. Kreidezeichnung von Ludwig Sebbers

Links: Christoph Martin Wieland (1733–1813). »Die tiefste Verehrung und Rührung muß jeden erfüllen, der sich ihm naht«, sagte Weber von dieser Begegnung. Marmorbüste von Gottfried Schadow, Thüringische Landesbibliothek

Links unten: Der alte Carl Friedrich Zelter (1758–1832), geliebt und gefürchtet als Leiter der Singakademie, lud Weber zu seinen Chorproben ein. Mit dessen Musik konnte Zelter nicht viel anfangen. Kupferstich, Berlin, Deutsche Staatsbibliothek

Rechts unten: Hinrich Lichtenstein (1780–1857), ein ebenso guter Musiker wie Zoologe, wurde in Berlin Webers treuester und verständnisvollster Freund und blieb es bis zu seinem Tode

Besonders herzliche Beziehungen ergaben sich zu dem Zoologen und Vorstandsmitglied der Singakademie, Hinrich Lichtenstein. Er war sechs Jahre älter als Weber, hatte als junger Wissenschaftler das südliche Afrika bereist und lehrte nun als Professor der Zoologie an der neuen Berliner Universität, die Wilhelm von Humboldt gegründet hatte. Lichtenstein war ein ebenso guter Musiker wie Wissenschaftler – ähnlich wie Alexander von Dusch und Gottfried Weber in Mannheim. Er hatte Gespür für Webers Genialität wie auch für die speziellen Schwierigkeiten seiner sensiblen, leidenschaftlichen Natur: Er besaß »das Geheimnis der Freundschaft«. Weber hat in den langen Zeiträumen der Trennung, die den meisten Berliner Aufenthalten folgten, sich immer nach diesem Freund gesehnt und ihm in zahlreichen spontanen Briefen seine künstlerischen Ideen, seine Träume und Sorgen und damit sein ganzes Wesen offenbart.

Schon bei diesem ersten Berlinbesuch bildete sich ein Kreis verständnisvoller musikalischer Freunde um Carl Maria. Der Augenarzt Dr. Flemming, ein Freund Lichtensteins, gehörte dazu, dessen Braut Friederike Koch, Justizrat Wollank, Familie Türk, viele Berliner Musiker und Schauspieler, unter ihnen die Schwestern Sebald; von Amalie Sebald fühlte sich Weber bald genauso angezogen wie Ludwig van Beethoven.

Während seines ersten, ein halbes Jahr währenden Aufenthaltes in Berlin wohnte Weber bei den Eltern seines Freundes Meyerbeer, die ihn schon bei der Schweizer Begegnung liebgewonnen hatten und nun wie einen eigenen Sohn in ihrem behaglichen Charlottenburger Heim aufnahmen. Hier erreichte ihn die traurige Nachricht, daß sein Vater am 16. April 1812 im Alter von 78 Jahren in Mannheim gestorben war. In sein Tagebuch schrieb der Sohn: »Gott schenke ihm jenseits den ewigen Frieden, den er hier nicht hatte. Es ist unsäglich schmerzlich für mich, daß ich ihm keine glücklichen Tage mehr bereiten konnte. Gott segne ihm die große Liebe, die er zu mir hatte und die ich nicht verdiente, und die Erziehung, die er mir geben ließ.«

Zwei Konzerte, das erste vom König besucht, machten Weber in Berlin bekannt. Die Intrigen gingen im Hintergrund zwar trotzdem weiter, doch kam es schließlich sogar zu einer Probe seiner Oper vor zahlreichen Fachleuten. Sie verlief günstig für den Komponisten, nur der vielseitig tätige Herr von Drieberg, der in Berlin damals als Autorität in Kunstfragen anerkannt war (und übrigens selber Opern komponierte), erhob scharfe Einwände: Weber hasche nach Effekten, die Gesangspartien seien den instrumentalen gegenüber vernachlässigt und ein ermüdender Geist der Monotonie ruhe über dem Ganzen.

Weber war von dieser harten Kritik eines Kollegen tief betroffen. »Sollte ich keine Mannigfaltigkeiten der Ideen besitzen, so fehlt mir offenbar Genie, und sollte ich mein ganzes Leben hindurch all mein Streben, all meinen Fleiß, alle meine glühende Liebe einer Kunst geopfert haben, zu welcher Gott nicht den echten Beruf in meine Seele gelegt hätte? Diese Ungewißheit macht mich höchst unglücklich... Um keinen Preis möchte ich in der Mittelklasse von den 1000 und 1000 Kompositeurleins stehen; kann ich nicht eine hohe eigene Stufe erklimmen, möchte ich lieber gar nicht leben oder als Klavier-Professionist mein Brot mit Lektionen zusammenbetteln. – Doch will ich meinem Wahlspruch keine Schande machen, ›Beharrlichkeit führt zum Ziel‹ – ich werde streng über mich wachen, und die Zeit wird mich und die Welt belehren, ob ich mit Nutzen diese echte aufrichtige Meinung benutzt habe.«

Webers Beharrlichkeit hatte Erfolg. Es gelang ihm, durch Streichungen und neue Arien dem Werk stärkere Kontraste und dadurch größere Überzeugungskraft zu geben; auch setzte er seinen Wunsch durch, die Premiere selber zu dirigieren. Nach 14 Proben und mit ausgezeichneter Besetzung – nur an der Bühnenausstattung war gespart worden – ging *Silvana* am 10. Juli 1812 in Szene. Es wurde ein Erfolg, den sogar die strenge Presse bestätigen mußte. Wie immer nach öffentlicher Anerkennung, wurde Weber mit Einladungen und Kompositionsaufträgen bestürmt, er mußte Kritiken schreiben, neue Lieder und Chöre zu festlichen Gelegenheiten und für die Schwestern Sebald sogar Walzer und Ekossaisen – Gesellschaftstänze – komponieren, die er dann »bis weit nach Mitternacht drosch«.

Der Abschied von Berlin ging ihm sehr nahe. Ein Abschiedsfest, heiter gedacht, verlief durch seine eigene Stimmung seltsam wehmütig und rührend. Besonders als er ein neues Lied vortrug, das seinen Dank an die Freundschaft ausdrückte, die ihm in Berlin so wohlgetan hatte. Die Worte dazu hatte er selber erdacht. Erst später hat er der erregt-schmerzlichen Melodie Tiecksche Verse unterlegt: *Sind es Schmerzen, sind es Freuden...*

Acht Tage nach der Abreise schrieb er an Lichtenstein: »Es ist mir wie ein Traum, daß ich Berlin und alles das verlassen habe, was mir so lieb und teuer geworden ist. Ich kann mich noch immer gar nicht überzeugen, daß es für

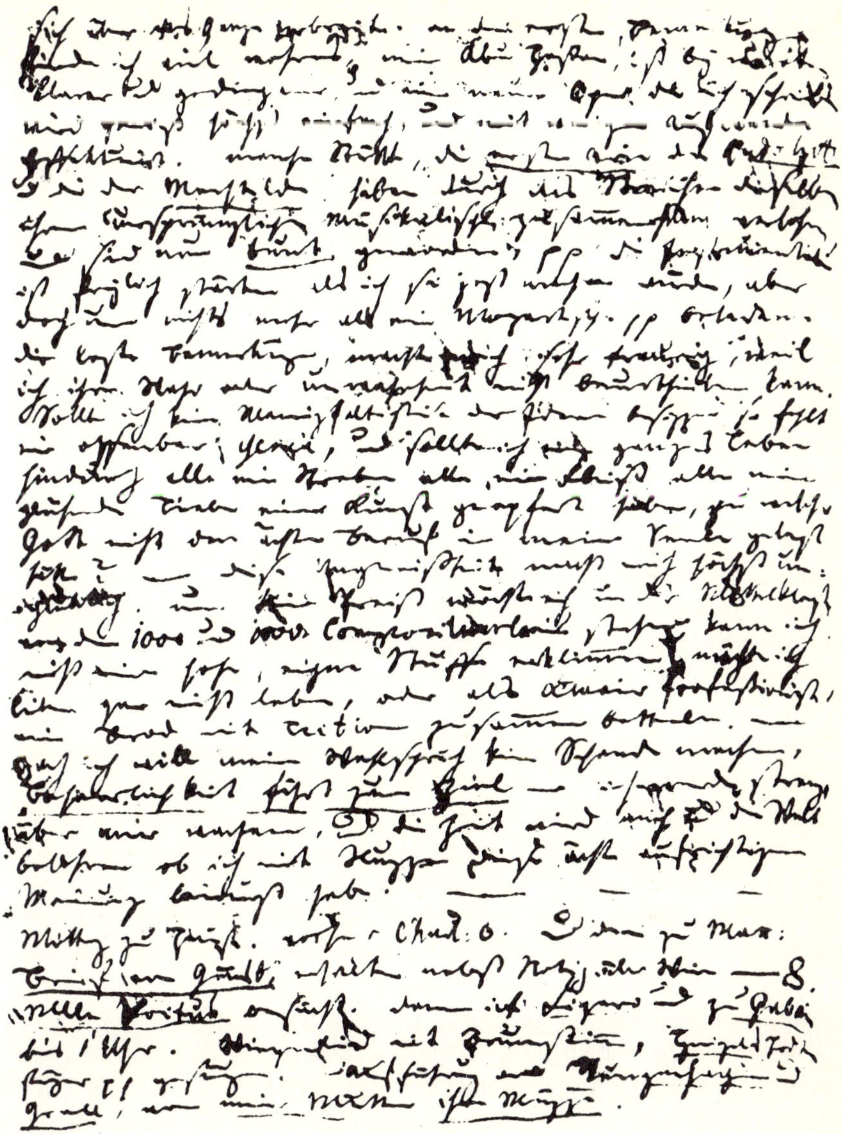

Diese Tagebuchnotiz vom 13. Mai 1812 zeigt Webers strenge Selbstkritik, aus der er neue Kraft schöpfte

eine lange, lange Zeit ist, daß ich mich von Euch trennte; ich glaube auf einer Spazierfahrt zu sein, wo ich dann beim Nach-Hause-Kommen desto mehr würde zu erzählen haben... Ich kann es wohl sagen, daß Du mir vor vielen lieb geworden bist. Wir haben nicht viel zusammen verkehrt, und doch glaube ich, wir haben uns verstanden... Schreibe mir, wenn Du Zeit und Lust hast, und sieh meine Briefe nicht als Wechsel an, die Du durch schuldige Antwort zu honorieren brauchst. Freunde müssen sich frei bewegen können, und die Freundschaft muß ihnen durch Formen keine Fesseln aufzwingen. Auch wenn Du mir ein Jahr nicht schreibst, würde ich an Dich glauben.«

Weber schrieb diese Zeilen in Gotha, wo er sich auf Einladung des Herzogs vom 6. August bis Dezember 1812 aufhielt. Er wohnte ruhig, behaglich, mit schöner Aussicht und hoffte, in dieser günstigen Situation mit seinen Kompositionsplänen weiterzukommen. Doch sobald der musikbesessene Herzog anwesend war, gab es keine stille Konzentration mehr. Der Familie Türk schrieb er darüber: »Liebster Türk! Türkin! Kind! ...Ich bin nur des Morgens bis elf oder bis zwölf Herr meiner Zeit. Dann wird gegessen, dann Musik gemacht, geplaudert usw. bis tief in die Nacht hinein. In einem Nachmittag drei bis vier italienische Opern durchzusingen ist uns Bagatell.«

Weber hielt sich dabei an de Cesario, den Maestro des Prinzen Friedrich, denn dieser »kennt das italienische Publikum, Opernwesen, Theater aufs genaueste, und ich habe mir tausenderlei Bemerkungen für meinen Hausgebrauch hinters Ohr geschrieben«. Weber nutzte jede Gelegenheit zum Lernen; hierin hatte er viel Ähnlichkeit mit dem jungen Brahms.

Am 19. Dezember konnte er sich verabschieden, erhielt vom Prinzen einen kostbaren Brillanten, vom Herzog als Honorar »für Unterricht im Geist der Musik« 40 Friedrichsdor und reiste nach Leipzig. Dort hatte er mit seiner Komposition der Rochlitzschen Hymne *In seiner Ordnung schafft der Herr* und seinem virtuosen *2. Klavierkonzert* großen Erfolg. »Das sonst nicht sehr feurige Leipziger Publikum war wirklich rein des Teufels... obwohl ich für mein Teil schon besser gespielt hatte als an diesem Abend.«

Weber konnte noch einige neue Werke an den Verleger Kühnel verkaufen und stieg schließlich gespannt und mit leiser innerer Ungeduld in die Postkutsche nach Prag, der ersten Station der geplanten Tournee. Er erwog, was für neue Eindrücke ihm diese Reise wohl bringen würde, freute sich auf die italienischen Städte und ihre Schönheit, auf ein verständiges, temperamentvolles Publikum. Er fühlte sich endlich wieder ganz unbeschwert, jung und leistungsfähig. Es war 26 Jahre alt.

In Prag kam er am 12. Januar 1813 an, von dem aufgeregten Gänsbacher mit überraschenden Neuigkeiten empfangen. Wenzel Müller, der bisherige Kapellmeister am Prager Theater, hatte sein Amt niedergelegt und war in das geliebte Wien zurückgekehrt, wo er sich als erfolgreicher Kompositeur für Zauberpossen und leichte Spielopern großer Beliebtheit erfreute. Dem Prager Amt war er nicht gewachsen gewesen, er hinterließ einen Trümmerhaufen. Direktor Carl Johann Liebich setzte seine ganze Hoffnung auf Weber. Der dachte an seine eigenen Pläne, an die herrliche Unabhängigkeit, die ihn erwartete, und sagte sofort nein. Doch Gänsbacher erklärte ihm, daß Liebich die Absicht habe, die Oper in der bestehenden Form aufzulösen und ihm die Reorganisierung zu übertragen. Er würde völlig freie Hand haben. Liebich brauche einen Mann mit Erfahrungen, Kenntnissen und Standfestigkeit – und das nicht nur zum Taktschlagen! Es sollte etwas Neues geschaffen werden, die Oper mußte wieder mehr Gewicht, mehr Anziehungskraft erhalten, gerade für die gebildeten Stände, deren Interesse fast verlorengegangen war.

Danach suchte Gänsbacher mit seinem Freund die vier Protektoren der Ständischen Theaterverwaltung auf: Fürst Lobkowitz, Oberst-Burggraf Liebsteinsky, Graf Clam-Gallas und Bankier Kleinwächter. Alle diese empfingen Weber »auf das gewinnendste und auszeichnendste, von allen Seiten hörte er, daß man es als ein Glück betrachten werde, ihn für Prag gewonnen zu haben. Der Rausch des Gefeiertwerdens begann seinen Zauber zu üben.« Gänsbacher begleitete ihn danach zu Liebich, den Weber bei seinem ersten Besuch in Prag kennengelernt hatte. Der Eindruck war der gleiche wie damals: ein warmherziger, kunstverständiger und redlicher Theaterprinzipal, mit dem man paktieren konnte. Er bot Weber 2000 Gulden als Gehalt, 1000 Gulden garantiert für ein Benefiz und zwei bis drei Monate Urlaub. Seine Anstellung begann am 1. April 1813, doch Liebich wollte ihm sein Gehalt ab sofort zahlen. Weber schrieb ins Tagebuch: »Ich kann mich schwer entschließen, meine Pläne nach Italien usw. fahrenzulassen, aber um die Wonne zu genießen, bald meine Schulden als braver Kerl bezahlen zu können, tue ich schon etwas. Andremo!«

Den »Musik-Webergesellen« in Berlin teilte er seinen Entschluß sofort mit. Trotz allem Für und Wider schien es ihm vielversprechend, »in einen

Wirkungskreis zu treten, der ganz mein Element ist... auch ist es etwas wert, *regierender* Herr der Oper zu sein«. Er selber konnte sich allerdings noch nicht vorstellen, daß er irgendwo ganz ruhig sitzen sollte... »Zudem muß ich mich jetzt einrichten, ach du lieber Gott! Ich muß mich damit abgeben, Lichtputzer, Stiefelknechte etc. einzukaufen, und mich um jeden Quark bekümmern.«

Gerade das war gut für den sehnsüchtig der Freizügigkeit nachtrauernden Carl Maria. Er fand eine hübsche Wohnung, die er gleich einrichtete, und wurde von der Prager Gesellschaft mit Neugierde und Respekt aufgenommen, von künftigen Kollegen teils freundlich, teils verärgert. »Ich habe meinen Feinden mein ganzes Leben lang sehr viel zu danken gehabt, denn sie waren mein bester Sporn«, schrieb er an Rochlitz. Übrigens ließ er in dessen Musikzeitschrift ein Inserat einrücken, worin er die Dichter Deutschlands aufforderte, ihm Operntexte zu senden, die er anständig honorieren wolle. Aber die Dichter Deutschlands hatten offenbar keine Vorschläge parat.

Das erste Engagement, das er für die neue Oper vornahm, war das der Soubrette Caroline Brandt aus Frankfurt, seiner ersten Silvana. Sie hatte sich bei ihm gemeldet, und er hielt sie für geeignet, »in einfachen, heiteren, sogenannten Spielrollen aufzutreten, als Zerlina, Cherubin oder in Isouards Aschenbrödel«.

Ende März fuhr er nach Wien, mit unbeschränkten Vollmachten von Liebich ausgestattet, um neue Opernwerke kennenzulernen und geeignete Sänger zu verpflichten. Letzteres erwies sich als schwierig. Doch traf er seinen alten Lehrer Abbé Vogler, der hier Orgelkonzerte gab, den Klarinettisten Bärmann und Meyerbeer, der Klavierunterricht bei Hummel nahm.

»Von 7–11 geht es bei mir wie in einem Taubenschlage aus und ein, dann fange ich an, Visiten zu machen bis 2 Uhr, dann geht's zu Tisch bis 4 Uhr, dann wieder Visiten und dann ins Theater... Ich finde beinah alles unter meiner Erwartung, die großen Lichter werden alle so klein, wenn man sie in der Nähe sieht...«

Den Geiger Franz Clement, für den Beethoven sein Violinkonzert geschrieben hatte, engagierte er als Orchesterdirektor. Mit Bärmann gab er ein offenbar mäßiges Konzert; er fühlte sich miserabel, so daß er gleich nach der Veranstaltung in die Postkutsche stieg. In Prag brach er mit einem schweren Fieberanfall zusammen; er selber nannte es Gallenfieber. Graf Pachta holte ihn in sein Haus und sorgte für Pflege und absolute Ruhe. Es dauerte Monate, bis er die Folgen dieser schweren Erkrankung ganz überwunden hatte. Leider war er in dieser für ihn schwierigen Zeit ganz auf sich selber angewiesen: Gänsbacher, den lieben Freund, hatte es nicht gehalten, als Napoleons Untergang begann; er war zu seinen Tiroler Jägern zurückgekehrt.

Der ungeheure Wandel, den Napoleons Niederlage in Rußland in ganz Europa auslöste, streifte Prag nur am Rande; sie wurde hier nicht als schicksalhaftes Geschehen wahrgenommen wie in Ländern, die unter der Härte des Krieges, der Brutalität des Siegers schwer gelitten hatten.

Das Ständische Theater am Carolinenplatz in Prag, wo Weber vom 1. April 1813 an als Kapellmeister wirkte. Kolorierter Stich von Vincenc Morstadt

Selbstkritik, Kritik, Ironie

Weber über seine beiden Sinfonien, acht Jahre nach der Entstehung:
Ich bin eigentlich mit nichts darin zufrieden als mit dem Menuett und allenfalls dem Adagio. Das erste Allegro ist ein toller Phantasiesatz, im Ouvertürenstile allenfalls, in abgerissenen Sätzen, und das letzte könnte noch ausgeführter sein.

Weber über sein Schreiben:
Mein Stil kommt mir bunt, und, weil er seinen Gegenstand erschöpfen möchte, etwas preziös und bombastisch vor. Doch kann ich mich nicht von ihm trennen, sosehr ich eines Goethe, Tieck, Schlegel Klarheit ehre und innig liebe. Es mag vielleicht just das Musikalische in mir sein. Die vielen bezeichnenden Beiwörter sind fast das, was das Instrumentieren einer musikalischen Idee ist, von der ich mir bewußt bin, sie ganz so wirkungsvoll als ich sie mir denke, wiedergeben zu können, was mir aber beinahe nie von den Ideen gelingt, die ich durch die Sprache einem Zweiten verdeutlichen möchte.

Beim Lieder-Komponieren:
Bei meinen Gesängen hat mich immer nur das größte Streben, meinen Dichter wahr und korrekt deklamiert wiederzugeben, zu manchen neuen Melodiengestalten geführt. Die Modulation ist etwas sehr Heiliges und nur dann an ihrem Platz, wenn sie den Ausdruck befördert und erhebt, ohne dies aber auch leicht störend. Die Grundstimmung des Liedes ist zu suchen, an einzelne Worte darf man sich nicht halten. Der Sinn des Gedichtes verlangt oft eine von strophischer Komposition abweichende Fassung, eventuell Durchkomponierung.

Gustav Brecher über Webers Arbeit mit Texten:
Die Deklamationsfehler, deren Weber sich häufig schuldig macht, beging er nicht aus Nachlässigkeit, sondern darum, weil er der Stimmungskraft der Melodie eine größere Bedeutung zuerkannte als der Berücksichtigung sprachlicher Akzente.

Weber ironisch:

Der Komponist A-e
Ihr tadelt? Nein, bewundert diesen Mann,
Dem einst kein Gott den Vorzug rauben kann,
Daß selbst im Scheiden von dem Leben
Er nicht den Geist braucht aufzugeben.

Die Bravour-Sängerin Tembila
A. Von oben herab, von unten hinauf!
Mein Gott, welch ein entsetzlicher Lauf!
B. Man muß es gestehn, daß ihr Trillern gelingt,
Nur schade, daß sie vor Singen nicht singt.

An den berühmten Variationen-Schmied G-k
Kein Thema auf der Welt verschonte dein Genie,
Das simpelste allein – dich selbst – variierst du nie.

8. Leidenschaft und Liebe

Carl Maria war schon in sehr frühen Jahren von jungen Mädchen angeschwärmt, von reiferen Frauen verwöhnt worden. Im allgemeinen verliefen seine Liebesbeziehungen wie in München: Das Bösewerden mit folgender Versöhnung rührte ihn nicht, »ich lasse mich freundlich davon unterhalten und denke mein Teil«.

Nur ein- oder zweimal wurde seine innere Unabhängigkeit ernstlich gefährdet; er riß sich jedesmal rechtzeitig los. In Prag, das ihm so enorme Leistungen abverlangte, wo er seit Jörgels Fortgehen niemanden hatte, dem er seine Sorgen, Hoffnungen und Ängste anvertrauen konnte, geriet er zum erstenmal in einen bedrohlichen Zustand der Hörigkeit. Sie hieß Therese Brunetti, war mit einem Tänzer verheiratet und hatte diesem fünf Kinder geboren. Ehemals selbst Tänzerin, war die nicht mehr ganz junge Frau in Prag als Schauspielerin und Sängerin verpflichtet. Max Maria von Weber beschreibt sie so: »Sie war eine weiße üppige Rotblondine mit etwas gedrungener Gestalt, schönen blauen Augen voll Feuer und Temperament, aber auch der absurdesten und peinigendsten Launen voll, und daß ihr Ruf, der ihr nachsagte, daß sie in allen Künsten der Koketterie erfahren sei, nicht log, sollte Weber zu seiner Qual innewerden.«

Therese hielt sich während der Probezeiten gern im Theater auf und besuchte am liebsten die Opernproben. Sie wußte sehr genau, wie man einen unerfahrenen jungen Mann verführt. Ihr Gatte legte seiner Frau und ihrem Verehrer keine Hindernisse in den Weg, im Gegenteil. Er zog Weber ins Haus, so daß er Zeuge ehelicher Auseinandersetzungen und anderer Details ihres Privatlebens wurde. Das war unter Carls Niveau, er wußte es und litt darunter. Doch die Kraft, sich von Therese loszureißen, fand er nicht. Therese wiederum genoß es, Carl Maria deutlich spüren zu lassen, daß sie ihn mit einem reichen Liebhaber betrog. Während er noch ernsthaft an ihr hing, ja sie zu lieben meinte, preßte ihm die unerträgliche Situation im Tagebuch die Worte ab: »Ohne sie keine Freude! Bei ihr nur Verdruß!«

Als die zierliche Caroline Brandt am 1. Januar 1814 als Aschenbrödel in Prag zum erstenmal auftrat, eroberte sie sofort die Herzen des Publikums, sie wurde sogar am Schluß hervorgerufen – eine seltene Ehrung für eine so junge Darstellerin. Weber beachtete sie zunächst kaum. Erst bei den Proben zu *Don Giovanni,* den er mit großer Sorgfalt einstudierte, fiel sie ihm in der Partie der Zerline auf. Er war entzückt von ihrer Stimme, ihrem Spiel, ihrem mädchenhaften Charme – und er zeigte es. Natürlich bemerkte Therese sehr schnell, daß er sein Herz an diese neue Konkurrentin verloren hatte. Sie machte ihm Schwierigkeiten, wo sie konnte, und sorgte dafür, daß Caroline über die Beziehung zu Weber informiert wurde. Weber befand sich also in einem kaum zu bewältigenden Kampf zwischen und um zwei Frauen. Die einzige Lösung schien ihm eine Pause zu sein, er mußte fort, fort aus Prag, fort aus ihrer Nähe. Am 8. Juni trat er seinen langen, kontraktlich vereinbarten Urlaub in Bad Liebenwerda an. Er wollte danach Berlin, Gotha, Weimar und Leipzig besuchen und, wo es möglich war, auch konzertieren.

Ganz unbegreiflich für ihn war, daß Lina, dieses sanfte, heitere Geschöpf, schon bei kleinen Meinungsverschiedenheiten zu fast ebenso heftigen Temperamentsausbrüchen neigte wie Therese, daß sie die zartesten Momente der Annäherung durch jäh aufflammendes Mißtrauen zerstören konnte. Später, als er ihre Jugend genauer kannte, begriff Weber, daß sie sich zu diesem Zeitpunkt noch immer als verwöhntes Kind verliebter Theatereltern gebärdete. Sie hatte nicht gelernt, auf die Erfüllung eines Wunsches anderen zuliebe zu verzichten, noch weniger, sich zu beherrschen. Trotz ihrer Anziehungskraft und ihrer künstlerischen Fähigkeiten war sie im Grunde kein erwachsener Mensch, sondern ein verzogenes Kind. Es war ein langer, für beide Teile schmerzhafter Prozeß, der Weber zeitweise zu völliger Hoffnungslosigkeit, ja bis zum Verzicht brachte. Und vor allem unterbrachen diese negativen Erfahrungen seine schöpferische Arbeit.

Aber das waren nicht alle Probleme, mit denen er sich herumschlug. Am schmerzlichsten war für ihn die Abwesenheit von Gänsbacher, der bei den Tiroler Jägern Karriere machte. Die Beziehung zu ihm war unproblematisch, sie konnten über alles miteinander reden – sie sprachen die gleiche Sprache. Anders als Gottfried Weber, der ihm in Mannheim so nahegestanden hatte.

Er neigte zu Gekränktheit, würdigte Carls Arbeitslast nicht und machte ihm schriftliche Vorwürfe: weil er sich nicht gemeldet, sein neuestes Werk nicht besprochen hatte und aus ähnlichen Gründen. Er sah sich selber offenbar als ebenbürtigen Komponisten, Carl als Konkurrenten – das machte ihn mißtrauisch und überempfindlich. Zuweilen war ihr Briefdialog monatelang unterbrochen, die »Harmonische Vereinigung« bestand nur noch auf dem Papier. Daß Carl lange krank gewesen, seine Gesundheit noch immer »sehr wankend« war, interessierte ihn nicht. Weber schrieb ihm: »Das Publikum ist sehr kalt und unteilnehmend, eine Oper kommt und geht, es interessiert sich kein Mensch dafür; hat sie gefallen, so beweist es sich durch das Besuchen derselben, aber keineswegs durch den Enthusiasmus in der Aufnahme. Alle Stände, der Adel, der Kaufmann, der Bürger sind streng voneinander abgesondert… Mir persönlich bezeugt man zwar alle Achtung… Solange ich hier bin, habe ich erst zweimal in einem Privatzirkel gespielt, daraus kannst Du sehen, wie musikliebend die Leute sind.«

Aber in keinem seiner Briefe schrieb er Gottfried von seiner Liebe zu Caroline und daß ihre schwankende Haltung die Hauptursache seiner tiefen Verstimmung war. Aus seinen Briefen an sie kann man herauslesen, wie er darunter litt. Am 26. Juli 1814 aus Bad Liebenwerda: »Welche Gewalt hast Du über mein Gemüt, über meine Gefühle. Wie glücklich, wie unendlich selig kann ich mich preisen – wenn diese Stimmung, diese Gefühle und Ansichten bleibend in Dir leben werden.« Zehn Tage später, schon aus Berlin, hieß es: »Wenn ich so in großer Menschenmenge bin, still dasitze und in Gedanken alle anwesenden weiblichen Geschöpfe mit Dir vergleiche, wie unendlich lieber wirst Du mir dann immer… Wie sehnsuchtsvoll sehe ich dann nach Prag hinüber, und wie immer ängstlicher wird mir der Gedanke, daß Du einst verändert gegen mich sein könntest…«

Eine Woche später, offenbar nach einem zersetzenden Schreiben von Caroline: »Wann wird endlich diese fordernde Bitterkeit, dies ewige Mißverstehen, dies Aufsuchen der quälendsten Gefühle enden? Liebes teures Leben, ist es recht, daß ein paar Menschen sich die schönste Blütenzeit aufs grausamste durch Selbstpeinigung abstreifen? Welch Talent hast Du, die bittersten, wehtuendsten Ausdrücke zu finden!«

Es war ein Glück, daß er in Berlin gleich in einen Strudel von geselligen Veranstaltungen und neuer Arbeit gezogen wurde: »Indessen tat mir dieser lebendige Kunstenthusiasmus und der Anteil an meinen Arbeiten sehr wohl.«

Es war eine veränderte, eine neu auflebende Stadt, die er vorfand: Berlin im Glück. Nach der Niederlage Napoleons in der Völkerschlacht bei Leipzig war Friedrich Wilhelm III. mit den Verbündeten in Frankreich einmarschiert. Die Rückkehr des Königs sollte feierlich begangen werden. In der preußischen Hauptstadt dominierte das Militär, neben den deutschen gab es auch verbündete Truppen, die von der Bevölkerung freundlich begrüßt wurden. Studentische und andere Jugend durchstreifte singend die Straßen, überall wurde eine große Illumination vorbereitet, auch ein Festakt im Theater war vorgesehen. Leider kam der König unerwartet und eher, als gemeldet; das Festprogramm geriet etwas ins Schleudern.

In der Singakademie, die Weber gleich am ersten Abend aufsuchte, fand gerade ein Galakonzert statt, seine Freunde empfingen ihn begeistert, fast wie den Feldmarschall Blücher, der ebenfalls anwesend war, alles schien hier eine einzige Familie zu sein. Weber war nicht länger ein Einzelmensch, er gehörte zu denen, die das neuerwachte Freiheitsgefühl freudig begrüßten.

Zum erstenmal wurde Carl Maria, der politisch bisher ganz uninteressiert gewesen war, von einer Welle nationalen Empfindens erfaßt. Nach den langen dunklen Jahren war diese in Berlin besonders spürbar. Er genoß es besonders, als Musiker gesucht und begehrt zu sein. Er spielte in acht Tagen mehr als im ganzen letzten Jahr. Und seine pianistischen Fähigkeiten entfalteten sich wieder wie früher. Überall traf er Menschen, die ihn interessierten; den Dichter Friedrich de la Motte Fouqué, den Fürsten Radziwill, der als erster Musik zu Goethes *Faust* schrieb, Ludwig Tieck, den Weber bereits aus Heidelberg kannte und der hier verhindern konnte, daß Weber im Gewühl der Straße von einer Kutsche umgerissen wurde. Er führte in diesen Tagen mit ihm Gespräche über neue Operntexte, auch mit Friedrich Wilhelm Gubitz und vor allem mit Clemens Brentano, der ihn auf die Tannhäusersage aufmerksam machte. Weber begeisterte sich sofort für die musikalischen Möglichkeiten, die das Thema bot. Brentano hat auf seinen Wunsch Entwürfe für eine Tannhäuser-Oper gemacht, doch nie vollendet.

Ein anderer, 27 Jahre jüngerer Romantiker sollte später das Textbuch schreiben und die Musik komponieren: Richard Wagner. Wahrscheinlich hat Brentano bei seinem ersten Versuch gespürt, daß ihm – wie fast allen roman-

Clemens Brentano (1778–1842), mit dem Weber Gespräche über einen neuen Operntext führte. Die Tannhäusersage lockte Weber, aber über unverbindliche Entwürfe kam der Dichter nicht hinaus. Bleistiftzeichnung von Eduard Steinle

tischen Dichtern – die dramatische Form nicht lag, und auch, daß alles Poetische darin von der Musik gesagt werden würde. Nirgends war die Grenze zwischen der Welt der Sprache und der Musik so fließend und rätselhaft, niemals die Musik so übermächtig wie in jenen Tagen des romantischen Aufbruchs.

Im Hause Lichtenstein sprach der Großkanzler von Hardenberg unter vier Augen mit Weber: Iffland lag im Sterben, sein Nachfolger sollte Graf Brühl werden, der wolle Carl Maria von Weber als Kapellmeister an die Berliner Oper rufen, da er ihn außerordentlich schätze. Zukunftsmusik also, doch tat sie Weber wohl.

Durch die Singakademie lernte er Verse von Theodor Körner kennen, der zweiundzwanzigjährig am 26. August 1812 bei Gadebusch gefallen war. Verschiedene Komponisten hatten sich schon ohne rechten Widerhall an der Vertonung seines Zyklus *Leier und Schwert* versucht. In Berlin fand Weber keine Ruhe zum Komponieren, aber die einfachen Verse wurden ihm vertraut, innere Musik stellte sich bald ein. Auf Schloß Gräfentonna, wo er diesmal vom Herzog für längere Zeit erwartet wurde, entstanden *Lützows wilde verwegene Jagd* und das *Schwertlied,* beide für vierstimmigen Männerchor. Sie förderten später die Legende jener freiwilligen reitenden oder Fuß-Jäger, die sich 1813 um den Freiherrn von Lützow gesammelt hatten und zu einer

Körners Zyklus *Leier und Schwert* begeisterte Weber zur Komposition. Namentlich *Lützows wilde verwegene Jagd* und das *Schwertlied* wurden rasch populär

Truppe von über 3000 Mann angewachsen waren. Aber ihre Ausbildung war mangelhaft, der Freiherr kein geborener Führer bei aller persönlichen Tapferkeit. Die »Schwarze Schar« wurde bei Leipzig fast aufgerieben und 1814 aufgelöst.

Körners Verse sind simpel, manchmal banal, aber sie haben einen Rhythmus, der hinreißt. In Carl Marias Vertonung wirkten sie zu diesem Zeitpunkt des erstarkenden nationalen Bewußtseins einfach, rhythmisch markant und kraftvoll. Wo sie auch erklangen, in Prag oder Berlin und vor allem in studentischen Kreisen, wurde Weber in kurzer Zeit bekannt. Er war durch die Körnerlieder nicht nur berühmt, er war populär geworden.

Seinen Aufenthalt in Gräfentonna mußte er vorzeitig abbrechen, da der Prager Theaterdirektor Liebich ihm Brandbriefe schrieb: Der Geiger Clement sei nicht in der Lage, das Orchester überlegen zu führen, wenn Weber nicht umgehend zurückkehre, würde die Prager Oper schließen müssen. Weber brach seinen Urlaub zwei Wochen früher ab.

Er fand das Ensemble in verbummeltem Zustand, doch unter seiner ruhigen, bestimmten Leitung gewannen Sänger wie Instrumentalisten bald die anerzogene Disziplin zurück. Im Laufe der Zeit komponierte er alle elf Gesänge des Körnerschen Zyklus, einige noch in Prag, die letzten in Berlin. Die stärkste Wirkung erzielten bei den Hörern die Chöre für 4 Männerstimmen, doch auch das *Gebet vor der Schlacht, Der Abschied vom Leben,* beide für Singstimme und Klavier, ließen aufhorchen. Als letzten Text komponierte er 1816 *Bei der Musik des Prinzen Louis Ferdinand von Preußen.* Dieser war 1806 in einem Gefecht bei Saalfeld gefallen, er galt als hochbegabter Musiker. Er hatte Beethoven verehrt, war ein vorzüglicher Pianist gewesen, das zeigt eines seiner schönsten Stücke, das *f-Moll Klavierquartett.* Weber hat die Gedenkkantate an den Prinzen durch sieben Einschübe aus dessen Werken, namentlich aus dem Klavierquartett, bereichert, mit eigenen Themen durchwoben.

Nach der Rückkehr von seinem langen Urlaub kam Weber nur wenig zum Komponieren. Das Repertoire der Oper, die vielen Neueinstudierungen, die fast laufend erfolgen mußten, nahmen ihn vollständig in Anspruch. Allein vier Wochen beschäftigten ihn die Proben für Beethovens *Fidelio.*

Am 21. November 1814 ging das Werk in untadeliger Einstudierung in Szene, ließ aber das Publikum völlig kühl. Weber schrieb zornig an Gänsba-

Im Leipziger Gewandhaus hat Weber mehrmals gespielt, sein Name besaß hier, auch als Musikschriftsteller, hohen Rang. 1816 wurde ihm in Leipzig die Stelle des 1. Kapellmeisters eines neu zu gründenden Privattheaters angeboten. Er lehnte ab

Zelters Singakademie war damals schon ein musikalischer Mittelpunkt Berlins; der hier abgebildete gleichnamige Schinkelbau wurde erst 1826 errichtet. Stich von Alexander Marx, Berlin, Deutsche Staatsbibliothek

◀ Prag. Nach einem alten Stich

Therese Brunetti, in die sich Weber leidenschaftlich verliebte, deren Launen ihn aber quälten

Carl Johann Liebich (1773–1816), der tüchtige und sehr beliebte Theaterdirektor in Prag.
Prag, Nationalmuseum

cher: »Ich habe den *Fidelio* gegeben, der trefflich ging, es sind wahrhaft große Sachen in der Musik – aber – sie verstehen's nicht. Man möchte des Teufels werden! Kasperle, das ist das Wahre für sie.«

In der Beziehung zu Caroline gab es Wechselbäder von Annäherung und Schwierigkeiten. Nicht ohne Komik scheint es, daß ausgerechnet Webers stärkster bisheriger Erfolg, die Lieder aus *Leier und Schwert*, ernstliche Auseinandersetzungen zwischen den Liebenden hervorriefen. Caroline war als Kind in Bonn mit der Bewunderung für Napoleon aufgewachsen, verehrte den Feind der Deutschen auch jetzt noch und empörte sich über Carls patriotische Gesänge. Eine andere, von Weber gutgemeinte Aktion brachte sie geradezu außer sich. Um ihre Benefizvorstellung als *Aschenbrödel* kräftig zu unterstützen, setzte er sich an die Kasse seines Theaters und freute sich, daß die Billetts reißend abgingen. Er hatte vorher auf seine Absicht hingewiesen – daraus entstand natürlich Klatsch und Gerede, und Lina reagierte entsprechend.

Wenige Tage danach hielt Carl Maria in aller Form um ihre Hand an, forderte aber zugleich, daß sie vor der Eheschließung von der Bühne abgehen müsse. Nach den Erlebnissen mit Therese Brunetti, dem Klatsch und den Intrigen des Bühnenlebens, mußte er zu diesem Entschluß kommen. Er schrieb an seinen Freund Lichtenstein, der ebenfalls verlobt war, aus dieser Situation heraus: »Ich kann nicht von meiner Überzeugung abgehen, mein Weib muß mir gehören, nicht der Welt. Ich muß sie ernähren ohne Nahrungssorgen. Kein Teufel von einer Mutter darf dazwischen stehn. Daß man darin Mangel an Liebe findet, kannst Du denken…«

Caroline hatte um Bedenkzeit gebeten. Weber seinerseits wartete auf eine gute Nachricht aus Berlin; Brühl hätte ihn gern als Kapellmeister an die Oper geholt, an der starke Umstellungen bevorstanden. Doch diese Nachricht kam nicht. Unruhig, nervös, ein zum Abwarten ganz unbegabter Mensch, ergriff Weber wieder einmal die Flucht: Er nahm Urlaub und fuhr nach München. Caroline hatte ihn in Phasen der Verständigung immer wieder angefleht, Prag nicht endgültig zu verlassen – nicht ihretwegen! Ostern kündigte er seinen Vertrag zum 1. Oktober. Den letzten Anstoß hierzu gab ein Beschwerdebrief des Ständischen Theaterausschusses über »den Tiefstand der Oper«, der völlig ungerechtfertigt war und Weber nach dreijähriger produktiver Arbeit mit Recht empörte.

Das schlimmste war, daß sich die Liebenden diesmal ohne versöhnliche Aussprache getrennt hatten. Darunter litt Carl besonders. Caroline war nun ganz den Ansichten ihrer Mutter ausgeliefert, die Webers Wunsch, seine Frau solle nach der Heirat nicht mehr auftreten, unerfüllbar nannte. Schließlich verdiente ihre Tochter schon jetzt mehr als der Herr von Weber, und die Höhepunkte ihrer Karriere lagen noch in der Zukunft! Diesen Gesichtspunkt wird sie in den Gesprächen mit der Tochter ständig angeführt haben. Sie verfehlten ihre Wirkung nicht. Eines ist sicher: Weder Lina noch ihre Mutter hatten damals eine Ahnung, wer Carl Maria von Weber eigentlich war.

Er hatte Prag am 6. Juni 1815 verlassen, am 18. 6. kam er in München an. Bärmanns brüderliches Verständnis für seine Lage beglückte ihn; auch die anderen Münchener Freunde suchten den melancholischen Carl Maria zu trösten und durch musikalische Vorhaben abzulenken und aufzuheitern. Das tat ihm wohl. Gleichzeitig mit ihm war in München die Nachricht vom Sieg bei Waterloo und der endgültigen Entmachtung Napoleons nach seiner »Herrschaft der 100 Tage« eingetroffen. Sie entfesselte nationale Begeisterung auf süddeutsche Art: Auf der Straße fielen sich wildfremde Leute um den Hals, man traf sich ständig bei Illumination, Feuerwerk oder in Dankgottesdiensten. Während des Tedeums in der Michaelskirche kam Weber der Gedanke zu einem Chorwerk, einer Kantate, die *Kampf und Sieg* heißen sollte. Sie müßte die Spannungen kriegerischer Auseinandersetzungen instrumental ausdrücken; nationale Gesänge – Ça ira – God save our gracious king –, auch militärische Signale müßten dazwischenfahren, die überirdischen Stimmen von Glaube, Liebe und Hoffnung zum Frieden aufrufen; die Entfaltung des Sieges konnte in einer Chorfuge zum Ausdruck kommen, der feierlich in den Choral mündete: Herr Gott, Dich loben wir.

Das Werk war in seiner inneren Vorstellung bereits gestaltet, während Weber ungeduldig auf den Text des Autors und Schauspielers Johann Gottfried Wohlbrück wartete. Weber nannte dessen Verse »trefflich« – wie jedes Buch, das er sich einmal in den Kopf gesetzt hatte. Aber eine organische Verbindung des Kriegslärms mit den allegorischen Figuren ist dem Autor begreiflicherweise nicht gelungen. Wir heute reagieren besonders empfindlich auf musikalische Schilderungen kriegerischer Kämpfe. Ihre Verherrlichung hat etwas Unerträgliches für uns. Die Hörer, die das Werk kurz vor Weihnachten 1815 in Prag als Uraufführung erlebten, waren dagegen hingerissen von Webers leidenschaftlicher Musik und der ganz neuartigen Struktur dieser Kantate. Sie spendeten dem Komponisten und seinen Mitwirkenden begeisterten Beifall.

Zuvor, noch in München, waren andere neue Werke von ihm zur Aufführung gelangt, so zwei Sätze des späteren *Grand Duo concertant für Klavier und Klarinette.* Weber hatte es für Bärmann geschrieben und wie so häufig zuerst den 2. und 3. Satz vollendet. Es ist ein Werk, dessen rhythmischer Elan, dessen Leichtfüßigkeit daran erinnert, daß der Komponist durch seine Großmutter Chelan französisches Blut geerbt hatte. Vielleicht wird dadurch auch sein Verständnis für die französische Opéra comique und manche ihrer Stilmittel erklärt, die er gern in eigenen Werken aufgriff: punktierte Rhythmen, Tanzformen, Themen europäischer Volkslieder u. a.

Weber war, bei aller Wärme des Gefühls, nie sentimental. Er badete nicht gern in Rührung, er war in dieser Beziehung vielen erfolgreichen Singspielkomponisten in Deutschland weit überlegen.

Die beiden Freunde bestanden alle virtuosen Abenteuer des Stückes, Webers singender Klavieranschlag verband sich mit Bärmanns rundem sanftem Holzbläserton. Das Publikum feierte beide begeistert, auch die abschließenden Chöre aus *Leier und Schwert.* In München vollendete Carl auch das vor vier Jahren in der Schweiz begonnene *Klarinettenquintett,* im Grunde weniger ein Kammermusikwerk als ein dankbares Solostück, vom begleitenden Streichquartett um kleine Glanzlichter bereichert.

Doch die künstlerischen Erfolge waren eines, die Angst vor Linas Briefen ein anderes. Sie schrieb schwankende, seine Liebe anzweifelnde Briefe; deutlich spürte er dahinter ihre schwierige Situation, den Einfluß der Mutter. Am 10. Juni schrieb er ihr: »Heute nachmittag will ich zu Schelling gehen, vielleicht, daß doch dieser tiefphilosophische Geist mich wenigstens mit edlen Geistesspekulationen umspinnt. Die Nähe eines großen Mannes hat immer etwas Ergreifendes.«

Kurz vor seiner Rückkehr nach Prag kam der schlimmste Brief. Sie wolle sich von ihm trennen, hieß es darin, da eine eheliche Verbindung ihnen beiden kaum dauerhaftes Glück bringen würde und sie ihre künstlerische Karriere nicht aufgeben wolle um seiner doch noch unsicheren Zukunft willen... Die Mutter hatte also gesiegt. Kurz vor seiner Ankunft in Prag schrieb er Caroline einen Abschiedsbrief, der sie bestimmt tief erschüttert hat. Es war ein langer Brief, voller Liebe und Dankbarkeit, voller Trauer. Ein Absatz daraus:

»Höre die Stimme eines Sterbenden. Sei gut! Sei brav! Sei offen! Sollte jemals ein Wesen wieder Deine Achtung oder gar Liebe gewinnen können, zeige Dich ihm offen, wahr und unverhohlen. Du kannst nur dadurch gewinnen, und reines Vertrauen knüpft unauflösliche Bande, da das Gegenteil ein ewig schleichender Teufel ist... Zürne nicht, geliebte teure Lina, wenn ich noch einmal diese oft wiederholten Dinge Dir sage. Glaube, sie kommen aus dem reinsten Herzen, das keinen anderen Wunsch als Dein Wohl kennt. Wenn einst recht lange die Zeiten der Leidenschaft ganz vorüber sein werden... und meine Liebe und mein Tun und Lassen offen vor Deinen Blicken liegen, dann wirst auch Du aus voller Überzeugung sagen: Das war doch ein treues Herz.«

Nach seiner abendlichen Ankunft in Prag ging Weber sofort ins Theater. Caroline stand gerade in ihrer Glanzrolle auf der Bühne, als Aschenbrödel. Ihr Gesang begleitete ihn, leiser werdend, während er das Haus verließ, in dem er so viele Stunden künstlerischer Harmonie mit ihr erlebt hatte. Zum Glück war inzwischen Gänsbacher nach Prag gekommen, um Militärmusiker für sein Bataillon anzuwerben. Seine warmherzige, gerade Natur tat Carl sehr wohl. Mit seiner Hilfe überwand er das seelische Tief dieser traurigen Tage. Er nahm energisch die Proben wieder auf, versuchte auch zu komponieren. »Ich arbeite viel und angestrengt, ich suche alle literarischen Verbindungen hervor, kurz, ich will, da ich mich ganz der Kunst opfere, nun auch mit vollen Kräften ihr dienen«, schrieb er an Gottfried Weber.

Mit großer Sorgfalt studierte er ein Jugendwerk von Meyerbeer ein, *Alimelek,* das er durch einführende Worte in der k. u. k. privilegierten Prager Zeitung dem Publikum vorstellte. Von da an bis zu seinem Abschied hat er jedes neue Werk in dieser Weise angezeigt. Auch Konzertkritiken lieferte er der Redaktion auf deren Wunsch. Caroline beeindruckte seine völlige Zurückhaltung ihr gegenüber, sein künstlerischer Ernst. Die kleinliche Rechnerei der Mutter, ihr Warnen vor einer ungewissen Zukunft machten ihr keinen Eindruck mehr. Sie fühlte erst jetzt, wie lieb sie diesen Carl Maria hatte, wie er ihr fehlte, *wenn* er fehlte. Ihr Herz, ihre Gefühle siegten. Ganz plötzlich war alles wieder gut, der alte freundschaftliche Ton lebte zwischen ihnen auf, sie nannten sich zärtlich Muks und Mukkin. Und Carl, der sich monatelang vergeblich gemüht hatte, die Kantate zu vollenden, gelang es nun in wenigen Tagen.

Sein Benefizkonzert war für den 22. Dezember vorgesehen, dabei sollte das neue Werk seine Uraufführung erleben. Alle Mitglieder des Theaters stellten sich zur Verfügung, es wurde ein glanzvolles Konzert – bis auf die Einnahmen. Miserables Wetter hatte leider viele Interessenten zu Hause zurückgehalten. Sollte sich Webers »Stern« wieder bemerkbar machen?

Die Kantate *Kampf und Sieg* ging sorgfältig kopiert und in schön gebundenen Exemplaren an diejenigen Fürstenhäuser, die Weber kannten und seine Musik schätzten; er bekam huldvolle Dankschreiben, kostbare Dosen, Ringe und Busennadeln – wie damals üblich. Den Grafen Brühl, seit 1814 Intendant der Berliner Hoftheater und ein überzeugter Förderer von Weber, bat Carl Maria, sich bei Friedrich Wilhelm III. dafür zu verwenden, daß er sein Werk zum Jahrestag der Schlacht von Waterloo in der Berliner Oper aufführen könne: Das wurde gnädig gestattet. Einen Ehrentitel, wie Brühl gehofft hatte, etwa den eines Hofkapellmeisters, bewilligte er nicht. Gerade der hätte Weber bei Gastspielen sehr geholfen. Lag es wirklich daran, daß er *Leier und Schwert* vertont und damit die Freiwilligen Jäger gerühmt hatte – ein Freikorps neben der Armee? Gerade dies soll den König verstimmt haben.

Mit Brühl verabredete Weber ein Gastspiel für Caroline Brandt an der Berliner Oper; sie sollte pro Rolle 10 Louisdor erhalten, ein hohes Honorar. Das Gedenkkonzert mit Webers *Kampf und Sieg* fand am 18. Juni 1816 statt, der ganze Hof war erschienen und der König tief beeindruckt, so daß die Kantate auf seinen Wunsch noch ein zweites Mal angesetzt werden mußte.

Auf der Rückreise machte Weber in Leipzig Station; es wurde ihm dort die Stelle des 1. Kapellmeisters eines neu zu gründenden Theaters angeboten. Er lehnte jedoch ab, er wollte keinem Privattheater mehr angehören. In Karlsbad traf er mit dem Intendanten der Dresdener Theater, Graf Vitzthum, zusammen. Dieser teilte ihm vertraulich mit, daß die Absicht bestehe, neben der italienischen eine deutsche Oper zu gründen. Ob er eventuell bereit wäre, die Stelle des Musikdirektors und des königlich sächsischen Kapellmeisters in dem neuen Institut zu übernehmen?

Weber entwickelte in einem ausführlichen Gespräch seine Ideen zu diesem Plan. Der Eindruck seiner Persönlichkeit, seiner vielseitigen Bildung, vor allem die präzise Formulierung seiner praktischen Vorschläge waren für Vitz-

Heinrich Graf Vitzthum von Eckstädt (1770–1837), Intendant der Dresdener Hofoper, der sich jahrelang für Webers Bemühungen um die deutsche Oper einsetzte. Zeichnung von Karl Vogel von Vogelstein, Dresden, Staatliche Kunstsammlungen

thum entscheidend. Welche große Schwierigkeit es noch zu überwinden galt, ahnte Weber vorerst nicht. Denn der Dresdener Hof hielt, wie fast alle Höfe in Deutschland, an der italienischen Oper fest. Sie allein wurzelte in der absolutistischen Position des Königtums, sie war eine Bestätigung seiner Macht und Größe. Die große deutsche Zeit, das imponierende Erbe von Heinrich Schütz, war fast in Vergessenheit geraten. Seit dem Übertritt Augusts des Starken zum katholischen Glauben war die Beziehung zu italienischen Künstlern, vor allem berühmten Musikern, sehr eng geworden. Sie hatten das Dresdener Kunstleben zu hohem Ansehen gebracht; wozu also eine völlig überflüssige Änderung der Verhältnisse herbeiführen?

Diese Frage stellte vor allem der in Dresden allmächtige Minister Graf Einsiedel. Er besaß das Ohr des Königs, er entschied über fast alle wichtigen Fragen und stand Neuerungen ablehnend gegenüber: ein Metternich im kleinen. Die italienische Musik wie auch ihre Primadonnen und Sänger waren einmalig in der ganzen zivilisierten Welt; sie würden es weiter bleiben, basta. Einsiedel war Vitzthums Vorgesetzter, er besaß mehr Macht als der künftige Intendant einer deutschen Oper und benutzte jedes Mittel, um das zu unterstreichen.

Der ganze Plan war also noch ungesichert. Die größten Schwierigkeiten ergaben sich in den Besetzungsfragen. Man mußte sich bei der Wiedergabe der Singspiele mit Schauspielern behelfen, die musikalisch waren, die gelegentlich auch in der Opéra comique mitwirken konnten – ein Problem, das Weber aus Breslau und Prag kannte. Das Ganze also eine vage Aussicht, mehr nicht. Aber was für eine! Für Weber bedeutete es die Erfüllung eines Traumes. Würde er Wirklichkeit werden? Er beschloß jedenfalls, Caroline von der ganzen Sache noch nichts zu sagen.

Am 18. Juli traf er wieder in Prag ein und brachte ihr noch eine weitere Gastspieleinladung mit: aus Dresden. Sie war hocherfreut. Weber stürzte sich in neue Opernproben. Er hat vom 4. August bis zum 22. September 1816 noch Kauers Singspiel *Das Sternenmädchen,* Schenks Posse *Der Dorfbarbier* und schließlich Louis Spohrs noch nirgends gespielte *Faust*-Oper einstudiert, ein schwieriges, aber inspiriertes Werk, das der neuen romantischen Richtung folgte.

Ferner begann er, alle Unterlagen und Papiere für seinen Nachfolger zu ordnen, Notizen über die Sänger, das Orchester, die Bühnenbilder und die Kostüme. Daneben arbeitete er intensiv am Adagio seiner neuen *Klaviersonate in As-Dur.* Liebich war inzwischen schwer krank geworden, so daß er Webers Abschiedsbrief nicht mehr selber beantworten konnte; Weber war dieser Abschied sehr schmerzlich.

Am 7. Oktober umstanden seine bisherigen Mitarbeiter traurig den Postwagen, der ihn mit Caroline und ihrer Mutter nach Berlin bringen sollte; Lina nur zu ihren Gastspielen, ihr Vertrag lief weiter. Die Befugnisse von Liebich waren auf seine Frau übergegangen, die bei den Sängern nicht beliebt war, Webers Nachfolger Triebensee noch nicht eingetroffen. Wie würde es für die große Zahl der Künstler und Angestellten nun weitergehen?

Weber, der diesmal bei Lichtensteins wohnte, hatte vor, zunächst in Berlin zu bleiben und sich ganz eigenen Arbeiten zu widmen. Wenn die Antwort aus Dresden zu lange auf sich warten ließ, konnte er seine ursprünglich geplante Tournee durch Norddeutschland und bis nach Kopenhagen immer noch antreten. Man würde sehen.

Im übrigen waren es Caroline und ihre Mutter, die nach der Ankunft in Berlin aus dem Staunen gar nicht mehr herauskamen: Weber wurde hier wie ein Fürst empfangen. Die Freunde begrüßten ihn mit Jubel und herzlicher Sympathie, in der Oper, im Theater oder der Singakademie sammelten sich sofort Kollegen und Fachleute um ihn, man diskutierte, hörte ihm gerne zu, amüsierte sich über seine Bonmots. In den kultivierten Häuslichkeiten von Beers, Lichtensteins – Hinrich hatte inzwischen geheiratet –, Jordans und vielen anderen gab es festliche Stunden. Carl mußte musizieren, er improvisierte auf dem Flügel, griff nach langer Pause wieder zur Gitarre und sang mit seiner schwachen Stimme die reizendsten Liedchen. Und dieser geistsprühende junge Mann mit dem schmalen blassen Gesicht, dem unscheinbaren Äußeren, den offenbar alle wichtigen Leute in Berlin schätzten – das war *ihr* Carl Maria!

Auch Carolines Gastspiele verliefen erfolgreich, Weber war stolz auf sie, und der Freundeskreis nahm sie sofort als Webers Braut auf. So entstand eine Atmosphäre der Heiterkeit und des gegenseitigen Verständnisses, die für Caroline etwas völlig Neues war. Als Weber sie fragte, ob er ihre Verlobung bei einem kleinen Fest verkünden könne, das Lichtensteins zu Carolines Geburtstag am 19. November veranstalten wollten, erteilten Mutter und Tochter freudig ihre Einwilligung. Alle quälenden Zweifel waren vergessen und vergeben. Es wurde ein bezauberndes Fest mit einer krönenden Rede von Carl und unter dem Jubel der liebsten Freunde. Schon am nächsten Tag mußte das Paar Abschied voneinander nehmen: Caroline fuhr in Begleitung ihrer Mutter nach Dresden, um ihr dortiges Gastspiel abzuwickeln.

Weber war produktiv. Er beendete jetzt seine *As-Dur Sonate für Klavier*, ferner das brillante *Grand Duo concertant für Klavier und Klarinette*, schließlich seine dritte *Klaviersonate in d-Moll* mit dämonischen Zügen und dem temperamentvollen Rondo. Er schrieb reizende Liedchen im Volkston, darunter *O Berlin, ich muß dich lassen*, das er Lichtensteins junger Frau widmete, und ein Liebeslied für Caroline: *Ich hab mir eins erwählet*, über das er

2. Schönster Schatz, du tust mich kränken tausendmal in einer Stund'; wenn ich nur das Glück könnt' denken, dir zu küssen deinen Mund.

3. Wir hab'n oft beisamm'n gesessen manche schöne halbe Nacht, manchen Schlaf hab'n wir vergessen, und die Zeit so zugebracht.

4. O ihr Wolken, gebet Wasser, daß ich weinen kann genug; meine Äuglein sind mir nasser, nasser als der Donaufluß.

später Klaviervariationen komponierte. »Es ist so einfach und herzlich wie meine Liebe. Sing es fleißig und glaube fest, daß Du immer deinen Muks bei allem Arbeiten, Treiben und Tun umschwebst.«

Und dann, als er gerade begann, seine Tournee durch Norddeutschland vorzubereiten, kam der Brief von Graf Vitzthum, auf den er so sehr gewartet hatte. Einsiedel hatte bis zuletzt immer neue Hindernisse aufgerichtet: So beauftragte er Vitzthum allen Ernstes, statt des teuren Herrn von Weber »ein wohlfeileres Subjekt« für die Stelle des Kapellmeisters an der deutschen Oper zu suchen! Doch Vitzthum war Diplomat. Es gelang ihm mit überzeugenden Argumenten, den ersehnten Plan durchzusetzen. Da die Dresdener Theater damals in finanziellen Schwierigkeiten steckten und weitere Kosten kaum noch tragbar waren, wies Vitzthum auf die Chancen des neuen Departements hin, das für weite Kreise der bürgerlichen Bevölkerung attraktiv sei und den Etat der Oper schon bald entlasten könne. Um so mehr, als Weber ein erfolgreicher, weithin bekannter Dirigent sei, der mit persönlichem Engagement an die neue Aufgabe heranginge. Der Brief von Vitzthum kam am Weihnachtstag an, hier die wichtigsten Zeilen daraus:

»Hochwohlgeborener Herr,
Hochgeehrter Herr Kapellmeister!

Sr. Königliche Majestät von Sachsen haben nunmehr Euer Wohlgeboren Anstellung definitiv beschlossen. Je länger diese allerhöchste Entschließung durch mancherlei zufällige Umstände in ihrer Bekanntwerdung zurückgehalten worden, um desto mehr beeile ich mich, Dieselben davon zu benachrichtigen und Sie zu ersuchen, nunmehr auch Ihr Eintreffen in Dresden soviel nur immer möglich zu beeilen. ... Genehmigen Sie die Versicherung, daß ich das Gelingen meiner Bestrebungen, Euer Wohlgeboren dem königlichen Dienst zu gewinnen, unter die wichtigsten und angenehmsten Erfolge in meinem neuen Wirkungskreise rechne.

Mit wahrer Hochschätzung
Euer Wohlgeboren

ganz ergebenster Hofmarschall
Graf Vitzthum v. Eckstädt«

Als Neujahrsgruß teilte Weber nun Caroline ganz trocken »seine künftige Adresse« mit:

»An den Königlich Sächsischen Kapellmeister
Herrn Carl Maria von Weber
Dresden
poste restante!«

Es wird ihre Freude noch gesteigert haben, in Vitzthums Nachschrift zu lesen: »Der schöne Genuß, welchen die interessanten Darstellungen der Mlle. Brandt den hiesigen Kunstfreunden gewähret haben, ist ein angenehmer Gegenstand ihrer täglichen Erinnerungen.«

Begegnung mit dem Menschen

An einen Freund
Schreibe mir, wenn Du Zeit und Lust hast, und sieh meine Briefe nicht als Wechsel an, die Du durch schuldige Antwort zu honorieren brauchst. Freunde müssen sich frei bewegen können, und die Freundschaft muß ihnen durch Formen keine Fesseln aufzwingen. Auch wenn Du mir ein Jahr nicht schreibst, würde ich an Dich glauben.

An Caroline, seine Verlobte
Achtung ist der Grundstein der Liebe und alles Edlen – ohne sie gibt es keine Liebe, ohne sie gibt es kein Glück, ohne sie mag ich nicht leben.

Nach einer schweren Krise, die fast zur Trennung geführt hätte
Mir wird dieses Jahr die schönste und teuerste Erinnerung meines Lebens ewig sein. Es ist der höchste Punkt meines Lebens gewesen, ich habe mich selbst erst kennengelernt, habe gesehen, welche *unendliche Macht des Gefühls* in mir liegt, daß sie in keinem Verhältnis zu meinen übrigen Kräften steht, und es genug war, sie kennenzulernen und zugleich zu erfahren, daß für ein solches Gemüt kein Glück auf Erden lebt.

An seine Frau Caroline, als er die Premiere der Euryanthe vorbereitete
Es ist doch recht schön und ein eigenes Gefühl, zu sehen und zu wissen, daß man seiner Zeit einen Stoß oder eine Richtung gegeben hat, die sich niemand bei dem herrschenden Geschmack erwarten konnte.

9. Ein Departement für sich

Am 13. Januar 1817 kam Carl Maria von Weber gegen Abend in Dresden an. Er beschrieb Caroline in einem Brief, welche Gefühle ihn dabei bewegten. »Es war mir ganz seltsam zumute, als ich den Berg herunter fuhr und die Stadt vor mir liegen sah, in deren Mauern ich einen festen Stützpunkt für mein ganzes Leben suchen muß. Gott gebe seinen Segen dazu, und was an mir liegt, soll geschehen, soviel in meinen Kräften steht, und mein treuer Muks wird gewiß in meinem stillen Hause mich allen Verdruß übersehen und vergessen machen, der mir in der Kunst- und Geschäftswelt allenfalls begegnen kann.«

Bereits am nächsten Tag erfuhr er, daß er zwar als Musikdirektor der deutschen Oper bestätigt worden sei, nicht aber als Königlicher Hofkapellmeister. Diesen Titel führe lediglich Francesco Morlacchi, der in seiner Eigenschaft als Königlicher Hofkapellmeister der italienischen Oper auch Webers Vorgesetzter sei. Davon hatte Vitzthum Weber nichts gesagt. Offensichtlich war es ihm nicht gelungen, sich der italienischen Partei gegenüber durchzusetzen – und das hieß vor allen Dingen, gegen Graf Einsiedel.

Weber erwog ein Rücktrittsgesuch: Der Kapellmeistertitel war ihm in mündlicher Verhandlung fest zugesagt worden und damit die Gleichstellung mit Morlacchi. Im Hinblick auf den Ruf der künftigen deutschen Oper war diese Gleichstellung unerläßlich. In einem offiziellen Schreiben an Vitzthum erklärte er ganz präzis: Er sei bereit, die Leitung der deutschen Oper bis zu seiner Ernennung als Hofkapellmeister weiterzuführen, oder, falls diese nicht erfolgen sollte, bis ein Ersatz für ihn gefunden sei.

Trotz dieses schweren Konfliktes wurde er von Vitzthum offiziell bei Hofe eingeführt – in einer etwas frostigen Atmosphäre – und danach mit dem Orchester bekannt gemacht. Der Intendant stellte Herrn von Weber als Musikdirektor *und* Hofkapellmeister vor. Dies auf eigene Verantwortung, ohne

Erlaubnis seines Vorgesetzten, des Herrn von Einsiedel: eine mutige, riskante Geste. Zum Orchester fand Weber freundliche Töne in seiner Begrüßung, die mit den Worten endete: »Dagegen erwarte ich aber auch als Ihr Vorgesetzter Ihren unbedingten Gehorsam; ich werde gerecht, aber auch ohne Ansehen der Person gegen jeden, am meisten gegen mich selbst, unerbittlich streng sein.«

Man kann sich vorstellen, daß er dadurch zunächst zwei Drittel der berühmten Kapelle gegen sich hatte. Doch lud er alle Mitglieder des Orchesters zu einem Diner in den Gasthof »Zum goldenen Engel« ein, um den persönlichen Kontakt herzustellen. Das Essen war vorzüglich, auch Champagner fehlte nicht. Auf dem Höhepunkt der Stimmung sang Weber dann einige seiner Schelmenlieder und begleitete sich virtuos auf der Gitarre; die Begeisterung der fachkundigen Zuhörer war groß. Die in Dresden so zahlreichen Spießbürger schüttelten allerdings mißbilligend die Köpfe, als sie von dieser originellen Einladung erfuhren, sie fanden das Benehmen des neuen Mannes unmöglich – so etwas gehörte sich doch für einen Hofbeamten nicht!

Weber ließ sich weder vom Gerede noch von partiellen Feindseligkeiten beirren. Systematisch orientierte er sich über das theatralische Terrain, das Personal, die Spielorte. Er mußte feststellen, daß es mit den Voraussetzungen für künftige Aufführungen recht schlecht aussah.

Vor allem fehlte es an guten deutschen Sängerinnen und Sängern. Mitglieder der italienischen Oper durfte Weber nur ausnahmsweise, mit Einverständnis Morlacchis, in Anspruch nehmen. Auch war die Spannweite dessen, was man damals unter »deutscher Oper« verstand, sehr groß. Außer den berühmten Standardwerken von Gluck, Mozart und Beethovens *Fidelio* – an die vorläufig nicht zu denken war – gehörten dazu auch alle Singspiele mit deutsch gesprochenem Dialog, wozu auch die Opéra comique der Franzosen rechnete, ferner Vaudevilles – volkstümliche Liederspiele –, Liederpossen, Schauspiele mit Musik, Melodramen. Die Hauptrollen in all diesen Werken mußten von Mitgliedern des Schauspiels übernommen werden, soweit sie mit Gesangsverpflichtung engagiert waren. Nur in seltenen Fällen verfügten diese über ausreichende Stimmbildung und die notwendige Opernerfahrung; zum Teil waren es ausgezeichnete Darsteller, deren Stimmen jedoch durch jahrelange Überanstrengung gelitten hatten, oder junge Leute, die noch nicht fertig ausgebildet waren.

Durch Einzelproben lernte Weber die singenden Mitglieder seines Departements sehr genau kennen und entschloß sich danach, *Joseph und seine Brüder* von Etienne Nicolas Méhul als erste Einstudierung herauszubringen. In diesem Werk wurde nur eine weibliche Darstellerin für die Hosenrolle des Benjamin benötigt, die er der Schauspielerin Schubert anvertraute. Die Männerrollen konnte er leidlich besetzen, und der Chor spielte nur eine untergeordnete Rolle – glücklicherweise. Um ihn war es am schlechtesten bestellt. Er bestand aus einigen Darstellern des Ensembles sowie aus Kreuzschülern, Knaben also, die Sopran- und Altstimmen übernahmen. Sie mußten nach den jeweiligen Erfordernissen des Stückes als Mädchen oder Frauen verkleidet werden, bewegten sich in ihren steifen Kostümen höchst unbeholfen und erregten häufig große Heiterkeit beim Publikum.

Weber erreichte mit eindringlichen Erklärungen, daß ihm die Gründung eines kleinen Opernchores gestattet wurde. Er prüfte jeden Anwärter persönlich und bestellte einen erfahrenen Baßbuffo als Chorleiter, der mit den 32 Mitgliedern musikalisch und zunächst auch darstellerisch arbeiten mußte. Die deutsche Oper erhielt dadurch eine kleine Pflanzschule für Talente, die sich schon bald bewähren konnte. Passende Dekorationen wurden aus dem Fundus zusammengestellt, Einzel-, Ensemble- und Gesamtproben durchgeführt, im ganzen elf. Dabei kümmerte sich Weber, wie schon in Prag, auch um die Regie. Erstaunlich war, daß dies in Eile zusammengestellte Ensemble, vor allem aber das Orchester, durchaus annehmbare Resultate vorweisen konnte, woran Webers zielbewußte und temperamentvolle Führung den größten Anteil hatte. Nach anfänglichem Widerstand gegen seine Strenge, die absolute Pünktlichkeit und äußerste Konzentration in den Proben verlangte, wurde allen Mitwirkenden nach und nach bewußt, welche Qualität Weber anstrebte und schließlich auch erlangte und daß er außerdem ständig bemüht war, die rechtliche und finanzielle Situation seiner Musiker zu verbessern.

Am 13. Januar 1817 war Weber in Dresden angekommen, am 30. fand bereits die erste Aufführung der deutschen Oper statt, die allgemeines Staunen hervorrief. Auch der König, der ein gutes Gehör besaß, war von der Qualität, namentlich des Orchesters, überrascht und ließ Weber davon unterrichten.

Übrigens dirigierte Weber mit dem Taktstock, ein für die Dresdener Opernbesucher damals noch ungewohnter Anblick. In der italienischen

Oper saß der Kapellmeister seit der Barockzeit am Cembalo, später Pianoforte, und wurde vom Konzertmeister bei der Leitung unterstützt. Ein einheitliches und zugleich leidenschaftlich bewegtes Musizieren, wie es Weber als Ideal vorschwebte, war jedoch nur möglich, wenn die Führung der Sänger wie des Orchesters in einer Hand lag. Weber rückte sein Pult möglichst nah an die Bühne, um den Kontakt zu den Sängern zu verbessern, während die Orchestermitglieder teils neben, teils hinter ihm saßen. Durch seine genaue Kenntnis aller instrumentalen Schwierigkeiten und sein persönliches Führungstalent erreichte Weber eine Vollkommenheit der Wiedergabe, die damals und noch lange Zeit als einzigartig galt.

Er hatte wenige Tage vor der Eröffnungsvorstellung in der »Dresdener Abendzeitung« vom 27. Januar 1817 eine Erklärung seiner Absichten »an die kunstliebenden Bewohner Dresdens« gerichtet und ließ auch weiterhin kurze Einführungen in die jeweils neu einstudierten Werke folgen. Die Opernfreunde begrüßten das, die Rückständigen aber waren entsetzt, so etwas hatte es ja noch nie gegeben! Nach der liberaleren Atmosphäre in Berlin empfand Weber die starre, kleinliche Haltung der Bevölkerung, die in devoter Weise das Kastenwesen der Staatsdiener und des Adels nachahmte, als deprimierend und lächerlich.

Es muß hier daran erinnert werden, daß sich in Dresden bereits 1617 eine eigene deutschsprachige Musikkultur durch Heinrich Schütz entwikkelt hatte, der als erster deutscher Musiker eine Oper komponierte, *Daphne*, die später leider verlorenging. Sein lutherischer Psalmliederschatz wurde noch bis 1735 in der Schloßkirche gesungen. Durch Augusts des Starken Konversion brach diese evangelische Überlieferung ab. Am Dresdener Hof entstand eine katholische Tradition, aus der sich die Hinneigung zu der in ganz Europa führenden italienischen Musik erklärt. In Dresden gaben die besten Musiker aus Mailand, Venedig, Rom und Neapel den kirchlichen wie weltlichen Veranstaltungen ihr Gepräge, Opernvorstellungen nach klassischen Dichtungen, mit kostbaren Dekorationen und bestrickend schönen Stimmen, bestätigten der höfischen Zuhörerschaft gleichsam die Unantastbarkeit des Regimes. Das ging Generationen lang so weiter – bis zu Napoleons Auftritt als Eroberer Europas. Kurfürst Friedrich August erhielt 1806 von ihm den Titel eines Königs von Sachsen, er trat dafür dem Rheinbund bei und stellte Napoleon eine große Zahl sei-

Das Titelblatt zu den Vertonungen Körnerscher Texte aus *Leier und Schwert* zeigt Theodor Körners Grabmal zu Wöbbelin ▶

ner Truppen zur Verfügung. Allein bei der Katastrophe in Moskau sollen 21 000 Mann beteiligt gewesen sein.

Als die Alliierten in Dresden einmarschierten, floh Friedrich August nach Prag, während seine Armee bei Leipzig zu den Verbündeten überlief. Sachsen wurde von den Russen besetzt, der König zum Gefangenen erklärt. Die Furcht der Österreicher vor den Preußen verhinderte, daß er sein ganzes Land verlor; über die Hälfte des sächsischen Bodens mußte er dennoch hergeben. Wie stark diese Schicksalsschläge noch immer nachwirkten, erwies sich, als ein neu engagierter Sänger auf Vitzthums Rat entlassen wurde, weil er den König an jenen Herrn von Amstetten erinnerte, der ihm 1813 mitteilen mußte, daß er Gefangener der Alliierten sei.

Seitdem galten größte Zurückhaltung, bescheidene Lebensführung und unbeirrtes Festhalten an alten Traditionen als sächsische Tugenden; noch 1817 waren Escarpins – eng anliegende Kniehosen –, seidene Strümpfe, Dreispitz etc. bei höfischen Empfängen vorgeschrieben. Der reaktionäre Einsiedel, der gänzlich unmusisch war und an der italienischen Oper nur aus Gründen der Machterhaltung festhielt, schirmte Friedrich August vor jedem Vorstoß Andersdenkender ab. Er war dem König deshalb durchaus genehm; es kam höchst selten vor, daß er einen Vorschlag von Einsiedel ablehnte oder eigene Wünsche äußerte. Am 10. Februar erhielt Weber die offizielle Mitteilung von Vitzthum, daß Seine königliche Majestät »die Gnade gehabt, Weber nunmehr das Prädikat als Kapellmeister beizulegen«, und daß er die Verleihung dieses Titels dem deutschen und italienischen Schauspiel sowie der Kapelle bekanntzumachen habe.

Im März 1817 mußte Weber nach Prag reisen, um dort nach Sängern Ausschau zu halten, die durch den Bankrott des Prager Theaters stellungslos geworden waren. Es kam aber nur zum Abschluß einiger Gastspielverträge. Für langfristige Kontrakte fehlten lockende finanzielle Angebote aus Dres-

Dresden in der Biedermeierzeit ▶

LEYER UND SCHWERDT
von
THEODOR KÖRNER
in Musik gesetzt mit Begleitung des Pianoforte
von Carl Maria von Weber.
Theodor Koerner's Monument
HEFT III.
Ihro königl. Hoheit der Prinzessin Louise von Preussen Fürstin Radziwil
unterthänigst gewidmet vom Verleger.
Eigenthum des Verlegers
Berlin bei A. M. Schlesinger
150.

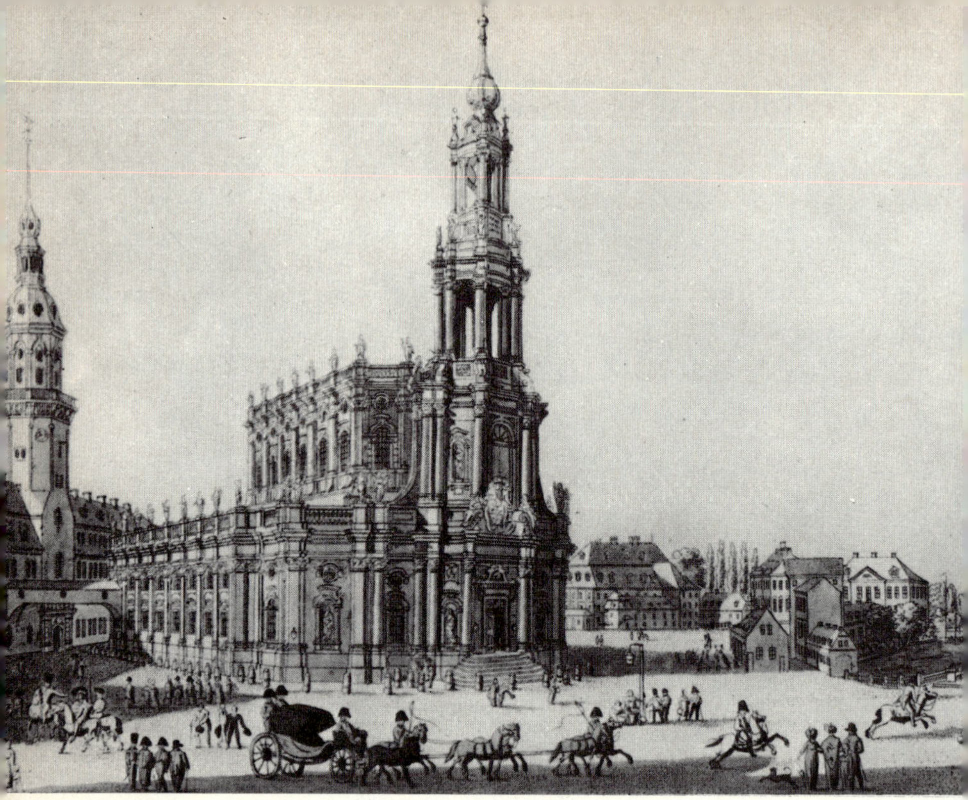

◀ Die Hofkirche in Dresden, im Hintergrund rechts das Morettische Theater, die Hauptwirkungsstätte von Weber. Umrißstich von J. C. A. Richter, Dresden, Staatliche Kunstsammlungen

den. Carl Maria berichtete Gottfried Weber: »Den 22. März reiste ich von hier ab, um meine gute Caroline in Prag zu überraschen, welches mir auch aufs vollständigste gelang. Den 28. dirigierte ich die 8. Vorstellung der Silvana (mit Caroline in der Titelrolle) bei brechend vollem Hause und wurde mit unbeschreiblichem Jubel empfangen. Auch ging alles ganz vortrefflich und machte mir Freude…«

Nach seiner Rückkehr nützte Weber die gastierenden Kräfte aus. Er studierte in vier Wochen vier verschiedene Werke ein: Alle stammten von französischen Komponisten, wurden aber mit deutschen Dialogen gegeben. Am 22. April erlebte Méhuls *Héléna* Premiere, danach das *Lotterielos* von Isouard, Boieldieus *Jean de Paris* und schließlich *Raoul Barbe Bleue* von Grétry. Besonders schön war die Ausstattung: »Zwei herrliche Schimmel mit goldgestickten Sammetdecken bis auf die Erde trugen Blaubart und Marien hinweg«, schrieb er an Caroline. »Du kennst meine Weise, wie ich mich um alles kümmere, nun, es ging auch danach, daß es eine herrliche Belohnung war.«

Wenn Weber geglaubt hatte, durch die Kraftprobe bei der Durchsetzung des Kapellmeistertitels wäre die Atmosphäre endgültig bereinigt, so irrte er sehr. Morlacchi dachte nicht daran, in irgendeinem Punkt klein beizugeben. Als Graf Vitzthum Weber beauftragt hatte, ein großes Kirchenkonzert zum Wohle der verarmten Erzgebirgler zu dirigieren, verlangte Morlacchi umgehend, diese Aufgabe ihm, dem primo Maestro, zu erteilen und Weber zum Verzicht zu veranlassen. Einsiedel ließ ihn zu einer Besprechung kommen: vergebens. Weber erklärte kalt: Wenn sein Chef, Graf Vitzthum, ihn von diesem Dienst entbände, würde er selbstverständlich einwilligen, ihm aber zugleich seinen Posten überhaupt zurückgeben. Das wollte Einsiedel denn

◀ Das Morettische oder Hoftheater konnte 814 Zuschauer aufnehmen und besaß eine gute Akustik. Räumlich war es hinter den Kulissen und im Zuschauerraum unerträglich eng, der Orchesterraum völlig unzulänglich; zahlreiche Umbauten hatten daran nur wenig geändert. Dresden, Museum für die Geschichte der Stadt

doch nicht riskieren, um so weniger, als der König Webers Vorrecht in diesem Fall anerkannte.

Im Juni 1817 erreichte Weber eine überraschende Anfrage von Graf Brühl: Ob er als Nachfolger des soeben verstorbenen Kapellmeisters Gürlich nach Berlin kommen würde? Ob er überhaupt bereit sei, Dresden zu verlassen? Brühl wußte von den Schwierigkeiten und Ärgernissen, mit denen er sich in Dresden herumschlagen mußte. Gerne hätte Weber ohne Zögern ja gesagt, aber er hatte inzwischen schon genügend Einblicke in höfische Eigenarten gewinnen können. Er antwortete daher mit sehr besonnenen Worten: »Das erste und wichtigste für jeden redlichen Künstler ist sein Wirkungskreis. Hier bildet die deutsche Oper ein Departement für sich, das unmittelbar ganz von meiner Leitung abhängt und wo das, was geschieht, ich als meine Schöpfung anzusehen die Freude und den erlaubten künstlerischen Stolz haben darf.«

Offenbar ahnte er, daß in Berlin neue Schwierigkeiten auf ihn warteten, denen er sich nicht aussetzen wollte. Es war schon davon die Rede, daß der König von Preußen fasziniert von Gasparo Spontini sei, den er in den letzten Jahren mehrmals als Dirigenten seiner eigenen Opern in glanzvollen Pariser Aufführungen erlebt hatte. Sein Traum war, diesen Protegé Napoleons als 1. Kapellmeister an die Berliner Oper zu verpflichten. Ein Jahr später geschah das, mit großen Sonderrechten für Spontini. Inzwischen erledigte sich Brühls Anfrage von selbst, da das Schauspielhaus am Gendarmenmarkt, in dem die deutsche Oper zu spielen hatte, einem Brand zum Opfer gefallen war. Der Wiederaufbau nach Plänen Schinkels sollte Jahre dauern. Trotz größter Verschwiegenheit von Weber und Graf Vitzthum, den er ins Bild gesetzt hatte, waren Einzelheiten der Verhandlung in Dresden bekannt geworden und wurden Weber als krasse Undankbarkeit ausgelegt.

Weit mehr Aufregung rief Anfang 1818 Webers Anordnung hervor, durch die er die Sitzweise des Orchesters verbessern wollte. Die Proportionen im Morettischen Hause waren denkbar ungünstig. Man rechnete damals pro Spieler mit einem Quadratmeter Raum, dort waren für den einzelnen jedoch nur 50 Quadratzentimeter vorgesehen. Das Orchester konnte deshalb nie in voller Besetzung auftreten. Weber hoffte, durch die vorgesehenen Änderungen mit allen Mitwirkenden in engerem Kontakt zu stehen, und wollte erreichen, daß die Musiker sich untereinander besser als bisher hören konnten, so daß der schöne volle Gesamtklang der Kapelle zur Wirkung gelangte. Er hatte Graf Vitzthum diese Änderung mit Begründung gemeldet und angenommen, damit sei die Sache in Ordnung.

Doch diesmal griff der König persönlich ein. Er fühlte sich durch die Änderung »aufs unangenehmste berührt« und verlangte die sofortige Rückkehr zur alten Sitzweise. Vitzthums respektvoll gehaltener Hinweis, damit würden sowohl Dirigent wie Intendant bloßgestellt und das Ansehen der deutschen Oper geschädigt, machte keinen Eindruck auf Seine Majestät. Auch ging der Streit nun in der Presse weiter, und Weber fand dazu in seiner Gereiztheit einige scharfe Töne, die ihm nur schadeten.

Dagegen kam es – wohl im Hinblick auf das Berliner Angebot an Weber – endlich zur Bestätigung seiner lebenslänglichen Anstellung sowie einiger nicht unwichtiger finanzieller Vergünstigungen. Darunter fiel auch der zweimonatige Urlaub, der eigentlich schon im September 1817 beginnen sollte, den Weber aber erst am 30. Oktober antreten konnte: Morlacchi hatte einen achtmonatigen Urlaub durchgesetzt, um eine Oper für San Carlo in Neapel zu komponieren. Er verließ Dresden im September 1817 und kehrte erst im Juni 1818 zurück. In dieser Zeit mußte Weber zusätzlich die Aufführungen der italienischen Oper leiten und neben dem üblichen Kirchendienst auch Auftragskompositionen zur Feier königlicher Fest- und Gedenktage liefern – alles selbstverständlich ohne Honorar.

Wenn er in dieser Zeit der Hetze, der harten Verteidigung seiner Rechte, der immer neuen Wendungen, die der Kampf der italienischen Oper gegen ihn annahm, verhältnismäßig gelassen blieb und sogar Stunden reinen Glücks erlebte, so hatte das vor allem zwei gewichtige Gründe. Es war einmal seine gereifte, nun von Caroline voll erwiderte Liebe. Die mehrmalige Verschiebung der Hochzeit der Prinzessin Maria Anna Carolina mit dem Erbgroßherzog der Toscana, die jedesmal ein neues Datum für ihre eigene Hochzeit notwendig machte, waren für Linas leicht schwankende Stimmungen allerdings schwer zu ertragen. Carl Maria half ihr durch liebevolle Briefe, darüber hinwegzukommen. »Mein geliebtes gutes Leben, gegen derlei Dinge ist nicht anzukämpfen in der Welt, und sie sind begriffen in dem einen Wort: Dienstverhältnisse... es ist nun einmal nichts anderes zu tun, als das gute Wörtlein Geduld, das wir fast schon abgedankt hatten, wieder ganz still hervorzurufen...«

Er schrieb ihr in dieser für ihn selber besonders strapaziösen Zeit seine schönsten Liebesbriefe, lebendig und – wie Mozart – voller Zärtlichkeit, Neckerei und Humor.

Der zweite Grund seiner inneren Heiterkeit war das Glück, daß er endlich – nach sieben Jahren – wieder einen Operntext »unter den Fäusten« hatte, einen, mit dem er leben, an dem er innerlich arbeiten konnte.

Neben all seinen künstlerischen Arbeiten beschäftigte ihn noch ein privates Problem: die Suche nach einer schönen, praktischen und behaglichen Wohnung. Vorläufig wohnte er im Italienischen Dörfchen, seinerzeit für Künstler und Handwerker erbaut, die am Zwinger arbeiteten – für ihn eine brauchbare Zwischenlösung. Er empfand es aber als notwendig, besonders angesichts der Schwierigkeiten mit Morlacchi, ein würdiges, nobles Heim einzurichten; wie er überhaupt viel Sinn für Qualität besaß, Qualität der Kleidung, des Auftretens, der Bewirtung von Gästen. In späteren, finanziell günstigeren Jahren leistete er sich Pferde und einen eleganten Wagen, der in ganz Dresden bekannt war. Wie lachte er im stillen über die vorgeschriebene altmodische Hoftracht des Kapellmeisters und schrieb an Caroline: »Nun darf ich mich recht auf Schuhe und Strümpfe einrichten! Au weh! Au! Lasse mir gleich hier 2 Paar machen mit Schnallen obendrein! – Wenn ich gut sächsisch einen Haarbeutel antun muß –!! Gibst Du mir dann auch noch einen Kuß?«

Sonst war seine Kleidung modern und praktisch, von unauffälliger Eleganz. Auf Fremde wirkte er damals als »ein kleiner schmalbrüstiger Mann mit etwas langen Armen, sehr blassem Gesicht, aus dem sehr lebhafte Augen unter einer starken Brille vorblitzten. Den meist ernsten Mund umspielte, wenn er freundlich sprach, ein wahrhaft bezauberndes Lächeln, und bei Momenten, die ihn ergriffen, neigte er den Kopf leicht auf die Seite, was den starren Zügen etwas Weiches und Lauschendes verlieh. Er war in einen blauen Frack mit blanken Knöpfen, eng anliegenden Beinkleidern und Suwarowstiefeln mit Quasten gekleidet. Ein tadellos sauberes weißes Halstuch mit gestickten Zipfeln, in denen eine schöne Brillantnadel steckte, umgab den Hals... Nichts an ihm zeigte das Bestreben, den Künstler kundzugeben.«

Die Wohnungsfrage löste sich schnell. Aufgeregt schrieb er an Caroline: »Muks! Muks! Muks! Ich habe ein Quartier! und! nun! ein *schönes*, wenn's mir schon äußerlich sehr gefällt, und Du weißt, daß ich ein bißchen eigen

Der Dresdener Altmarkt von der Schloßstraße aus. Im dritten Haus nach der Kirche befand sich die Wohnung, die Weber schon vor der Hochzeit mietete und einrichtete. J. C. A. Richter, kolorierter Stich, Dresden, Museum für die Geschichte der Stadt

Carl Maria von Weber, königlich sächsischer Hofkapellmeister. Nach einem alten Holzschnitt

darin bin, so kann ich schon hoffen, daß es meinem Schneefuß auch behagen wird. Erstens ist's auf dem Alten Markt, aber – drei Treppen! aber *gute* Treppen, und da werden die Liebhaber nicht so oft kommen, – dann alles unter einem Schloß, der ganze Stock, vornheraus, ein sehr großes Vorzimmer, dann 2 schöne Zimmer, und ein Schlafzimmer mit Alkoven, alles sehr *nobel,* dann kommt ein Arbeitszimmer für mich. Dann Zimmer für Bediente, Köchin, Speisekammer, eine helle herrliche Küche, großer Boden, Keller, Mangel im Hause. Wagenplatz – und kostet freilich 150 (Groschen)... Der größte Vorteil ist auch der, daß die Zimmer alle schön gemalt und in gutem Zustand sind, wir also nichts hineinzustecken brauchen, was sonst bei allen Quartieren der Fall ist.«

Von diesem Augenblick an kümmerte sich Weber um jede Kleinigkeit der Einrichtung, besprach viele Anschaffungen brieflich ausführlich mit Caroline, ohne ihr zu verraten, wie weit seine Vorsorge schon gediehen war. Weber war, ähnlich wie Mozart, ein geselliger Mensch. Er brauchte die Aussprache mit Freunden, am liebsten mit solchen, die wie er Musiker waren. Er genoß jede Form echter Gastlichkeit, schob auch gerne in ländlicher Umgebung Kegel; Mozart bevorzugte das elegantere Billard, hat aber auch gekegelt, wie sein reizendes *Kegelstatt-Trio* verrät. In jüngeren Jahren hatte Weber auch Spaß am Tanz und an Kostümfesten. Und sicher war er später ebenso stolz auf seine Equipage wie Mozart auf sein Reitpferd. Es gibt noch andere, gewichtigere Parallelen zwischen beiden, wir kommen darauf zurück.

Trotz der vielen verschiedenartigen Aufgaben, die sich ihm in Dresden stellten, wurde er schnell mit der gesellschaftlichen Situation vertraut. Die ersten Gastgeber, die ihn hocherfreut einluden, waren die auswärtigen Gesandten; viele von ihnen kannten ihn schon persönlich und schätzten seine Musik, seine Opernaufführungen. Besonders vertraut wurden ihm das österreichische und das britische Gesandtenhotel; ferner besuchte er die »Ressource«, eine Art Klubhaus der Adligen, sowie »Albina«, ein Treffpunkt der bürgerlichen Gesellschaft. Sehr bald wurde er auch in den Dichtertee aufgenommen, später in »Liederkreis« umbenannt. In ihm vereinigten sich die nicht sehr zahlreichen poetischen Talente der Stadt; Ludwig Tieck, zweifellos der bedeutendste Autor von allen, ignorierte den »Liederkreis« und bezeichnete ihn spöttelnd als »Räucheranstalt«, in die jedes Mitglied sein Weihrauchfaß mitbrächte. Weber bemerkte bald, daß kein einziger wirklicher Dichter dabei war, heute würde man eher von einem Journalistenverband sprechen.

Archäologe und Theaterkritiker war C. A. Böttiger, Autor und Kritiker Theodor Hell, bürgerlich Carl Friedrich Theodor Winkler; er hatte während der russischen Besetzung die Dresdener Theater geleitet und damals schon die Gründung einer deutschen Oper angestrebt. Auch zwei Frauen waren dabei; Therese aus dem Winkel, Liebhaberin der italienischen, Gegnerin der deutschen Oper, kam oft in der Abendzeitung zu Wort. Leider reagierte Weber darauf mit bissigen Bemerkungen. Die zweite Autorin, Helmina von Chézy, war hübsch, gefühlvoll und etwas schlampig, eine Dilettantin. Sie sollte Weber einige Jahre später viel Ärger bereiten. Der berühmteste Autor war Friedrich Kind, Jurist, 17 Jahre älter als Weber und Redakteur der »Abendzeitung«. Sein Stück *Van Dycks Landleben* war in Dresden erfolgreich aufgeführt worden, er las gern im Liederkreis aus eigenen Werken und wurde vom Hof als geschickter Festspielautor geschätzt. Er war eine mittlere Begabung, sehr eitel und entsprechend empfindlich. Ihm erzählte Weber von seiner erfolglosen Operntextsuche. Kind versprach, ihm Werke zu zeigen, die vielleicht als Stoff in Betracht kämen. Unter diesen entdeckte Weber das *Gespensterbuch* von Johann August Apel und Friedrich Laun. Ob Kind die erste Erzählung darin kenne? Er bejahte das. Carl Maria fühlte sich plötzlich um sieben Jahre jünger, nach Heidelberg versetzt. Das romantische Stift Neuburg tauchte auf, Musizierabende bei jungen Familien, Studenten, die mit ihm tranken und sangen. Auch eine Nacht, die er und Alexander von Dusch, glühend vor Begeisterung, mit dem Lesen der Freischützsage verbrachten. Weber wollte unbedingt daraus eine Oper machen, Dusch das Textbuch entwerfen – und zwar jetzt, sofort, gleich! Dazu kam es dann doch nicht. Und nun, sieben Jahre später, brauchte er nur einen Blick auf diese merkwürdige Geschichte zu werfen und war genauso fasziniert wie damals. Ähnlich ging es Friedrich Kind. Er begann, sich sofort ernsthaft mit dem Stoff zu beschäftigen. Das Ganze war genau richtig für die Menschen von 1817. Sie hatten die Revolution und ihre Folgen, die Aufklärung und die Kriege satt. Die neuen Ideale präsentierte Jean Jacques Rousseau: Liebe zur Natur, natürliche Unschuld, Kampf für eine undogmatische Religion – alles Versprechungen eines neuen Lebens. Man mußte die Sage in eine weniger zensuranfällige Vergangenheit verlegen, am besten nach dem Ende des 30jährigen Krieges. Und in die ferne Region des Böhmischen Waldes; dort und damals gab es noch unerklärbare Gewalten der Natur, man raunte von Zauberkünsten, von menschlichem Verlangen danach, von menschlicher Furcht vor ihnen. Dort war auch das Volkslied beheimatet, echte kindliche Frömmigkeit – und Gottes große Güte.

Friedrich Kind benötigte nur zehn Tage, um den Text für Weber zu schreiben. Es scheint, daß diese unglaublich schnelle Produktion nicht nur Kinds Begeisterung zuzuschreiben ist. Die Verlegung der Handlung in eine frühere Zeit und die Wendung des Schlusses zum Versöhnlichen kamen schon in einer Bearbeitung vom Hofrat Franz Xaver von Caspar in München vor. Er hat später behauptet, Kind habe ein Plagiat an seinem Text begangen. Der empfindliche Autor hat sich nicht dagegen gewehrt. Er hat der Anklage nie widersprochen. Das Werk sollte erst *Der Probeschuß* heißen, dann *Die Jäger-*

braut. Zum *Freischütz* wurde die Oper erst durch Graf Brühl; er nahm lebhaften Anteil an der Entstehung und hatte Weber, bevor eine Note entstand, für Berlin um die erste Aufführung gebeten. Der Komponist erwarb den Text von Kind für 30 Dukaten, das war fair und zudem vernünftig: Textschreiber neuer Opern erhielten damals sehr häufig gar kein Honorar von den Bühnen oder ein höchst unzulängliches. Weber glaubte, damit jeden Ärger auszuschalten. Aber er hatte nicht mit Kinds unangenehmster Seite gerechnet: seinem künstlerischen Neid.

Weber war in dieser Zeit glücklich im Gedanken an das vor ihm liegende Werk. Aber er fand weder Zeit noch innere Ruhe, sich damit zu beschäftigen, es dauerte Monate, bis er die ersten Töne niederschrieb, und da waren es solche aus dem Duett im 2. Akt zwischen Agathe und Ännchen. Er hatte Caroline ausführlich über die neue Oper geschrieben, ihr auch den fertigen Text gesandt. Dieser begann in Kinds Entwurf mit weihevollen Szenen zwischen Agathe und einem Eremiten. Die Zuhörer erfuhren darin von bedenklichen Fakten und warnenden Träumen, es war ein recht leiser, matter Anfang. Caroline, als echtes Theaterkind, merkte das sofort. Sie schrieb ihm, das Weihevolle müsse fortfallen. »Mitten hinein ins Volksleben mit dem Beginn der Volksoper, lasse sie mit der Szene vor der Waldschenke anheben!«

Kind war entsetzt, als Weber ihn bat, die Szenen zu streichen. Er hielt es für eine Verschandelung seines Werkes, während Weber dankbar für Linas Rat war. Aber Kind vergaß ihm diesen Eingriff »in sein Heiligstes« nie. Weber schrieb an Caroline: »Es ist kurios, wie die Vorliebe zu allem, was nur in entferntester Beziehung auf meine Mukin steht, sich so auffallend bewährt. Das Ännchen, das so ganz Deine Rolle wäre, zieht mich vor allem an, und ich muß unwiderstehlich diese Sachen zuerst komponieren, wobei Du mir immer lebhaft vor Augen schwebst. Du wirst also meist darin Dein Porträt in einem neckischen, spitzbübischen Pumpernickel wiederfinden.«

In den angestrengten Monaten nach Morlacchis Abreise vermochte er sich dem wunderbaren Stoff nur selten zuzuwenden. Am 30. Oktober 1817 konnte er dann endlich seinen Urlaub antreten und die Eilpost nach Prag nehmen. In Schlan, fünf Stunden vor seinem Ziel, stand Caroline vor dem Posthaus, als er ausstieg. Sie lagen sich in den Armen, uneingeschränkt selig. Am 4. November 1817 fand die Trauung in der Prager St. Heinrichskirche statt. Unmittelbar nach der Traurede ertönte von der Orgelempore feierli-

Die Gestalt des Ännchen im *Freischütz* ähnelte in vielem seiner Caroline. »Ich muß unwiderstehlich diese Sachen zuerst komponieren«, schrieb er ihr. Als »neckischer, spitzbübischer Pumpernickel« entzückt Ännchen in Nr. 13, Romanze und Arie: »Trübe Augen, Liebchen, taugen einem holden Bräutchen nicht«

cher Gesang seines ehemaligen Opernchors – eine Überraschung für Carl und Caroline, die sie tief rührte.

Am nächsten Morgen stiegen sie gemeinsam mit Linas Mutter in den Reisewagen und gelangten in mehreren Etappen nach Mannheim, wo Frau Brandt fortan bei Mann und Sohn leben würde. Carl hatte ihr einen jährlichen Zuschuß von hundert Talern zugesichert. Für Linas erregbare Natur war dieser Abschied ein gefährlicher Moment, aber sie überwand ihn durch Carl Marias liebevolles Verständnis. Die Rückreise brachte noch einige beglückende Besuche bei alten Freunden, nur das Zusammensein mit Gottfried Weber fiel enttäuschend aus. »Dies war der trübste Punkt meiner Reise, denn ich kam mit dem alten Herzen voll Liebe an und – er war nicht der alte«, schrieb er an Gänsbacher. Das junge Paar veranstaltete auf der Rückreise einige Konzerte, nicht alle brachten die erwünschten Einnahmen. Am hübschesten war es in Gießen, Caroline sang die Susannenarie aus Figaros Hochzeit und mit Carl zusammen heitere Gitarren- und Klavierlieder; die Begeisterung der Zuhörer war groß. Nebenbei sah sich Weber überall nach geeigneten Kräften für die deutsche Oper um. Vitzthum hatte ihn damit beauftragt, wohl auch, um zu seinen Reisekosten beisteuern zu können.

Am 20. Dezember kamen sie in Dresden an. Sicherlich hat Weber seine junge Frau kurz vorher ernsthaft gebeten, nicht allzuviel von ihrem neuen Heim zu erwarten, das ja noch lange nicht fertig eingerichtet sei ... Es war ein Theatercoup. Diener und Köchin empfingen sie höflich an der Haustür, alle Zimmer waren angenehm durchwärmt, geschmackvoll eingerichtet und mit Blumen geschmückt. Jedes Bild, jeder Gebrauchsgegenstand befand sich am richtigen Platz, selbst an Küchengerät fehlte es nicht, auch Vorräte erwarteten die neue Herrin. Webers konnten ein wahrhaft fröhliches Weihnachtsfest feiern. Ins Tagebuch trug Carl Maria am Jahresende ein: »Ernst, liebevoll und feierlich das Jahr beschlossen. Gott gebe seinen Segen weiter, wie er ihn bisher so überaus gnädig verliehen, und mir damit die Kraft, meine gute Caroline glücklich zu machen und als ein tüchtiger Künstler der Kunst und dem Vaterlande Ehre und Nutzen zu bringen. Amen!«

Liebesbrief eines Verlobten

Dresden am 28. Mai 1817

Mein vielgeliebter Muks und Schneefuß.

Ich muß heute mit einem schweren Bekenntnis zu Dir kommen, welches Du wohl nie von Deinem Carl erwartet hättest, und doch befiehlt mir meiner eigenen Ruhe wegen mein ehrliebendes Gefühl, Dir alles zu entdecken. Ja, liebe Lina, ich kann es nicht länger verbergen, daß mich seit ein paar Tagen eine andere unwiderstehliche Neigung abgehalten hat, Dir zu schreiben. Ein Mädchen, dessen Liebreiz ich Dir hier nicht zu erzählen imstande bin, hat mich ganz gefesselt, und mit 2 Worten sei es gesagt, sie ist sogar meine Braut. Doppelt frevelhaft erscheint dieses Vergehen, weil sie auch die Braut eines anderen ist. Aber dies alles hilft nicht nur nichts, sondern kettet mich unbegreiflicherweise nur noch fester an sie. Ja! ich muß Dir alles entdecken. Nur sie lebt in meiner Phantasie, jeden Augenblick schwebt ihr Bild mir vor. Mit glühender Liebe umfasse ich sie, und auch ihre Gegenliebe scheint mir gewiß, denn sie geht mit mir schlafen und verläßt mich keinen Augenblick. Ja, sie hat ihres Vaters Haus verlassen, um mir ganz anzugehören. Gibt es größere Beweise von Liebe? Ich erkenne es aber auch. In ihrer Blöße ist sie zu mir gekommen, ich will sie mit meinem Herzblut nähren und kleiden mit dem Besten, das ich habe. Sie hat eine unwiderstehliche Neigung zum Theater, und ich will ihr dazu verhelfen, obwohl ich alle Gefahren kenne, die ihr da drohen; O meine geliebte Agathe, wirst Du mir treu bleiben, rufe ich oft aus!

Du kennst nun meine ganze Schuld – richte, aber verdamme mich nicht. Wer kann für sein Gefühl, und wenn sie mich ganz umfangen hält, kann ich dann Briefe schreiben? O ich bitte um Verzeihung! Alle Tränen, die ich für sie weine, fallen wie Schwerenoten aufs Papier – O!!O! –. Nun!??? Etsch, Etsch, Etsch!! Ich sollte mich sehr wundern, wenn Du nicht eine halbe Sekunde lang ein ängstliches Gefühl gekriegt hättest! Nun, gib mir nur Haue, es tut nichts, Du tust mir nicht weh, und dann hast Du doch gewiß gelacht! –

Ja, es ist wahr, Mukin, die verdammte Jägerbraut spukt mir recht im Kopfe, und wie es mir immer geht, wenn ich so eine Riesenarbeit vor mir sehe, so verliere ich anfangs allen Mut... und komme mir wie ein Ochs vor, dem nichts einfallen will. Es geht aber dann doch immer am Ende, und diese so oft bewährte Erfahrung tröstet mich. Gott gebe seinen Segen dazu, es sind entsetzliche Aufgaben darin, und Kopferl wird mir oft brummen, schadet aber nichts...

(Ein Brief Carl Marias aus der Verlobungszeit. Caroline war noch in Prag engagiert, Carl bereits Hofkapellmeister in Dresden.)

10. Einen Traum verwirklichen

Die Festtage verliefen friedlich. Beide genossen das Glück der Stille, das Glück, in einer schönen Wohnung miteinander zu Hause zu sein. Namentlich Carl Maria ging mit Zuversicht in das Jahr 1818, während Lina düstere Ahnungen bedrückten, die er vergeblich zu zerstreuen suchte. Bald allerdings machte sich wieder sein »Stern« bemerkbar, er erlebte berufliche Enttäuschungen und mancherlei Ärgernisse. Nach den Auseinandersetzungen um die Sitzweise des Orchesters merkte er mit Erstaunen, daß sein Orchester die neue Sitzweise durchaus akzeptierte und ihm recht gab! So gelang es nach und nach, zunächst unmerklich, einige Änderungen durchzuführen, und ein Jahr später forderte sogar die Königin die erst so kritisierte Neuerung.

Zur Feier des königlichen Namenstages komponierte Weber eine *Große Messe in Es-Dur:* »Eine Arbeit, die ich mit Liebe begann, erfüllt von der Größe meines Gegenstandes und im Bestreben, in dieser Gattung nichts Gewöhnliches oder Mittelmäßiges zu liefern. Sie kam ganz aus meinem Herzen und ist das Beste, was ich geben kann.« Weber hatte gehofft, den König mit dieser Arbeit zu erfreuen; unwillkürlich war mancher Gedanke aus dem künftigen Freischütz mit eingeflossen, der ihn innerlich ständig beschäftigte; anmutig und zart klingt das *Benedictus*. Das Werk wurde später manchmal auch *Freischütz-Messe* genannt. Die Uraufführung fand am 8. März 1818 in der katholischen Hofkirche statt, doch ohne die königliche Familie. Der musikalische Prinz Anton allein begeisterte sich für das Werk, auf seinen Wunsch mußte es noch ein zweites Mal gespielt werden. Diesmal war der König anwesend und zeigte sich ergriffen: Weber erhielt zum Dank einen kostbaren Brillantring überreicht.

Danach arbeitete Weber an kleineren Auftragsarbeiten für den Hof, komponierte Bühnenmusiken und am 22. April den Bauerntanz im ersten Akt des

Freischütz und die Arie des Max: *Durch die Wälder, durch die Auen*, deren einschmeichelnde Melodie schon im Vorjahr in dem Lied *Das Veilchen im Tale* aufgetaucht war. Die enorme Arbeit, die er als Leiter der deutschen Oper, als Vertreter Morlacchis und durch laufende Kompositionsaufträge zu leisten hatte, vor allem aber die nicht endenden Intrigen und Kränkungen durch die italienische Partei strapazierten seine erschütterte Gesundheit. »Er fühlte eine äußerste Abspannung des Nervensystems, die Brustbeklemmungen, an denen er schon früher gelitten, mehrten sich, die Heiserkeiten wurden häufiger, und seine Singstimme schwand fast ganz.« So Max Maria von Weber über den Vater.

Es war ein Glück, daß Carl und Caroline bei ihren Streifzügen durch die Umgebung Dresdens das Dörfchen Hosterwitz entdeckten, nahe Schloß Pillnitz gelegen, in dem sich während der Sommerzeit ein großer Teil des Hofdienstes abspielte. Weber mietete eine geräumige Wohnung im Hause des Winzers Felsner, das verträumt zwischen der unterhalb Hosterwitz vorbeiströmenden Elbe und dem hinter dem Haus ansteigenden Waldgebiet lag. Für Carl und Lina wurde es zum ländlichen Paradies. Man konnte vom Hause aus in wenigen Schritten den engen schattigen Waldweg zur Kepp-Schänke erreichen, die sie gerne aufsuchten und wo Carl immer Partner zum Kegeln fand. Man konnte neben dem zu Tal stürzenden Bach weiter aufwärts zur Kepp-Mühle gelangen, umgeben von einer weltfernen, noch ganz ursprünglichen Natur. Weiter oben dehnte sich die Hügelkette des Borsberges, der wegen seiner weiten Fernblicke berühmt war. Impressionen dieser romantischen Landschaft haben Caspar David Friedrich mehrfach beschäftigt, der damals ebenfalls in Dresden lebte. Und in dieser Atmosphäre empfing Carl Maria die musikalischen Visionen der Wolfsschlucht, hier entstanden in seiner Phantasie wesentliche Partien der Oper.

Weber hat sein sommerliches Domizil sehr geliebt. Mit Ausnahme der Jahre 1820 und 25 wurde von 1818 an jede Ferienzeit dort verbracht. Einige Tiere, an denen er kindliche Freude hatte, belebten die ländliche Szenerie: ein schöner Jagdhund, die geliebte Katze Naune, ein Sprosser und ein indianischer Rabe, der wunderschön »guten Abend« krächzen konnte. Als Weber kurz vor der Freischütz-Einstudierung auf eine Konzertreise nach dem Norden ging, bei der ihn Caroline nur zum Teil begleiten konnte, hat er auf der Rückfahrt von Matrosen in Blankenese ein drolliges Kapuzineräffchen erworben, das er Schnuff taufte; Caroline behauptete, daß es Spontini ähnelte, Anlaß zu manchem Scherz. Es wurde der Hosterwitzer Menagerie einverleibt, die bei der Rückkehr in die Stadtwohnung allerlei Kopfschmerzen bereitete.

Bei vielen Dresdener Kollegen und Freunden hatte sich herumgesprochen, wie behaglich und anregend es in Webers kleinem Landsitz zuging. Es kamen Sänger der Oper – der deutschen wie der italienischen –, darunter der berühmte Kastrat Sassaroli, dessen makellosen Koloraturgesang Weber ebenso schätzte wie den schlichten liebenswerten Menschen. Carl war ein großzügiger Hausherr, Caroline entfaltete ihr angeborenes Talent für echte Gastlichkeit und war glücklich, wenn sie ihren Besuchern Freude bereiten konnte. Ihre gepflegte Tafel, der gute Wein und das Musizieren, das bei Weber in Stunden der Entspannung nie fehlen durfte, schufen eine harmonische Atmosphäre, die jeder auf seine Art genoß. Weber schrieb einem alten Freunde: »Ich weiß ja, daß es hier (in Dresden) für meine Kunst kein Heil gibt, daß ich keine spornenden Aufträge bekomme, daß hier eine lähmende, jeden hohen Schwung verhindernde Luft herrscht... Aber ich kann aus dem verflucht hübschen Nest nicht heraus.« Und das war Hosterwitz.

Nach der Rückkehr in die Stadt gab es neue Aufregungen. Weber wollte seine *Silvana* einstudieren und benötigte dazu einige Sänger der italienischen Oper, die ihm vertraglich zustanden. Doch diese, angestiftet durch Morlacchi, machten um jeden Probentermin derartige Schwierigkeiten, daß Weber schließlich resignierte. *Silvana* wurde abgesetzt, sie gelangte erst nach Webers Tod auf die Dresdener Bühne.

Außerdem machte er sich Sorgen um Caroline. Sie erwartete ihr erstes Kind, kränkelte ständig, und Weber lebte in einem Zustand großer innerer Angst. Am 22. Dezember 1818 wurde sie von einem Töchterchen entbunden, »nach unsäglichen Leiden«, wie Weber im Tagebuch vermerkte. Wie üblich bat der Hofkapellmeister seinen König, ihm die Ehre der Patenschaft zu erweisen, die dann stets von würdigen, dem gesellschaftlichen Rang der Eltern entsprechenden Vertretern wahrgenommen wurde. Bei der Taufe der kleinen Marie Caroline erschienen jedoch zum Staunen aller versammelten Gäste der Kammerdiener des Königs und eine Kammerfrau. Es war peinlich und tief kränkend für die Eltern des Kindes. Man fragt sich unwillkürlich, ob dieser gezielte Affront wirklich vom König ausging oder nicht vielmehr von Graf

Hosterwitz, Webers Lieblingsaufenthalt in vielen Sommermonaten. Hier entstanden große Partien des *Freischütz,* der *Euryanthe* und des *Oberon.* Heute ist das ehemalige Winzerhäuschen ein wichtiger Mittelpunkt der Weberpflege und immer noch, im Keppgrund wie an der Biegung der Elbe, in romantisches Licht getaucht. Aquarell um 1830, Maler unbekannt, Dresden, Privatbesitz

Karl Graf von Brühl (1772–1837), Generalintendant des königlichen Schauspielhauses in Berlin. Er erkannte früh Webers große Begabungen und veranlaßte die Uraufführung des *Freischütz* in Berlin – einen der größten Premierenerfolge des 19. Jahrhunderts. Berlin, Deutsche Staatsbibliothek

Illustration zu *Preziosa*, die ebenfalls in Berlin uraufgeführt wurde. Stahlstich von H. Schmidt nach einer Zeichnung von H. Ramberg, um 1825

Einsiedel persönlich, der in seiner musischen Blindheit und dem starren Festhalten an überlebten Vorstellungen noch immer keine Ahnung hatte, was für ein bedeutender Komponist dieser Carl Maria von Weber war.

Im Frühjahr 1819 starb die kleine Tochter, deren Gesundheit immer labil gewesen war. Caroline brach völlig zusammen, Carl lag mit hohem Fieber zu Bett. In dieser Zeit erhielt er endlich einen ehrenvollen Hofauftrag: Er sollte eine Oper für die Hochzeit des Prinzen Friedrich August komponieren und freute sich darüber. Mit den Prinzen und Prinzessinnen des königlichen Hauses bestanden gute, zum Teil freundschaftliche Beziehungen, die Carl für manche Kränkung »von oben« entschädigten. Das Libretto sollte Johann Friedrich Kind schreiben, der Stoff entstammte einer Erzählung aus Tausendundeiner Nacht. Webers siedelten, sobald es möglich war, nach Hosterwitz über, weil Carl hoffte, dort seine Kräfte schneller regenerieren zu können. Er begann auch schon mit den Vorarbeiten.

Als Graf Vitzthum ihn nach einiger Zeit aufsuchte, mußte er ihm schweren Herzens mitteilen, daß der Hof an der Komposition der Oper »nicht mehr interessiert« sei. Die Handlung enthalte zuviel Aberglauben und sei für eine Hoftrauung ungeeignet. Maestro Morlacchi arbeite bereits an einem allegorischen Singspiel... Es war eine plumpe Intrige, Weber begriff es sofort, aber sie verletzte seinen Stolz und hinderte die Erholung.

Das Schlimmste: Graf Vitzthum hatte nach diesem neuen, unerhörten Eingriff des Ministers in seine verbrieften Rechte das Amt des Intendanten endgültig niedergelegt. Er gab auf. Wer würde Weber fortan im Kampf um die deutsche Oper unterstützen? Es ist naheliegend, anzunehmen, daß diese katastrophalen Ereignisse Stimmung und Arbeitsfreudigkeit auf den Nullpunkt brachten. Das Gegenteil trat ein. Mit dem Schwinden der Hoffnung auf die deutsche Oper, die er seit vier Jahren nur mit äußerster Energie in sich wach gehalten hatte, verringerte sich nun auch seine übermäßige Anstrengung für dies ungeliebte Departement des Dresdener Theaters. Weber tat weiter gewissenhaft seine Pflicht und weit mehr als das. Und er wußte, was er geleistet hatte. »Es ist doch recht schön und ein eigenes Gefühl, zu sehen und zu wissen, daß man seiner Zeit einen Stoß oder eine Richtung gegeben hat, die sich niemand bei dem herrschenden Geschmack erwarten konnte«, schrieb er einmal an Caroline.

Schon im Winter 1818/19 arbeitete er an einer zweiten *Messe G-Dur*, der

Königin zum 50. Hochzeitstag zugedacht. Im Gegensatz zu dem Ernst der ersten Messe »will ich mir jetzt eine froh und fröhlich kindlich bittende und jubelnd zum Herrn betende Schar denken«, schrieb er an Rochlitz. Das ist ihm gelungen, besonders schön wieder das *Benedictus*, das der Musikwissenschaftler Friedrich Wilhelm Jähns als Perle des Ganzen bezeichnete. Doch dann forderten Webers eigene musikalische Pläne gebieterisch ihr Recht. Hosterwitz, bisher schon Paradies und Lebensmitte, wurde in dieser Zeit auch zu einer Art Fluchtburg, zum Inbegriff der Geborgenheit. Die Liste der neuen Kompositionen ist lang, das Klavier bevorzugt. Er schrieb das glanzvolle *Rondo brillante* (La Gaieté), arbeitete an *vierhändigen Klavierstücken*, die sich früheren ähnlichen Stücken sehr glücklich anreihen und junge Spieler wie Zuhörer noch heute entzücken können. Er komponierte die *Pollacca brillante*, deren virtuose Qualitäten schon den Bogen zu Chopins späteren Polonaisen schlagen. Er vollendete jetzt sein interessantestes Kammermusikwerk, das *Trio für Pianoforte, Flöte und Violoncello* mit dem sanften volkstümlichen 3. Satz, den er *Schäfers Klage* nannte. Außerdem hat er in Hosterwitz sein vielleicht schönstes und wichtigstes Klavierwerk geschaffen: *Die Aufforderung zum Tanz*, die er Caroline widmete.

Carl spielte es ihr gleich nach der Vollendung vor und gab dazu folgende Erklärungen: »Erste Annäherung des Tänzers (Takt 1–5), dem eine ausweichende Erwiderung der Dame wird (5–9). Seine dringender gestellte Aufforderung (9–13), ihr nunmehriges Eingehen auf seinen Wunsch (13–16). Nun reden sie eingehender; er beginnt (17–19), sie antwortet (19–21), er mit erhöhtem Ausdruck (21–23), sie wärmer zustimmend (23–25), jetzt gilt's dem Tanz! Seine direkte Ansprache bezüglich darauf (25–27); ihre Antwort (27–29); ihr Zusammentreffen (29–31); ihr Antreten; Erwartung des Beginns des Tanzes (31–35)! – (Der Tanz) – Schluß: sein Dank, ihre Erwiderung, ihr Zurücktreten – Stille.«

Die musikalische Einleitung der *Aufforderung zum Tanz* wird am Schluß noch einmal wiederholt, dadurch wirkt das Stück als rundes, in sich geschlossenes Ganzes. Die Vielfalt der angeschlagenen Tänze trotz des immer gleichen $3/4$-Taktes verlockte zum Instrumentieren des Werkes, und Berlioz, ein großer Verehrer Webers, hat 1841 eine Bearbeitung für Orchester vorgenommen, die wunderschön klingt und bis heute gespielt wird, neben neueren Übertragungen. Doch da der Komponist an eine solche nicht gedacht hat, muß man annehmen, daß er gerade der Verherrlichung des Walzers vom Klavier aus Anerkennung als konzertanter Musik verschaffen wollte. (Erst seit dem Wiener Kongreß galt dieser Tanz als hoffähig.) Heute erscheint dieses hinreißende Klavierstück nur noch selten in pianistischen Programmen – leider. Der jüngere Johann Strauß, ein Jahr vor Webers Tod geboren, hat die Anregung von Weber aufgegriffen: Seine langsamen Einleitungen gehören zu den schönsten Einfälle des melodiereichen Walzerkönigs.

Doch neben allen anderen Vorhaben beschäftigte Weber nun vor allem die neue Oper. Die Entwicklung einer neuen Komposition vollzog sich bei ihm, wie schon erwähnt, zum größten Teil im Kopf, ehe er an die ersten Niederschriften ging. Die wichtigste Entscheidung fiel bei der Konzeption einer Oper zu Beginn: die Wahl der Tonarten für die einzelnen musikalischen Komplexe. In der Zuteilung von c-Moll für die unheimlichen Szenen, D-Dur für die Jägerchöre lagen schon leitmotivische Ideen.

Die Texte der Oper notierte er sich meist in winziger Schrift auf Zetteln, die er ständig bei sich trug, bis er sie auswendig beherrschte. Hatte seine innere Arbeit eine gewisse Reife erlangt, so konnte in seinem Tagebuch der bezeichnende Vermerk auftauchen: »fertig gedacht«. Erst nach weiteren Überlegungen und Skizzierungen ging er an die Niederschrift der Partitur, die dann kaum noch Korrekturen aufwies. Hierin lag eine große Ähnlichkeit mit Mozarts Schaffensweise. Wie dieser hat auch Weber die Ouvertüren seiner Opern fast immer als letztes zu Papier gebracht, die dann von der Fülle der vorhandenen Musik gespeist wurden.

In seinem unvollendeten Roman *Tonkünstlers Leben* kommt ein Gespräch mit dem Freund Diehl vor, das interessante Aufschlüsse über seine geistige Unabhängigkeit beim Komponieren gibt. Er liest ein Gedicht, bei der zweiten Durchsicht steht die Melodie klar vor seiner Seele: »Ich eilte, sie zu Papier zu bringen und während des Niederschreibens vollends zu runden, als mein Freund mich bei der Arbeit überraschte.

Diehl: Na, Gott sei Dank, endlich wieder ein zufriedenes, heiteres Gesicht, denn du arbeitest; störe ich?

Ich: Immer und nie, sprich nur fort.

Diehl: Sieh, das ist mir unbegreiflich, und ich habe dich schon lange fragen wollen, wie du ein Gespräch führen und dabei arbeiten kannst.

Ich: Ja, lieber Freund, ich möchte beinah mit Plato glauben, der Mensch, oder wenigstens *ich*, habe zwei Seelen; wenigstens habe ich offenbar zwei Dinge in mir, wovon das eine das Tonwesen und das andere das zum Gesprächsel abgerichtete ist. Denn ich kann sehr bequem von ganz anderen Gegenständen zusammenhängend sprechen und doch, mit voller Seele und ganz von meinem Objekte erfüllt, Tonideen bilden und komponieren. Doch muß ich gestehen, daß es mich angreift und ich mich dabei wie ein Magnetisierter befinde, da der Mund von Dingen spricht, von denen er eigentlich nichts weiß und nichts denkt.

Diehl: Und ist dir das bei allen Arten von Komponieren gleich?

Ich: Nein, doch nicht ganz, die sogenannten eigentlich strengen Kunstarbeiten, als Fugen etc., halten mich mehr ab, beides zu vereinen.

Diehl: Da du jetzt so vernünftig mit mir sprichst, machst du wohl keine Fugen?

Ich: Daß ihr Laien die armen Fugen nicht ungeschoren lassen könnt – nein! Ich habe eben ein Lied komponiert.«

Für Graf Brühl hatte es von vornherein festgestanden, daß Webers neue Oper in Berlin zur Uraufführung gelangen müsse. Auch der Komponist erhoffte sich davon viel. Brühl besaß alle praktischen Voraussetzungen, die ein verantwortungsbewußter Intendant brauchte. Er hatte in Weimar unter Goethes Anleitung zahlreiche Rollen studiert, als Schauspieler auf der Bühne gestanden, bei Bonaventura Genelli Zeichenunterricht genommen, selber Kulissen gemalt und zeitweise in der Hofkapelle als Bläser mitgewirkt. Er konnte beurteilen, welche Ausdruckskraft ein neues Werk ausstrahlte und wie darin Musik, Text, Bühnenbild und Darstellung zu einem großen Ganzen verschmolzen wurden. Nur: Alles, was darin kühn und neu war, konnte zugleich den Erfolg gefährden. Das gehobene Berliner Publikum war, wie der Hof, an die leicht genießbare italienische Musik, ihre großartigen Sänger gewöhnt. Würde es dem düster-aufregenden Geschehen folgen? Den Faszinationen dieser neuen Musik, die anders klang als alles, was man bisher für wünschenswert gehalten hatte? Es ist bezeichnend für Brühls Umsicht und sein diplomatisches Geschick, daß er dem König die neue Oper als »geistreiche Zauberoperette« ankündigte, so daß die Befürchtung, dieses Werk könne Spontinis Werken ernstlich Konkurrenz machen, »oben« gar nicht erst aufkam.

Da der Aufführungstermin im Frühjahr 1821 erneut verschoben werden mußte, bat Brühl seinen Freund Weber, eine Bühnenmusik für die *Preziosa* von Pius Alexander Wolff zu schreiben, den Weber als Menschen und Autor gleichermaßen schätzte. Er antwortete leicht seufzend: »Ich habe es zwar eigentlich verschworen, Musik zu Schaupielen zu schreiben, denn es ist besonders deshalb mißlich, weil einem ein Gedicht recht wohl gefallen kann, ohne gerade zur Komposition anzuregen. Aber was wird man nicht gern tun, um einem Direktor wie Graf Brühl und einem Künstler wie Wolff seine Achtung zu beweisen?«

Preziosa, ein romantisches Zigeunerkind, das sich erst im glücklichen Finale als geraubte Tochter aus gutem Hause erweist und daher den adligen Liebsten heiraten darf, erschien am 15. März 1821, und zwar auf der Bühne des Opernhauses, da der Schinkelsche Neubau noch immer nicht bespielbar war. Das Stück wurde vom Publikum freundlich aufgenommen, während die Kritik eine Schauspielmusik nicht für voll ansah und entsprechend überging. Doch war der Zweck erreicht, Webers Name wieder ins Gespräch gekommen und manche gewagte Neuigkeit der künftigen Oper zum mindesten angedeutet. Am meisten entzückten die Zuhörer jene spanischen Tanzrhythmen und originalen Zigeunerthemen, die Weber bei einem Besuch in Gotha kennengelernt und nun in die *Preziosa*-Partitur eingebracht hatte.

Bekanntlich waren alle Versuche Brühls, Weber als Kapellmeister an die Berliner Oper zu holen, vergeblich gewesen. Friedrich Wilhelm wollte den von ihm verehrten Spontini durchaus als 1. Kapellmeister in Berlin haben, koste es, was es wolle. Am 1. Juni 1820 hat der zögernde Maestro diese Stellung mit den Rechten eines Diktators angetreten. Da er ein vorzüglicher Dirigent und sein Name als Opernkomponist sehr bekannt war, machte sich zunächst keine öffentliche Kritik an der königlichen Wahl bemerkbar. Doch gab es Kreise, die mit der Berufung eines Ausländers, noch dazu eines ehemaligen Protégés von Napoleon, nicht einverstanden waren, vor allem die junge Generation, die Freiwilligen von Anno 1812, die Studenten, in denen mit dem Sieg über Napoleon ein ganz neues Freiheits- und Nationalbewußtsein erwacht war. Auch junge Gelehrte der Friedrich-Wilhelm-Universität und viele Musikliebhaber lehnten Spontini ab, wobei auch dessen Verschwendungssucht bei der Ausstattung seiner eigenen Oper stark kritisiert wurde. Weber dagegen war willkommen, er stand ihnen nahe, war jung, beweglich und ein herrlicher Pianist.

Die meisten jungen Leute kannten ihn vor allem als Komponisten der Lieder aus *Leier und Schwert,* die sie mit Begeisterung sangen. Andere hatten von seinem Unterfangen gehört, in Dresden eine deutsche Oper zu gründen, und waren schon deshalb ungeheuer gespannt auf sein neues Werk. Es mußte doch möglich sein, so dachten manche, eine Oper ohne kalten Prunk und die Verherrlichung längst vergessener römisch-griechischer Dynastien zu schaffen, wie die Italiener sie seit Generationen präsentierten. Es müßte doch möglich sein, lebendige Menschen auf die Bühne zu bringen, Menschen von heute, Menschen wie sie selber: voller Sehnsucht nach Spannung und unerhörten Geheimnissen, nach gespenstischen Schauern und tiefer Angst davor – auch nach Rüpelspaß und rührenden Liedern. Es müßte einem romantischen Musiker wie Weber doch möglich sein, solche Musik zu schreiben – einen Traum zu verwirklichen.

Während eine große Zahl von Berliner Operninteressenten solche oder ähnliche Überlegungen anstellten, bereitete sich Carl Maria in Dresden sehr überlegt auf die Reise vor. Zuletzt packte er noch das unvollendete *3. Klavierkonzert* in den Reisekorb; den Text zu den *Drei Pintos,* den Theodor Hell vom Liederkreis nach einer Novelle von Carl Seidel für ihn entworfen hatte, ließ er zu Hause. Es war ein hübscher Entwurf zu einer heiteren Oper im spanischen Milieu, er beabsichtigte, sie als nächstes größeres Werk zu komponieren. Und wenn *Der Freischütz* erfolgreich war, würde vielleicht sogar Dresden dieses heitere Werk von ihm bringen…

Am 2. Mai 1821 stiegen Carl und Caroline morgens in ihr bequemes eigenes Coupé; auf einer Decke zu ihren Füßen lag Ali, Webers großer Lieblingshund, und strahlte behagliche Wärme aus. Am 4. Mai langten sie vor dem Beerschen Hause an und wurden von der Familie »mit Freude und Liebe« empfangen. Die Premiere des *Freischütz* war zunächst für den 16. Juni, endgültig dann für den 18. Juni im neuen Schauspielhaus angesetzt worden. Die Einweihung der Bühne sollte zuvor mit einem bunten Schauspielprogramm im Mai stattfinden; *Iphigenie* und ein sehr langer *Prolog* von Goethe gaben dem Festakt höhere Weihe. Doch die erste Oper, die darin erklang, würde *Der Freischütz* sein!

Zunächst brachte Spontini im großen Opernhaus Unter den Linden seine *Olimpia* heraus, die seinerzeit in Paris durchgefallen war und nun das Berliner Publikum überwältigen sollte. Den pathetischen Text hatte E. T. A.

E. T. A. Hoffmann und Ludwig Devrient bei Lutter & Wegner, wohin sie Weber gerne einluden. Holzstich von A. Menzel

Hoffmann mit viel Fingerspitzengefühl und Sprachkenntnis übersetzt. Er war, wie Weber schon vor zehn Jahren in Bamberg bemerkt hatte, ein hochbegabter, doch seltsam zwiespältiger Mann. Eigentlich der geborene Romantiker, dessen Oper *Undine* es bis zum Brand des königlichen Schauspielhauses zu 17 Aufführungen in Berlin gebracht hatte. Das Publikum war fasziniert von der fremden Schönheit dieses Stückes und seiner Musik. Auch Weber hatte das Werk entzückt, er schrieb eine ausführliche, fast schon romantische Besprechung in der Leipziger »Allgemeinen Musikalischen Zeitung«. In den Wochen bis zur *Freischütz*-Premiere traf er öfter mit E. T. A. Hoffmann und dessen Freund, dem genialen Schauspieler Ludwig Devrient zusammen, meist in der Weinstube Lutter und Wegner. Die beiden bildeten dort den

Mittelpunkt einer Tafelrunde, zu der de la Motte Fouqué, Christian Dietrich Grabbe, Julius Eduard Hitzig und viele andere berühmte Gäste gehörten, auch Carl Maria. Angeregt vom Weingenuß, gaukelten sie ihm die ganze Palette ihrer Ausdrucksmöglichkeiten vor, vom Witzigen bis zum Wahnsinnigen. Es war seltsam, daß ein phantasievoller Künstler wie Hoffmann von der steifen Großartigkeit, dem kalten Prunk der *Olimpia*-Oper offensichtlich tief beeindruckt war; als hätte er nie den geheimen Quellen der Romantik gelauscht, nie die Zwischentöne, das todessüchtige Sehnen empfunden, jenes *Gute Nacht, alle Erdensorg und Pracht*, mit der seine *Undine* so ergreifend schloß.

Spontini hatte *Olimpia* drei Monate geprobt und 42 Proben dafür bewilligt bekommen. (Weber mußte sich für den *Freischütz* mit 16 Proben in vier Wochen begnügen.) Allein die Ausstattung im großen Opernhaus kostete 20000 Taler, 38 Trompeter erschienen auf der Bühne, sogar ein lebendiger Elefant gehörte zur Ausstattung. Brühl hatte für die vielen kostspieligen Extras die Verantwortung zu tragen, durfte aber seine Intendantenrechte über die Hofkapelle und den Komponisten in diesem Fall nicht ausüben. Weber berichtete Herrn von Könneritz, Vitzthums Nachfolger, zu dem sich ein leidliches Verhältnis ergeben hatte: »*Olimpia* ist eine Prachtvorstellung, wie sie wohl nirgends schöner zu sehen sein kann. Die Massen der Chöre, des verstärkten Orchesters, der Tänzer und Statisterie sind unglaublich. S. Majestät der König nehmen großen Anteil daran.« Zu welchen Mitteln der krankhaft ehrgeizige Mann aus Paris griff, um sich der Konkurrenz gegenüber abzusichern, darüber berichtete Weber nur seinem Textdichter und Freund Kind: »Der Präsident des Zensurkollegiums hat eine Order erlassen, vermöge deren in keinem hier erscheinenden Blatte die Musik des Herrn Spontini getadelt werden darf. Lob kann passieren so viel als möglich. Was sagen Sie dazu?!!«

Die Premiere wurde, wie erwartet, zu einem rauschenden Erfolg, doch schwächte sich dieser in den folgenden Vorstellungen schon merklich ab; bereits in der zweiten Wiederholung sah man freie Plätze. Trotz der fiebrigen Atmosphäre, die in diesen Tagen und Wochen über der Berliner Musikszene lag, blieb Weber gelassen und guter Stimmung. Er wohnte, liebevoll betreut, mit Caroline bei den verständnisvollen Beers, war aber von morgens bis abends im Theater. Er kümmerte sich wie immer um jedes Detail und bedauerte nur, daß er die Dekorationen von Gropius nicht mehr ändern konnte: Sie waren ihm, wie auch die Kostüme, zu schön, zu aufwendig, der Lebenswirklichkeit eines schlichten Försterhauses nicht ganz entsprechend. Um so mehr sorgte er dafür, daß die moderne Bühnentechnik, die Schinkel in diesem neuen Haus eingebaut hatte, für die Wolfsschlucht nachhaltig eingesetzt wurde. Mit seinem jugendlichen Temperament hielt er auch in den anstrengendsten Proben alle Mitwirkenden bei gutem Humor.

Natürlich erfuhren Webers durch ihre vielen dem Kunstgeschehen nahestehenden Freunde jedes Gerücht, das kursierte, jede ungünstige Konstellation, die sich ergab. Caroline, die nach den Strapazen der norddeutschen Reise eine Fehlgeburt erlitten hatte, wurde von solchen Schreckensnachrichten jedesmal irritiert und verängstigt; Carl hatte viel zu trösten, wenn er spätabends ermüdet von seinen Proben kam. Er selber ließ sich zum Glück durch nichts beirren, erfreute sich an der hervorragenden Besetzung der Rollen, die Brühl selber veranlaßt hatte, und komponierte auf dessen Wunsch für das ehrgeizige Ännchen, Johanna Eunicke, noch eine heitere Romanze: *Einst träumte meiner sel'gen Base.* Außerdem kämpfte er um die Realisierung der Wolfsschlucht-Szenerie, die Gropius nur »andeuten« wollte.

»Wer soll aus Ihren Felsengesichtern und Wolkengestalten bei dem Höllenspektakel meine Musik herausstudieren? Machen Sie die Augen der Eule tüchtig glühen, ordentliche Fledermäuse herumflattern, lassen Sie sich's auch auf ein paar Gespenster und Gerippe nicht ankommen, nur daß es tüchtig crescendo mit dem Kugelgießen geht!«

Das Beglückendste für den Komponisten war die ständig wachsende Begeisterung aller Ausführenden für das neue Werk. Weber konnte infolge der letzten Verschiebung der Premiere drei Generalproben abhalten. In der letzten gab es sogar noch kleine Pannen: Die Eule konnte einen ihrer Flügel nicht bewegen, der Feuerwagen ratterte ohne Feuerwerk über die Bühne, und Kaspar rief das verhängnisvolle »Sieben!« zu früh. Lina beobachtete diese Versager entsetzt von ihrer Loge aus. Weber blieb auch nach der Probe im Theater und unterstützte die Bühnentechniker bei ihrer diffizilen Arbeit bis in die Nacht hinein. Er hatte eine für die damalige Zeit höchst moderne Einstellung zur Bühnentechnik – wie zur Technik überhaupt. Und in kritischen Situationen bewährte sich zudem stets sein angeborener Realismus, verbunden mit unerschöpflicher Phantasie.

Er kam an diesem Vorabend der Premiere spät, aber befriedigt zurück. Caroline fand er in Tränen aufgelöst vor: Spontini solle eine furchtbare Intrige vorbereitet haben! Weber lachte sie einfach aus. Er blieb heiter und zuversichtlich, und diese unbeirrbare Haltung wirkte beruhigend auf seine Mukkin.

Eines aber war ihm selber innerlich völlig klar: daß diese Premiere die Entscheidung seines Lebens bringen würde. Entweder setzte sein Werk sich durch, und zwar sofort, oder es erlag dem Spontinischen Raffinement, seiner hundertfach erprobten Perfektion. Etwas anderes gab es nicht. Er hatte getan, was er tun konnte; nun lag es an Bühne und Musik, jenen Traum zu verwirklichen, den er durch so viele harte Jahre in sich getragen und genährt hatte.

11. *Der Freischütz* und die Folgen

Am nächsten Vormittag, dem Tag der Premiere, saß Weber stundenlang am Schreibtisch und vollendete sein *3. Klavierkonzert,* das heute noch gern gespielte *Konzertstück f-Moll,* das er 1812 in Prag begonnen, aber nie zu Ende geführt hatte. Der Grundgedanke des Werkes war für ihn mit der schlimmsten Prager Zeit verbunden, als seine innige Beziehung zu Caroline durch ihre eigene Schwarzseherei und die Einflüsterungen der Mutter fast zerbrochen wäre. Das Konzert war noch immer ein Torso. Nun, am Jahrestag von Belle-Alliance, dem Ort, wo sich Blücher und Wellington nach der Niederlage Napoleons bei Waterloo trafen, wurde es vollendet. Carl spielte es seiner Frau und seinem einzigen Schüler aus den frisch geschriebenen Noten vor. Julius Benedikt war aus Dresden gekommen, um die Premiere seines geliebten Meisters mitzuerleben. Er war ein Bankierssohn aus Stuttgart, sechzehn Jahre alt, hochbegabt und sollte von Weber zwölf Lektionen pro Monat erhalten. Doch Carl und Caroline hatten ihn in ihr Leben und ihr Herz wie einen eigenen Sohn aufgenommen. Julius Benedikt, der später in England Karriere machte, hat als erster Autor 1881 eine kleine englische Biographie über Weber veröffentlicht.

Während des Vortrags seines Konzertstücks erzählte Weber seinen Zuhörern, was sich ungefähr in seiner Musik spiegeln sollte: Abschied des Geliebten, sein Kampf im Heiligen Land, Visionen von Verwundung und Tod, Glück der Heimkehr. Benedikt notierte alles fleißig. Doch öffentlich hat Weber diese Inhaltsangabe nie verwendet. Er hatte die klassischen Forderungen der Sonatenform hinter sich gelassen, ohne sich anderen als den eigenen Gesetzen zu fügen; dramatische Ausdruckskraft und beseelte Zartheit der Emp-

◀ Ein Auszug der erfolgreichen Oper für Laien – die »leichte Clavier-Begleitung« wird vermerkt

Königliche Schauspiele.

Montag, den 18. Juny 1821.

Im Schauspielhause.

Zum Erstenmale:

Der Freischütz.

Oper in 3 Abtheilungen (zum Theil nach dem Volksmährchen: Der Freischütz), von F. Kind. Musik von Carl Maria v. Weber.

Personen:

Ottokar, regierender Graf		Hr. Rebenstein.
Cuno, gräflicher Erbförster		Hr. Wauer.
Agathe, seine Tochter		Mad. Seidler.
Annchen, eine junge Verwandte		Mlle. Joh. Eunike.
Caspar, erster } Jägerbursch		Hr. Blume.
Max, zweiter } Jägerbursch		Hr. Stümer.
Samiel, der schwarze Jäger		Hr. Hillebrand.
Ein Eremit		Hr. Gern.
Kilian, ein reicher Bauer		Hr. Wiedemann.
Brautjungfern		Mlle. Henr. Reinwald ꝛc.
Jäger und Gefolge des Grafen	Hr. Michaelis. Hr. Titschow.	Hr. Buggenhagen ꝛc.
Landleute und Musikanten.		
Erscheinungen.		

Scene: In Böhmen. Zeit: kurz nach Beendigung des dreißigjährigen Krieges.

Die sämmtlich neuen Decorationen sind von dem Königl. Decorations-Maler Herrn Gropius gezeichnet und gemalt.

Arienbücher sind das Stück für 4 Groschen an der Kasse zu haben.

Zu dieser Vorstellung sind nur noch Parterre-Billets à 12 Gr. und Amphitheater-Billets à 6 Gr. zu haben.

Anzeige.

Im Opernhause: Der Jude, Schauspiel in 5 Abtheilungen, nach dem Englischen des Cumberland. Hierauf: Der Nachtwächter, Posse in 1 Aufzug, von Th. Körner.

Dienstag den 19. Juny. Im Opernhause: Die Jungfrau von Orleans, romantische Tragödie in 5 Abtheilungen, von Schiller.

Bekanntmachung.

In der Buchhandlung von Duncker und Humblot, französische Straße Nr. 20 a. wird verkauft:

E. v. Houwald das Bild, Trauerspiel in 5 Akten, 1 Rthlr. 12 Gr.
Dessen der Leuchtthurm; die Heimkehr; zwei Trauerspiele, 1 Rthlr.
Bäuerle komisches Theater, 3ter Band, (enthält: die Gespensterfamilie; der Fiaker als Marquis; der verwunschene Prinz), 1 Rthlr. 8 Gr.
Müllners Spiele für die Bühne, Band 1 und 2, (enthalten: der neun und zwanzigste Februar; die Vertrauten; der angolische Kater; die Zurückkunft aus Surinam; die Zweiflerin; die großen Kinder; der Wahn; der Blitz; die Onkelei). 3 Rthlr. 8 Gr.

Anfang 6 Uhr; Ende 9 Uhr.

Die Kasse wird um 5 Uhr geöffnet.

findung bildeten für ihn die äußersten Grenzen solcher Stücke. Eine Handlung, wie sie später in den sinfonischen Dichtungen von Franz Liszt gestaltet wurde, lehnte er bei solistischen Werken ab, während seine drei großen Ouvertüren dieser Form des dramatisch Gesetzhaften sehr nahekommen.*

Wie die Stunden bis zum Beginn der Aufführung für den Komponisten und seine Umgebung vergingen, wissen wir nicht, wohl aber, wie es vor dem neuen Schauspielhaus von Schinkel aussah. Max Maria berichtet: »Die Oper begann um sechs Uhr nachmittags. Vier Stunden vor der Eröffnung belagerte eine kompakte Masse dessen unglaublich unpraktisch angelegte Eingänge... Das Parterre füllt, dicht gedrängt, Kopf an Kopf, die jugendliche Intelligenz, das patriotische Feuer, die erklärte Opposition gegen das Ausländische; Studenten, junge Gelehrte, Künstler, Beamte, Gewerbetreibende, die vor acht Jahren in Waffen geholfen hatten, den Franzmann zu verjagen... Unter Carolines Loge stand Benedikt, die lange schmächtige Gestalt Heinrich Heines... und ein kleiner kräftiger Student mit gewaltiger Lunge und knallenden Händen.«

Vom Hof war niemand erschienen, nur wenige hohe Beamte, keine Uniformen. Alle Zuschauer hatten längst ihre Plätze eingenommen, in dem überfüllten Haus breitete sich bereits unerträgliche Hitze aus. Das Orchester stimmte noch, da wurde plötzlich geklatscht: Weber war eingetreten. Das ganze Haus brach in stürmischen Beifall aus. Dreimal mußte er den Taktstock wieder sinken lassen und sich verneigen, bis endlich der wunderbar geheimnisvolle Anfang der Ouvertüre erklingen konnte. Der Applaus danach war derart, daß er sie wiederholen mußte. Fast jede weitere Musiknummer erhielt lebhaften Beifall, erst am Schluß des ersten Aktes ließ er etwas nach. Gerade die genialsten musikalischen Einfälle, Kilians selbstbewußtes *Schau der Herr mich an als König*, der dissonante Spottchor der Bauern, später Kaspars Trinklied mit seiner verzweifelten Lustigkeit: Diese Nummern lagen so fern dem üblichen Opernklischee, daß sie von einem unvorbereiteten Publikum gar nicht sofort verstanden werden konnten. Es gab an diesem Abend ständig Neues sowohl zu hören wie zu sehen. Doch begannen die Spontinianhänger während des Umbaus ironische Bemerkungen auszutauschen: Diese düstre, langweilige Musik sollte mit dem Klangrausch, der Bilderfülle

* Inhaltsangaben der Opern *Der Freischütz, Euryanthe* und *Oberon* im Anhang.

Moritz von Schwind schuf eine Reihe von Radierungen zum *Freischütz.* Hier Max' Verstrickung in das Böse, von Kaspar überredet

und Großartigkeit der *Olimpia* konkurrieren können? Da wurde es wieder dunkel.

Der Vorhang glitt auseinander, die anmutigen Gestalten von Agathe und Ännchen (Madame Seidler und Johanna Eunicke) beherrschten die Bühne. Ihr lebhaftes Duett, Ännchens *Kommt ein schlanker Bursch gegangen,* zauberten eine neue, hellere Atmosphäre ins Haus. Den Höhepunkt brachte Agathes große Szene: *Wie nahte mir der Schlummer* und das sanfte Adagio des Gebetes: *Leise, leise,* schließlich der selige Jubel, als der Geliebte endlich erscheint. Dramatisch das Terzett mit der unerklärlichen Unruhe von Max, Agathes vergebliches Flehen, er möge die Wolfsschlucht meiden. Doch diese so nahe, so verständliche Menschenwelt ist vergessen, wenn sich der Vorhang über der furchtbaren Schlucht öffnet. Mehr als alle sichtbaren Anzeichen des

Unheimlichen wirkt der von Samiel mit unerbittlicher Härte gesprochene, von Kaspar erregt gesungene Dialog. Im Melodram des Kugeln gießenden Kaspar wird die Schlucht zum Tanzplatz entfesselter Geister und Tiere, eines rasenden Heeres und warnender Symbolgestalten, die vor allem Max, der sich nur ungern dem Teufelswerk nähert, das Bild der Mutter und der Geliebten zeigen. Als Samiel nähertritt und nach Maxens Hand greifen will, schlägt dieser in höchster Not ein Kreuz und stürzt ohnmächtig zu Boden. Es schlägt ein Uhr, der Spuk ist vorüber. Tiefe Stille tritt ein. In düsterem fis-Moll endet der 2. Aufzug.

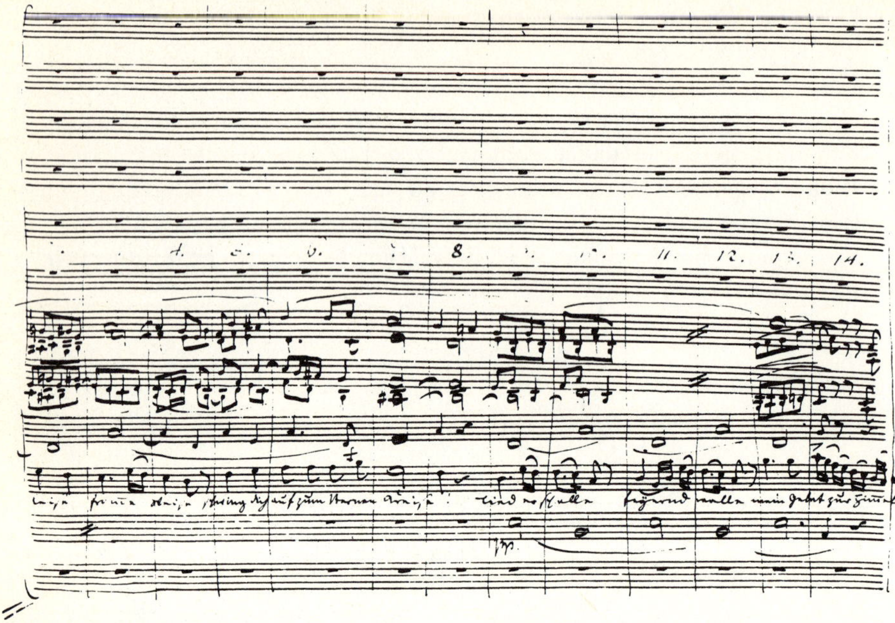

Seite 161/162: Ausschnitt aus Agathes Szene und Arie Nr. 8, zunächst Rezitativ, dann: »Leise, leise, fromme Weise«

Nach spürbarer Besinnungspause rauscht der Beifall auf, wächst, erfaßt das ganze Haus, entfesselt Jubel und Ergriffenheit der Zuhörer, die ausgerechnet vom schwierigsten Akt dieser Oper einen überwältigenden Eindruck gewonnen haben. Das Klatschen hörte und hörte nicht auf, und noch nie waren Pausengespräche so leidenschaftlich geführt worden wie an diesem Abend.

Weber war es gelungen, unbemerkt von fremden Blicken in Linas Loge zu schleichen. Er saß dort in einer dunklen Ecke, ihre Hand in der seinen, fast wortlos, von tiefem Glück erfüllt. Es war die schönste Viertelstunde dieses großen Abends für beide, die Erfüllung einer Hoffnung, die sie jahrelang begleitet hatte und ihnen nun, als Ergebnis übermenschlicher Anstrengungen, gewährt wurde.

Gasparo Spontini (1774–1851), erfolgsgewohnt, höchstbezahlter 1. Kapellmeister des Berliner Hofes; doch gegen die romantischen *Freischütz*-Klänge halfen weder Intrigen noch raffinierte Aufmachung. Spontini begriff es. Webers *Euryanthe* konnte erst aufgeführt werden, nachdem Spontini einen langen Urlaub angetreten hatte

Das neue Schinkelsche Schauspielhaus, in dem der *Freischütz* seine Uraufführung erlebte

In sanften und wilden Gemälden hat Caspar David Friedrich (1774–1840) seine romantischen Vorstellungen verwirklicht. Er lebte zur gleichen Zeit wie Weber in Dresden, begegnet sind sie sich nicht. Doch Friedrichs »Felsenlandschaft im Elbsandsteingebirge« führt den Betrachter in die Atmosphäre der Wolfsschlucht. Wien, Kunsthistorisches Museum

Wilhelmine Schröder-Devrient (1804–1860) wuchs als Tochter einer berühmten Schauspielerin heran, selber darstellerisch hochbegabt. Ihre schöne Stimme, ihr leidenschaftlicher Ausdruck verwiesen sie auf große dramatische Opernrollen. In Dresden gewann sie als »Fidelio« die Herzen des Publikums. Sie wurde eine der ersten Wagnersängerinnen. Ölgemälde von C. J. Begas, Dresden, Gemäldegalerie

Staberl als Freischütz. Münchener Parodie von Carl. Zeichnung von Schoeller

Triptychon zum *Freischütz* im Foyer der Wiener Oper von Moritz von Schwind

Mit tänzerischem Elan leitete dann der Entreakt zum letzten Aufzug über; es ist eine von der Opéra comique übernommene Form des Zwischenspiels. Agathes Cavatine wirkte nach den aufwühlenden Eindrücken der Wolfsschlucht wie ein frischer Trunk: In Webers schönsten Melodien ist etwas von der reinen Substanz des echten Volksliedes enthalten. Die nachkomponierte Romanze mit Arie *Einst träumte meiner sel'gen Base* mit ihrem Bratschenarpeggio sang Ännchen vollends zum Entzücken der Zuhörer; dann wieder verbreitete der *Jungfernkranz* höchstes Volksliederglück. Nicht nur Opern-

besucher, ganz Berlin sollte sehr bald diesen »Ohrwurm« singen, pfeifen und summen. Die feine Hinwendung zum Moll, als während des Gesanges versehentlich eine Totenkrone statt des Kranzes auftaucht, werden die Hörer damals unbewußt empfunden, doch kaum registriert haben. Nach der letzten Verwandlung rauschen noch einmal Waldeslust und Hörnerklang auf – dann wird das arglose Bild biedermeierlichen Friedens durch die schauerliche Wirkung von Max' letztem Probeschuß zerstört. Eine Taube sollte er herunterholen, doch diese flüchtet rechtzeitig. Agathe sinkt in Ohnmacht, der Eremit, plötzlich auf der Szene, fängt sie in seinen Armen auf. Es ist ihr nichts geschehen. Doch Kaspar wälzt sich fluchend in seinem Blut – er selber ist das Opfer seiner gottlosen Bosheit geworden.

Max steht verstört da, sein flehender Blick sucht Agathe, stockend beginnt er seine Beichte. Soll er wirklich verstoßen, von Agathe für immer getrennt und des Landes verwiesen werden, wie Fürst Ottokar fordert? Es ist der weise Eremit, der ein gerechtes Urteil vorschlägt: Nach einem Jahr der Bewährung sollen die Liebenden miteinander vereint werden; der Probeschuß aber, unmoralisch und grausam, wird abgeschafft. Diesem Spruch beugen sich alle. Noch einmal, nun in chorischer Fassung, erklingt die Agathenmelodie, die das aufregende Drama mit fast religiösem Ernst beschließt. Etwas von dieser Stimmung spricht aus Webers Tagebucheintragung, die er sicher erst spät in der Nacht vornehmen konnte:

»Der Freischütz wurde mit dem unglaublichsten Enthusiasmus aufgenommen. Ouvertüre und Volkslied da capo verlangt, überhaupt von 17 Musikstücken 14 lärmend applaudiert. Alles ging aber auch vortrefflich und sang mit Liebe; ich wurde herausgerufen und nahm Madame Seidler und Mlle. Eunicke mit heraus, da ich der anderen nicht habhaft werden konnte. Gedichte und Kränze flogen. Soli Deo Gloria!«

Auf das Zusammensein nach der Premiere mit dem engsten Kreis der Freunde und den Hauptdarstellern hatten sich beide Webers besonders gefreut. Treffpunkt war der Jagorsche Saal Unter den Linden, festlich erhellt und blumengeschmückt, wie sie es liebten. Beers, Lichtensteins, Benedikt, Rellstab, Gubitz und E. T. A. Hoffmann bildeten mit den Sängern einen Kreis »feiernder Liebe«. Aber dabei blieb es nicht. Schon während der Beifallsstürme im Theater hatte Weber ein – sicher gut gemeintes – Gedicht beunruhigt, das in großen Mengen auf die Bühne und ins Publikum geworfen wurde. Es schloß mit einer kränkenden Anspielung auf Spontinis *Olimpia:*

»Und wenn es auch keinem Elefanten gilt,
Du jagst wohl nach anderem, edlerem Wild!«

Während Weber lächelnd seinen Platz zwischen den Freunden einnahm und dem allgemeinen, enthusiastischen Gespräch lauschte, dachte er darüber nach, auf welche Weise er diese schlimme Entgleisung entschärfen könne. Er wollte der »Vossischen Zeitung« ohnehin einen Dank an alle Mitarbeiter senden, darin mußte er versuchen, Spontini sein Bedauern über den Vorfall auszudrücken. Aber es war ihm klar, daß der eitle, leicht verletzbare Mann solche Höflichkeit erst recht als Beweis für Webers »Schuld« ansehen würde. Und die Hoffnung, jemals als Operndirigent nach Berlin zu kommen, mußte er jedenfalls begraben.

Inzwischen hatte der Schriftsteller und Verleger Gubitz begonnen, ein eben an der Tafel entworfenes Opus auf den *Freischütz* vorzulesen. E. T. A. Hoffmann, der neben Caroline saß, verschwand plötzlich unter dem Tisch und tauchte erst, als Gubitz schloß, mit einem unmäßig großen Lorbeerkranz wieder auf. Er drückte ihn auf Webers schmale Schläfen und rief, unangenehm kreischend: »Ist er nicht herrlich wie Tasso?« Danach begann er, boshaft witzelnd, sich über die Wolfsschlucht auszulassen: den Takt des Blinzelns der Eule, das Strahlower Fischzug-Feuerwerk und ähnliches. Die Stimmung im Jagorschen Saal sank auf den Nullpunkt. Caroline, nach wochenlanger innerer Anspannung am Ende ihrer Kräfte angelangt, brach in Tränen aus. Die so liebevoll geplante Feier endete mit einem Mißklang.

Weber blieb trotzdem ruhig und gelassen. Der Erfolg seiner Oper war unleugbar, eine Realität, daran ließ sich nicht mehr rütteln. An Kind schrieb er unter dem Eindruck des Berliner Erfolges einen herzlichen Brief: »Kein Mensch erinnert sich, eine Oper so aufgenommen gesehen zu haben, und nach der *Olimpia,* da alles getan wurde, ist es wirklich der vollständigste Triumph, den man erleben kann. Welchen Dank, mein teurer Kind, bin ich Ihnen für diese herrliche Dichtung schuldig; zu welcher Mannigfaltigkeit gaben Sie mir Anlaß, und wie freudig konnte sich meine Seele über Ihre herrlichen, tief empfundenen Verse ergießen. Ich umarme Sie wahrhaft gerührt in Gedanken und bringe Ihnen einen der schönen Kränze mit...«

Doch Kind war verreist, und als er auf Webers Brief schließlich reagierte, äußerte er sich gekränkt und verbittert. Weber sei schuld, daß man den Textdichter über dem Komponisten vollständig vergessen habe! Weber antwortete ihm sofort, beschwörend und aufklärend, mit ehrlicher Sympathie. Zunächst schien es, als sei ihre Freundschaft nicht ernstlich verletzt. Doch die nächste Gelegenheit zur Verstimmung ließ nicht lange auf sich warten. Weber hatte durch die Aufführung des *Freischütz* in ganz Deutschland mehr Geld verdient als je zuvor. Deshalb bat er Kind, noch einmal die gleiche Summe anzunehmen, die er ihm seinerzeit für den Erwerb des Textes bezahlt hatte. Doch Kind reagierte beleidigend und feindselig, Weber zog sich still zurück. Die ursprünglich geplante Zusammenarbeit an der Oper *Cid* wurde ad acta gelegt. Damit verlor Weber den einzigen Librettisten, der ihm ein geeignetes neues Buch hätte schreiben können.

Dresden war nach dem Berliner Überschwang, dem Verständnis seiner Künstler, Intellektuellen und vor allem der Jugend für ihn öde und leer. Natürlich war die Botschaft von dem großen Erfolg des Königlich Sächsischen Kapellmeisters auch hierher gelangt; doch kein Vertreter des Hofes, kein Kollege interessierte sich ernstlich dafür. Erfolge »im Ausland« waren kein Thema. Statt dessen las Weber nun allerhand Zeitungsbesprechungen, auch private Meinungen wurden ihm bekannt. Er war stets überempfindlich für Kritiken, vor allem für solche, aus denen mangelnde Sachkenntnis sprach. Und gerade das war in einem großen Teil der Presse zu spüren. Webers Werk und seine dramatische Führung, das Unheimliche, Zerstörerische neben der gläubigen Kraft, überhaupt die Durchdringung von Realismus und Zauberwelt waren etwas völlig Neues für die meisten Hörer. Die Musik der Wolfsschlucht entwickelte instrumentale Klänge, die zunächst erschreckend wirkten und bei einmaligem Hören gar nicht zu verstehen waren. Auch wurde in den Gazetten mehrfach der Zweifel geäußert, ob er in dieser Musik nicht an den äußersten Grenzen seiner Natur angelangt sei, ob es ihm überhaupt möglich sein würde, eine »richtige« große Oper, durchkomponiert und ohne gesprochene Dialoge, zu schaffen.

Am verständnislosesten äußerten sich Persönlichkeiten, die es eigentlich besser hätten wissen müssen. So schrieb Carl Friedrich Zelter als eingeschworener Vertreter der musikalischen Klassik an Goethe: »Von eigentlicher Leidenschaft habe ich vor allem Gebläse wenig gemerkt. Die Kinder und Weiber sind toll und voll davon; Teufel schwarz, Tugend weiß, Theater belebt, Orchester in Bewegung, und daß der Komponist kein Spinozist ist, magst Du daraus abnehmen, daß er ein so kolossales Werk aus obengenanntem Nihilo geschaffen hat.« Tieck, der an Weber echtes Interesse nahm, soll den *Freischütz* »das unmusikalischste Getöse, das je über die Bühne getobt ist« genannt haben. Und Louis Spohr führte den ungeheuren Erfolg vor allem auf Webers Gabe zurück, »für den großen Haufen schreiben zu können«.

Am schmerzlichsten berührte ihn eine Besprechung, die E. T. A. Hoffmann zugeschrieben wurde (was sich später als Irrtum herausstellte). Aber der Inhalt, die kaum verborgene Vorliebe für Spontini, die überhebliche Behauptung, Webers Werk »sei gerade zur rechten Stunde erschienen und wäre eine Stunde später zu spät gekommen«, schmerzte ihn tief.

In dieser prekären Situation hatte Carl Maria, wie so oft, keinen Gesprächspartner. Caroline mußte er nach der Rückkehr aus Berlin zu einer Kur nach Bad Schandau bringen; ihre angegriffene Gesundheit bedurfte dringend einer Ruhepause. Weber brachte sie im eigenen Wagen hin. Die Trennung fiel beiden sehr schwer. Dabei war Schandau ja nur fünf Meilen von Dresden entfernt! Die Dämmerung brach schon herein, als er auf der Rückfahrt bei Pirna die Elbe erreichte, um sie in einer Fährschelde zu überqueren. Während der Vorbereitungen hierzu war ein schweres Gewitter aufgezogen; das Schwanken der Fähre, die Blitze, die sich im aufgewühlten Wasser spiegelten, und der ihnen folgende Donner schreckten die Pferde. »Sie begannen sich zu bäumen, und ehe Weber aus dem Wagen springen konnte, hatten sie ihn bis an den Uferrand gerissen.« Ein Bootsmann griff ein, ein zweiter half – Wagen, Pferde und Insassen waren gerettet. Weber war von der plötzlichen Todesgefahr so verstört, daß er noch in derselben Nacht ein Testament entwarf, in dem er allen Besitz seiner Caroline vermachte.

In der folgenden Zeit arbeitete er fleißig an den *Drei Pintos*, von denen er sich mit Recht Erfolg versprach. Gleichzeitig beschäftigte ihn eine Anfrage des Kurfürstlichen Hofes zu Kassel, der ihm die Direktion der dortigen Oper mit einem Gehalt von 2500 Talern anbot, 1000 mehr als in Dresden. Und gerade jetzt war Lina nicht da! Er unterrichtete sie brieflich sehr genau: die Ehre, das Glänzende dieser Anfrage – aber auch sein Unbehagen, wenn er sich vorstellte, er solle Dresden, seine Oper, Hosterwitz verlassen! Herrn von Könneritz, seinem Intendanten, schrieb er ebenfalls ausführlich. Er legte den Brief des Kasseler Generaldirektors bei und äußerte sich sehr offen:

»Ich kann das aus eigener Erfahrung entsprungene Gefühl nicht verscheuchen, daß die deutsche Oper allerhöchsten Ortes nur geduldet wird… Ich mußte die höchst niederschlagende Erfahrung machen, daß, je eifriger ich nach Überzeugung meine Pflicht tat, je unangenehmer, je mißfälliger mußte ich fürchten allerhöchsten Ortes zu werden… Die Werke, die ich vorzubringen wagte, wurden mit Stillschweigen übergangen. Beweis der Zufriedenheit konnte das nicht sein. Meine Dienstleistungen überhaupt, die laut Dekretes

Das primitive Theater »Auf dem Linkeschen Bade«, das Weber, statt des gründlich renovierten Morettischen Hauses, für die deutsche Aufführung von *Don Giovanni* zugewiesen wurde. Das Hoftheater wurde mit einer italienischen Oper eingeweiht

gleichförmig mit anderen sein sollten, wurden wiederholt auf mich sehr kränkende Weise anders angeordnet... Je mehr Beweise von Teilnahme und Achtung mir das Ausland gab und täglich gibt, desto schmerzlicher vermisse ich dieses in dem Verhältnis, dem ich alle meine Kräfte, mein Streben, meine Gesundheit in vollstem Eifer weihte.«

Es gab lange Überlegungen hinter den verschlossenen Türen des Hofes. Könneritz setzte sich mit voller Überzeugung dafür ein, daß Webers Gehalt beträchtlich erhöht werde müsse; aber zum Schluß endeten die Überlegungen des Hofes darin, daß man ihm 300 Taler mehr gab: Er hing ja so an Dresden, er würde gar nicht fortwollen! Morlacchi aber, der kein Angebot vom »Ausland« erhalten hatte und ein erheblich höheres Jahreseinkommen bezog, wurde ebenfalls mit einer Erhöhung um 300 Taler bedacht – damit er sich nicht gekränkt fühlte.

Daß Weber nicht fortwollte von Dresden, stimmte durchaus. Aber die Ursache war nicht in der finanziellen Situation begründet, sie war in seiner schon sehr schwankenden Gesundheit zu suchen, in der Sorge, den Strapazen des nochmaligen Aufbaus einer großen Oper gar nicht mehr gewachsen zu sein. Das, was er in seinem Brief an Könneritz so deutlich ausgesprochen hatte – die ewigen Kränkungen, die Weigerung, seinen Status wirklich anzuerkennen –, all das kam nicht mehr zur Sprache. Es blieb, wie es von Anfang an gewesen war. Weber tat noch ein übriges: Er empfahl mit Einsatz seiner künstlerischen Autorität Louis Spohr als Kapellmeister für Kassel, der das Amt mit Vergnügen annahm und von 1822 bis 1857 verwaltete. Zur Einweihung des renovierten Hoftheaters sollte Weber Mozarts *Don Giovanni* zum erstenmal mit deutschem Text aufführen. Mit Liebe und Sorgfalt besorgte er die Einstudierung. Ganz plötzlich, im letzten Moment sozusagen, wurde die Mozartoper in das unzulängliche Theater auf dem Linkeschen Bade verwiesen. Der Grund: Das reizvoll erneuerte Hoftheater sollte durch die italienische Oper mit der *Donna del Lago* von Rossini eröffnet werden.

Es war in diesem Herbst 1821, daß Weber, der sich schon lange krank und erschöpft fühlte, zum erstenmal einen Blutsturz erlitt. Man kann sich vorstellen, mit welchen Gefühlen Carl und Lina dies Warnungszeichen aufnahmen. Man wußte damals, was es zu bedeuten hatte – und daß es kein wirksames Mittel gegen die Lungentuberkulose gab.

Carl Maria von Weber im Gespräch mit dem Musiker Johann Christian Lobe

In dem Freischütz liegen zwei Hauptelemente, die auf den ersten Blick zu erkennen sind: Jägerleben und das Walten dämonischer Mächte, die Samiel personifiziert. Ich hatte also bei der Komposition der Oper zunächst für jedes dieser beiden Elemente die bezeichnendsten Ton- und Klangfarben zu suchen... Die Klangfarbe, die Instrumentation für das Wald- und Jägerleben, war leicht zu finden: die Hörner lieferten sie. Die Schwierigkeit lag nur im Erfinden neuer Melodien für die Hörner, die einfach und volkstümlich sein mußten...

Die wichtigste Stelle für mich waren die Worte des Max »Mich umgarnen finstere Mächte«, denn sie deuten mir an, welcher Hauptcharakter der Oper zu geben sei...

Ich habe lange und viel gesonnen und gedacht, welcher der rechte Hauptklang für dies Unheimliche sein möchte. Natürlich muß es eine dunkle, düstre Klangfarbe sein, also die tiefsten Regionen der Violinen, Violen und Bässe, dann namentlich die tiefsten Töne der Klarinette, die mir ganz besonders geeignet zu sein scheinen zum Malen des Unheimlichen, ferner die klagenden Töne des Fagotts, die tiefsten Töne der Hörner, dumpfe Wirbel der Pauken oder einzelne dumpfe Paukenschläge...

Etwas Unerklärliches bleibt indes immer übrig. Wenn zehn Komponisten, die mir an Talent ganz gleich stünden, nach denselben Grundsätzen, die mich leiteten, den Freischütz komponiert hätten, würde jeder eine andere, mancher vielleicht eine bessere Musik, die Webersche gewiß nicht, geschaffen haben. Was die meinige gerade so gemacht hat, wie sie geworden, ist eben meine Eigentümlichkeit...

12. »...nicht nötig, Opern zu schreiben«

Mitten in dieser für ihn aussichtslos erscheinenden Zeit kam ein Signal aus Wien. Am 11. November 1821 schrieb ihm Domenico Barbaja, der Pächter des Kärtnertor-Theaters und der Mailänder Scala, ob er für die Saison 1822/23 eine Oper im Stile des *Freischütz* für Wien komponieren könne, und bat um Antwort und eventuelle Vorschläge. Die Familie Louis Spohr erlebte als Besuch die Ankunft dieses Briefes mit; der Hausherr ließ Sekt kommen und stieß mit Caroline und den Gästen auf diese großartige Aussicht an. Mit einem Schlage war seine düstere Stimmung verflogen, er strahlte vor Glück und Tatendrang.

Zunächst teilte er Minister Einsiedel Barbajas Anfrage mit; er hatte ihm jeden Auftrag von außerhalb zu melden. Gleichzeitig gab er zu verstehen: Wenn der König die zu seiner Huldigung vorgesehene Oper *Die drei Pintos* als nächste Premiere wünsche, würde er auf den Wiener Auftrag verzichten. Nach einigen Tagen wurde ihm mitgeteilt, daß man erst den Erfolg des *Freischütz* abwarten müsse, dessen Einstudierung, wie bekannt, seit längerem vorgesehen war; auch sei es nicht zu verantworten, zwei kostspielige Opern desselben Komponisten hintereinander zur Erstaufführung zu bringen.

Weber ging nun auf Barbajas Vorschlag ein, erklärte ihm aber, daß er eine große Oper mit durchgehender Musik zu gestalten wünsche, kein Singspiel. Barbaja war auch damit einverstanden. Das Honorar wurde auf 720 Taler festgesetzt, zusätzlich die Vergütung der Reisekosten für eine Studienfahrt nach Wien; Weber wollte Sänger, Orchester, Chor und Bühneneinrichtungen kennenlernen. Für ihn war die Hauptsorge der Text, der Librettist. Mit Kind war eine Zusammenarbeit nicht mehr denkbar, Tieck und andere hatten sich zur Ausarbeitung eines Operntextes nie richtig entschließen können. Er dachte schließlich an Wilhelmina von Chézy, die er aus dem »Liederkreis« kannte; sie hatte dort vor kurzem eine Novelle sehr anschaulich vorgetragen.

Die Schriftstellerin Helmina von Chézy, die auf Webers Wunsch den Text der *Euryanthe* schrieb. Bleistiftzeichnung von Wilhelm Hensel

Das ermutigte ihn, sie zu fragen, ob sie Lust hätte, ihm einen Operntext zu schreiben. Nun, Lust hatte sie schon, aber nicht die geringste Erfahrung auf diesem Gebiet, was sie Weber auch sofort sagte.

Ihr Lebenslauf war merkwürdig und eigentlich trist. Sie stammte aus Berlin, eine geborene von Klencke, war sehr früh mit einem Offizier verheiratet worden und, nachdem die Ehe zerbrach, nach Paris gegangen. Dort schloß sie sich eng an Friedrich und Dorothea Schlegel an und beschäftigte sich überwiegend mit alten romantischen Dichtungen. Sie ging eine zweite Ehe mit dem Orientalisten Léonard de Chézy ein; nach einigen Jahren verließ sie ihn mit zwei Söhnen, kehrte nach Deutschland zurück und lebte seit 1817 in bescheidenen Verhältnissen in Dresden. Zu ihrer Charakterisierung schreibt Max Maria von Weber: »Helmina hatte in letzter Zeit ihre schöne Gestalt, auf die sie sehr eitel war, verloren und war dick und unförmig geworden. Der Schmerz hierüber hatte ihrem sonst heiteren und offenen Charakter eine reizbare, zänkische und rechthaberische Richtung gegeben, die den Verkehr mit ihr schwermachte.«

Das Angebot von Carl Maria, der in den letzten Jahren zu internationalem Ruhm aufgestiegen war, bedeutete für sie eine einmalige Chance. Sie war fest entschlossen, diese zu nutzen. Sehr bald schon schlug sie ihm Themen vor, die aus Schlegels *Sammlung romantischer Dichtungen* stammten. Doch nicht *Melusine, Griseldis* oder *Magelone* entzückten Carl Maria, sondern *Die Geschichte von Gérard de Nevers und der tugendsamen Euryanthe.* Helmina hatte den Urtext seinerzeit für Schlegels übersetzt, die Dichtung erschien 1804 in Leipzig. Die Handlung der Geschichte war äußerst verwickelt und undramatisch; es ist unverständlich, daß ein so erfahrener Theaterkenner wie Weber an seinen Freund Lichtenstein schreiben konnte: »Das Gedicht halte ich für höchst ausgezeichnet, das mir Helmina von Chézy gemacht hat.«

Den Grundinhalt der Fabel bildet eine Tugendprobe zwischen zwei rivalisierenden Rittern auf Grund einer Wette. Euryanthe besteht sie nicht, weil angebliche Freunde – das intrigante Paar Lysiart und Eglantine, die ihr die Liebe Adolars nicht gönnen – mit groben Lügen ihre Untreue beweisen. Dieses Motiv kommt schon in frühen Rittergeschichten des 13. Jahrhunderts vor und taucht in etwas veränderter Form im Laufe der Jahrhunderte immer wieder auf; so im zweiten Band des *Decamerone* wie auch in Shakespeares *Cymbeline.* Immer läßt sich der naive Gatte oder Liebhaber nur allzu leicht von der Treulosigkeit seiner Partnerin überzeugen. In Helminas Fassung gelingt es Lysiart mit Eglantines Hilfe, Euryanthe heimlich im Bade zu beobachten und durch die Beschreibung eines veilchenförmigen Muttermals auf ihrer Brust seinen »Kavalierserfolg« glaubwürdig zu machen. Weber erkannte bald die Ungereimtheiten in Helminas Entwurf und war bemüht, den musikalischen Aufbau knapp und folgerichtig zu entwickeln, doch der Text ist bei einer Oper nun einmal die Grundlage. Schließlich griff er selber ein, wodurch er offenbar die unbedingt nötige Distanz zu den Mängeln des Buches verlor.

Statt der Badeszene, die die strenge Wiener Zensur nie erlaubt hätte, wurde nun eine verblasene Geschichte von Adolars verstorbener Schwester Emma eingeführt, die beim Kampfestod ihres geliebten Mannes die Sünde des Selbstmordes begangen hatte und deren Geist seitdem ruhelos umgetrieben wurde. Nur die Tränen einer Unschuldigen, die den mit Gift gefüllten Ring benetzten, konnten der Unglücklichen die ewige Ruhe schenken. Doch die Erzählung von zwei Menschen, die den Zuschauern unbekannt und außerdem schon lange tot waren, schuf keine dramatische Spannung, und noch weniger ließ sich dadurch Euryanthes Schuld beweisen. Sie hatte Eglantine allzusehr vertraut, gewiß, doch jetzt, wo sie der übelsten Verleumdung widersprechen müßte, verstummt sie fast ganz. Das kümmerte Weber seltsamerweise kaum. Für ihn war durch die Geisteratmosphäre das ersehnte Gegenstück zu den dramatisch und szenisch lebendigen Ritterpartien mit ihrer klaren, diatonischen Musik gegeben. Am faszinierendsten spricht sich der untergründige Kontrast im chromatisch überreichen, zugleich aber durchsichtig gesetzten Largo der Ouvertüre aus.

Webers persönliche Situation war in dieser Zeit der Vorbereitung nur schwer zu bewältigen. Die Überforderung im Dienst, die Abnahme seiner physischen Kräfte, von der er wenig sprach, die er aber im Tagebuch nüchtern registrierte, ließen es notwendig erscheinen, daß er nicht nur ein geeignetes Buch für den Wiener Auftrag vorweisen konnte – schon das war schwer genug –, es mußte auch sofort, jetzt und hier, vorhanden sein! Von nun an begann der Wettlauf mit dem Tod. Seine Tagebuchaufzeichnungen, knapp und tapfer, machen deutlich, daß er wußte, welches Ende ihn erwartete. Der heitere, unwiderstehliche, Liebenswürdigkeit ausstrahlende Carl Maria trat nur noch selten in Erscheinung. Jede Geselligkeit – die er so sehr liebte –, jeder ausgedehnte fröhliche Abend kostete ihn Kraft, Lebenskraft.

Über die Mängel des Librettos sprach er mit Tieck und anderen Autoren, ohne Erfolg. Kein Kollege wollte seinerseits Änderungen am Buch der Chézy vornehmen, und gegen manche neuen Vorschläge sträubte sich Weber heftig. Er schlug seinerseits Helmina allerhand Änderungen vor, hatte zum Beispiel die Idee, die Geschehnisse um Emma während des Largos der Ouvertüre – der Geistermusik also – in der Art lebender Bilder auf der Bühne zu zeigen. (Lebende Bilder waren damals allgemein beliebt.) Doch sprach zuviel dagegen, auch später in Wien, Weber ließ den Gedanken daher fallen. Erst nach zahlreichen Umarbeitungen des 3. Aktes war der Text, an den sich der Komponist nun halten mußte, fertig. Doch fühlte er wohl damals schon, daß die künstlich herbeigeführten Komplikationen den Ablauf des Ganzen beschwerten, daß die Spannung stellenweise durchhing, trotz der dramatisch überzeugend durchkomponierten Rezitative.

Weber wollte in seiner Oper die Summe seiner gesamten musikalischen und theatralischen Kenntnisse niederlegen; für ihn war *Euryanthe* sein Lebenswerk schlechthin. Als der Akademische Musikverein in Breslau eine konzertante Aufführung plante, lehnte er das Vorhaben mit dem Satz ab: »Euryanthe ist ein rein dramatischer Versuch, seine Wirkung nur von dem vereinigten Zusammenwirken aller Schwesterkünste hoffend, sicher wirkungslos, ihrer Hilfe beraubt.« Das sind Worte, wie sie später Richard Wagner gebrauchte. Nur das Wort Gesamtkunstwerk war 1823 noch nicht gefallen.

Während dieser Zeit ständiger Überforderung mußte Weber die Dresdener Erstaufführung des *Freischütz* vorbereiten. Er hatte für die Bühnenbilder und die Erscheinungen der Wolfsschlucht Berliner Entwürfe zum Vorbild genommen, die Kostüme aber von dem begabten jungen Ferdinand Heine nach Vorlagen aus der Zeit des Dreißigjährigen Krieges entwerfen lassen. Heine wurde später ein tüchtiger Mitarbeiter von Wagner.

Die Dresdener Vorstellung wirkte als Ganzes sehr eindrucksvoll und in sich geschlossen, der Applaus war überwältigend, sowohl für Weber wie für sein Ensemble. Er hätte am liebsten jeden einzelnen der Mitwirkenden vor den Vorhang geholt, auch die glänzenden Techniker. Der große Erfolg des *Freischütz* bildete noch tagelang das Hauptthema für alle Theaterbesucher; nur der Hof verlor kein Wort darüber, wie gewöhnlich.

Unter den vielen begeisterten Zuhörern war einer, für den der *Freischütz* mehr bedeutete als eine gelungene Opernaufführung. Es war ein kleiner Junge von neun Jahren und wohl der verständnisvollste Opernbesucher, den Weber sich wünschen konnte. Er schrieb später über den unauslöschlichen Eindruck, den Webers Musik und seine Persönlichkeit auf ihn gemacht hatten: »Das schmale feine Gesicht mit den lebhaften und doch häufig umschleierten Augen bannte mich in Schauern fest; sein stark hinkender Gang, den ich oft vom Fenster aus wahrnahm, wenn der Meister um die Mittagszeit aus den ermüdenden Proben seinen Heimweg an unserem Hause vorbei nahm, kennzeichnete meiner Imagination den großen Musiker als ein ungewöhnliches, übermenschliches Wesen.«

Die Mutter stellte Weber den kleinen Verehrer vor, er fragte ihn freundlich, ob er später Musik studieren wolle. Aber der Junge brachte kein Wort heraus. Die Mutter erzählte, daß er zwar auf den *Freischütz* ganz versessen sei, sonst aber nichts auf ein musikalisches Talent hinweise. Und doch spielte sich im Gemüt des Kindes bereits ein leidenschaftlicher Prozeß ab: nicht Kaiser und König wollte er sein, aber so dastehen und dirigieren! – das war sein brennender Wunsch. Er sollte in Erfüllung gehen: Der Junge hieß Richard Wagner.

Am 10. Februar 1822 begab sich Weber auf seine Studienreise nach Wien. Gleich nach der Ankunft ging er in eine Aufführung seines *Freischütz*. Es war ihm schon zu Ohren gekommen, daß die Wiener Zensur grausam gewütet hatte: Es gab keinen Eremiten, nur einen weltlichen Einsiedler, Samiel war gestrichen, man hörte lediglich die »Stimme eines bösen Geistes«. Statt der unheimlichen Freikugeln gab es »verzauberte Bolzen«. Weber gelang es schließlich, wenigstens die Bewilligung der Freikugeln und des Teufels zu erhalten, als er die Oper zur Benefizvorstellung der jungen hochbegabten Wilhelmine Schröder dirigieren sollte. Die Begeisterung, die ihn in Wien auf Schritt und Tritt umgab, war enorm: »Ich gehe wie ein Fangball von einer Hand in die andere«, schrieb er an Caroline. »Du kannst Dir wirklich keinen Begriff von der Verehrung und Liebe machen, mit der mir alles entgegenkommt.« Leider konnte er die Strapazen dieses Trubels nicht verkraften. Er bekam »einen so heftigen Husten und Krampf im Kehlkopf, daß man eine Luftröhrenentzündung befürchtete«.

Am 7. März dirigierte er trotz seines geschwächten Zustands die Vorstellung mit der Schröder als Agathe; das Wiener Publikum hörte die Oper, auch musikalisch, zum erstenmal in authentischer Wiedergabe. »Mehr Enthusiasmus kann es nicht geben, und ich zittre vor der Zukunft, da es kaum möglich ist, höher zu steigen.«

Weber dachte voller Sorge an *Euryanthe*. Ende März reiste er zurück. Er hatte sich genau über die Sänger, das Orchester und den Chor orientiert, die ihm zur Verfügung stehen würden, und sich mit Barbaja über noch ausstehende Fragen geeinigt. Und noch etwas anderes hatte er getan: die Neigungen und Abneigungen der musikinteressierten Wiener Gesellschaft erforscht, ihre verschiedenen Kreise. Der größte und einflußreichste, zu dem der gesamte Hof gehörte, bestand aus Anhängern der Italiener. Den kleineren und kultivierteren Kreis stellten die echten Musikliebhaber, die sich in der »Gesellschaft der Musikfreunde« zusammenfanden und größtenteils selber musikalisch tätig waren. Sie bewunderten Beethoven, gingen in Konzerte, die Werke von Gluck, Haydn und Mozart boten, oder zu den Kammermusikaufführungen des auf Beethoven eingeschworenen »Schuppanzigh-Quartetts«. Ihretwegen hatte Weber die mehrstimmigen Partien, besonders in der Ouvertüre, vertieft und ihnen größere Bedeutung verliehen. Der dritte, kleinste, aber sehr lebendige Kreis bestand aus den Anhängern der »Ludlams Höhle«, einer »Unsinnsgesellschaft«, der viele bekannte Künstler angehörten. Das Vorlesen neuer Werke wurde auf echt wienerische Art mit Trinken und Schmausen und allerlei Neckereien und komischen Riten verbunden.

Nach der Rückkehr widmete er sich zunächst familiären Ereignissen. Beim Umzug in eine bequemere und schönere Wohnung im 1. Stock der Galeriestraße 18 konnte ihm Caroline diesmal nicht helfen. Am 25. April 1822, während Carl eine Messe in der Hofkirche dirigierte, brachte sie nach vier enttäuschten Hoffnungen einen gesunden kräftigen Jungen zur Welt. Er erhielt die Namen Maximilian Maria Philipp Christian und wurde in zärtlichem Kauderwelsch Max, Mäzze oder Matz gerufen. Caroline stillte selber – was damals noch durchaus nicht üblich war –, und der Kleine gedieh. Seit langer Zeit waren Mutter und Vater endlich wieder einmal restlos glücklich. Sie freuten sich auf den Sommer in Hosterwitz. Schon am 15. Mai konnten sie übersiedeln.

Wie immer kamen Kollegen, Freunde vom Liederkreis, auch auswärtige Gäste zu Besuch. Unter ihnen Tieck, Jean Paul »mit schnaubendem Pudel und geschraubter Jugendlichkeit«, wie Max Maria später kritisch in seiner Biographie anmerkt. Weber schätzte Jean Paul offenbar mehr als Autor, weniger als Menschen. Hier besuchte ihn auch Wilhelm Müller, der ihm einen Band seiner volksliedhaft-sanglichen Lyrik widmete; die *Winterreise,* später von Schubert vertont, befand sich auch darin. Sicher hoffte Müller im stillen, daß der von ihm verehrte Weber einige seiner Gedichte vertonen würde. Doch für Weber existierte das Lied noch nicht als eigene Kunstform, es erhielt seinen Stellenwert vor allem als Ausdruck persönlicher Empfindung. Er verlangte auch keine berühmte Literatur zur Vertonung; er war glücklich, wenn ihm zu Versen wie *Schlaf, Herzenssöhnchen* eine Melodie von der Reinheit, der schlichten Vollkommenheit alter Volkslieder einfiel.

Lieder waren damals eine Art Hausmusik von großer Vielfalt. Es gab Trink- und Liebeslieder, Balladen, Arietten, Schelmenlieder und vieles andere mehr. Die Wirkung, die Weber mit seinen eigenen Kompositionen erzielte, wird durch seine phantasievolle Gitarrenbegleitung, seinen persönlichen Charme noch gesteigert worden sein. Erst Franz Schubert hat dem Lied eine ganz unbekannte Welt eröffnet, er hat, als erster nach Beethoven, die verinnerlichte Form des Gesangszyklus entwickelt, durch die Wilhelm Müllers schlichte Verse in eine neue Dimension versetzt wurden.

Die Komposition der neuen Oper schritt gut voran, auch nach der Rückkehr in die Galeriestraße 18. Durch unerwartete Einnahmen, teils Drucklegungen, teils durch die weiteren erfolgreichen Aufführungen des *Freischütz* überall in Deutschland, hatte Weber zum erstenmal die Möglichkeit, sein Heim ganz nach seinen Vorstellungen auszustatten. Er saß zufrieden »auf bezahlten Stühlen zwischen bezahlten Tapeten«. Da er selber gerne Gäste empfing, wenn er sich nur einigermaßen wohl fühlte, so besuchte er auch seinerseits gemütliche Lokale, z. B. die italienische Weinstube von Chioppone, ein Treffpunkt für Künstler und deren Freunde. Karl von Holtei, Schriftsteller und Schauspieler, ist Weber dort zuweilen begegnet und hat charakteristische Züge des von ihm verehrten Mannes festgehalten:

»Weber konnte sehr ernsthaft sein, wo es galt, aber wo es darauf ankam, sich gehenzulassen, zwanglos lustig zu scherzen, da gab er sich ohne Rückhalt hin, da wurde er kindisch, und sein anmutiges Benehmen wirkte bezaubernd auf jeden Genossen, der eben nicht völlig eingetrocknet neben ihm saß. Ebensogut und mit ebenso feinem Takt, wie er sein Orchester zu dirigieren verstand und wie er dieses ohne Verrenkungen, ohne herausfordernde Aktionen, ohne Ziererei, mit sicherem, gefälligem Wesen, mit geistiger Gewalt zu leiten wußte, so hielt er auch in der Geselligkeit das schönste Maß zwischen Bewegung und Ruhe.«

Eine gut gemeinte, für Weber aber tief verletzende Überraschung erfuhr er durch den ihm so freundschaftlich verbundenen Berliner Intendanten Graf Brühl. Im Laufe von nur zehn Monaten war der *Freischütz* fünfzigmal vor vollen Häusern gegeben worden, das Theater hatte allein dadurch eine Einnahme von 30000 Talern gehabt. Als »besondere Auszeichnung« sollte Weber für diesen einmaligen Erfolg seiner Oper ein Geschenk von – hundert Talern erhalten! Weber schrieb sehr zornig an seinen Freund Brühl und lehnte dieses Geschenk rundweg ab.

In seinem Brief heißt es unter anderem: »Ich, der Euer Hochwohlgeboren Gesinnungen persönlich für mich kenne, weiß wohl, daß dies nicht Ihnen zuzuschreiben ist... Das freundliche Wort von Ihnen, das Bewußtsein Ihrer Liebe für mich, war mir genug. Wenn nichts anderes geschah, lag es gewiß

Am 25. April 1822 wurde, nach mehreren enttäuschten Hoffnungen, der kleine Maximilian Maria Philipp Christian geboren, ein gesundes, kräftiges Kind. »Gott segne ihn und lasse ihn gut werden«, trug Weber ins Tagebuch ein. Miniatur, Privatbesitz, zur Zeit Carl-Maria-von-Weber-Gedenkstätte, Dresden-Hosterwitz

Henriette Sontag, noch nicht 18 Jahre alt, sang die Euryanthe in der Uraufführung. Es war der Beginn einer großen Karriere. Lithographie von Lemercier nach Grivedon, Leipzig, Musikbibliothek

Die Uraufführung der *Euryanthe* fand im Kärntnertor-Theater in Wien statt. Im Mai 1824 wirkte Henriette Sontag in der Uraufführung der *9. Sinfonie* von Beethoven an gleicher Stelle mit

nicht an Ihrem Willen; und dabei wollen wir es auch lassen, so will ich es betrachten, so will ich jedem antworten. *Ich bin nun einmal ein Deutscher, was ist da zu erwarten.«* Die ganze Bitterkeit jahrelang ertragener Kränkungen klingt in diesem letzten Satz auf. Brühl verstand ihn. Ihre Freundschaft blieb unverletzt bestehen.

Wilhelmine Schröder war inzwischen an das Dresdener Hoftheater engagiert worden und hatte den Schauspielkollegen Karl August Devrient geheiratet. Weber hatte nun die Möglichkeit, mit dieser schauspielerisch wie gesanglich überragenden jungen Künstlerin Beethovens *Fidelio* einzustudieren. Er wandte sich deshalb schriftlich an den großen Eigenwilligen in Wien, um seine Wünsche und Vorstellungen für die Wiedergabe der Oper näher kennenzulernen. Weber hat ihm viermal geschrieben, Beethoven dreimal geantwortet; doch ausgerechnet diese sicher einzigartigen Dokumente sind bisher nirgends aufgetaucht. Es war Webers zweite *Fidelio*-Einstudierung, die erste hatte 1814 in Prag stattgefunden. Erst jetzt, nach seiner eigenen Entwicklung als Dirigent wie als Komponist, scheint er Beethovens menschlichstes Werk in seiner ganzen Größe erkannt zu haben. Wenn er auch als Opernkomponist einer neuen Generation andere Wege beschreiten mußte und Beethovens geniale Einmaligkeit nicht ganz ohne Befangenheit erfassen konnte: Vor der großen Persönlichkeit hat er sich ehrerbietig geneigt, und seine aufrichtige Bewunderung wird auch den Ton seiner Briefe geprägt haben. Webers Verhältnis zu Beethoven war von jetzt an ein ganz anderes als während der Wiener Entwicklungsphase, als er jedes noch so unsinnige Urteil von Abbé Vogler als höchste Weisheit hinnahm und nachplapperte. Daß sich auch in Beethoven eine Neigung für den temperamentvollen jungen Musiker entwickelt hat, sollte sich bei Webers nächstem Wiener Besuch zeigen.

Noch war er in Hosterwitz, arbeitete am Klavierauszug der neuen Oper und hatte – endlich – die Intendanz davon überzeugen können, daß zu seiner und anderer Mitglieder Entlastung ein neuer Musikdirektor berufen werden müsse, der die Pflichten des seit langem schwerkranken Franz Anton Schubert übernehmen könne. Weber wünschte den tüchtigen Kirchenmusiker und lieben Freund Gänsbacher in diese Position; doch bis sich die schwerfällige Dresdener Bürokratie zu einer Aufforderung an diesen entschloß, hatte Gänsbacher, nach monatelangem Warten, eine Stellung als Kapellmeister des Wiener Stephansdoms angenommen. Schließlich wurde der junge Heinrich

Marschner engagiert, den Weber schätzte. Aber nach seinem Einverständnis war er nicht gefragt worden.

Am 29. August 1823 beendete er die Partitur seiner *Euryanthe,* und schon am 16. September ging er, von Julius Benedikt begleitet, auf die Reise nach Wien. Als er vor der »Ungarischen Krone« ausstieg, hatte er die merkwürdige Empfindung, als betrete er ein Feld, wo es eine Schlacht auf Leben und Tod zu schlagen gelte. In gewisser Weise trog ihn sein Gefühl nicht. Der Zeitpunkt der Premiere war denkbar ungünstig gewählt, da seit dem Frühjahr die Italienische Oper mit hervorragenden Solisten und Rossini an der Spitze in Wien gastierte. Abend für Abend tobten Beifallsstürme im ausverkauften Kärntnertor-Theater. Die Wiener waren geradezu süchtig nach dieser leichtfüßigen Musik und überglücklich, sich an ihr berauschen zu können. Carl ging schon am Tag der Ankunft ins Theater und hörte *Il matrimonio segreto* von Domenico Cimarosa.

»Ja, meine geliebte Mukkin«, schrieb er danach an Lina, »ein paar Künstler wie die Fodor und Lablache sind mir noch nicht vorgekommen. Hier ist die höchste, reinste Vollendung, das Herrlichste und Grandioseste, was die Natur an Stimme geben kann, und alles, was nur als Künstler verlangt werden kann; ich war unendlich ergriffen. In einer eingelegten Arie sang die Fodor so herrlich, daß ich überzeugt bin, wenn sie die Euryanthe sänge, man könnte toll werden. Dieses tiefe, leidenschaftliche Gefühl und dabei die nie vergessene Herrschaft und Besonnenheit über alle Mittel. Was hätte ich darum gegeben, Dich herzaubern zu können. Du hättest Dich in Tränen aufgelöst.«

Am 5. Oktober fuhr Weber schon um halb sieben morgens mit Haslinger, Piringer und Benedikt nach Baden. »Leider in dem schändlichsten Regenwetter. Die Hauptsache war, Beethoven zu sehen. Dieser empfing mich mit einer Liebe, die rührend war; gewiß sechs- bis siebenmal umarmte er mich aufs herzlichste und rief endlich voller Begeisterung: ›Ja, du bist ein Teufelskerl, ein braver Kerl!‹ Wir brachten den Mittag miteinander zu, sehr fröhlich und vergnügt. Dieser rauhe, zurückstoßende Mensch machte mir ordentlich die Kur, bediente mich bei Tische mit einer Sorgfalt wie eine Dame, etc., kurz, dieser Tag wird mir immer höchst merkwürdig bleiben sowie allen, die dabei waren. Es gewährte mir eine eigene Erhebung, mich von diesem großen Geiste mit solcher liebevollen Achtung überschüttet zu sehen. Wie betrübend ist seine Taubheit, man muß ihm alles aufschreiben.«

Ludwig van Beethoven (1770–1827) lernte Weber im Oktober 1823 in Baden bei Wien kennen. Er rief: »Du bist ein Teufelskerl, ein braver Kerl!« Zeichnung von August von Klöber, 1818

Weber wurde von allen Seiten freundlich begrüßt, von vielen Menschen aufgesucht und eingeladen. Er genoß es besonders, jeden Abend eine Loge im Theater zur Verfügung zu haben. »Ich bewege mich sehr behaglich in der großen Stadt, denn ich kann nicht leugnen, daß ein so großartiges Treiben mir angeboren ist und ich mir darin wie der Fisch in seinem Elemente vorkomme.«

Er arbeitete intensiv an der Ouvertüre und am Klavierauszug, denn seine Proben sollten bald beginnen. Doch mußte der Termin wegen einer anderen, längst vorgesehenen Premiere noch etwas verschoben werden, was ihm eigentlich ganz lieb war. Inzwischen würde der grandiose Eindruck der italienischen Sänger beim Publikum hoffentlich etwas verblaßt sein, dachte er im stillen. In der ersten Probe las er dem gesamten Ensemble einschließlich Chor und Orchester den ganzen Text der Oper vor und bemerkte dabei, wie schwer verständlich manche Einzelheit der Handlung selbst für die Darsteller blieb; er erklärte ihnen geduldig die verzwickten Vorgänge. Die Solisten ließ er ihre Partien, d. h. die arienähnlichen Musikstücke, vom Blatt singen: ein erster Versuch. »Ich habe Not, sie zu halten«, schrieb er an Caroline, »daß ihr Feuer sie nicht zu sehr hinreißt und mich mitnimmt. Das sind doch schöne Augenblicke, in denen man sieht, daß man das menschliche Herz getroffen hat und ergreift.«

Ein beliebter Gast wurde er bald in »Ludlams Höhle«, der Unsinnsgesellschaft, die im Blumenstöckl tagte und in der man sehr bekannte und auch ganz unbekannte Vertreter aller Kunstgebiete antreffen konnte. Weber fühlte sich in diesem lustigen Kreise an seine Jugendtage erinnert und genoß auch hier die wienerische Herzlichkeit, die Späße, das Gefeiertwerden. Unter den Autoren der Gesellschaft waren einige, die über die Premiere berichten würden, auch das beruhigte ihn. Die Besetzung der Oper erwies sich im Laufe der Proben als ganz ausgezeichnet: Euryanthe war die blutjunge, hochbegabte Henriette Sontag, die gerade bei den Italienern als *Donna del Lago* großen Erfolg gehabt hatte. Haizinger sang den Adolar, Forti den Lysiart und Therese Grünbaum, seinerzeit in Prag eine der besten Kräfte, war eine leidenschaftliche Eglantine. Diesen Mitwirkenden erschloß sich im Laufe der Proben die ganze Eigenart der durchkomponierten Oper, Weber sah seine Intentionen voll bestätigt.

Sein »Stern« meldete sich natürlich auch, diesmal durch einen Brief der

Chézy, die als Nachzahlung für die vielen Umarbeitungen 600 Taler verlangte: Widrigenfalls würde sie künftige Aufführungen gerichtlich verhindern. Weber war erst sehr ärgerlich, die meisten Umarbeitungen der letzten Monate stammten ja von ihm! Doch dann schickte er ihr 50 Dukaten als Geschenk, um sie loszuwerden. Wie gewöhnlich ließ er mehrere Generalproben ansetzen. Bei der ersten Durchspielprobe mußte er feststellen, daß die Oper vier Stunden dauerte – ohne Wiederholungen. Das war viel zu lang, und er entschloß sich deshalb zu kleinen Kürzungen. Eine Probe vor geladenem anspruchsvollem Publikum verlief erfolgreich. Bei der Premiere war das Haus überfüllt und in glänzender Stimmung. Allgemeine Heiterkeit erregte vor Beginn eine dicke, ziemlich schlampig gekleidete Dame, die vergeblich nach ihrem Platz suchte und ständig rief: »Machen Sie mir doch Platz, ich bin ja die Dichterin!« Man half ihr lachend durch die dichtbesetzten Reihen, es war eine echte Wiener Gaudi. Die Dichterin, die ihr Billett vergessen hatte, war natürlich Frau von Chézy.

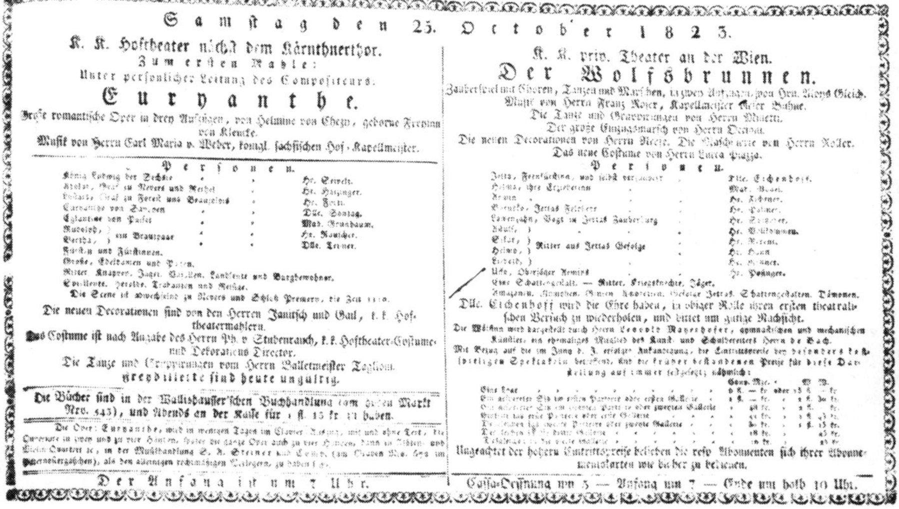
Samstag den 25. October 1823.

K. K. Hoftheater nächst dem Kärnthnerthor.
Zum ersten Mahle:
Unter persönlicher Leitung des Compositeurs:
Euryanthe.
Große romantische Oper in drey Aufzügen, von Helmine von Chezy, geborne Freyinn von Klencke.
Musik von Herrn Carl Maria v. Weber, königl. sächsischen Hof-Kapellmeister.

Personen.

Die neuen Decorationen sind von den Herren Janitsch und Gail, k. k. Hoftheatermahlern.
Das Costume ist nach Angabe des Herrn Ph. v. Stubenrauch, k. k. Hoftheater-Costume- und Dekorations-Director.
Die Tänze und Gruppirungen vom Herrn Balletmeister Taglioni.
Freybillette sind heute ungültig.

Die Bücher sind in der Wallishausser'schen Buchhandlung (am hohen Markt Nro. 543), und Abends an der Kasse für 1 fl. 15 kr. zu haben.

Der Anfang ist um 7 Uhr.

K. K. priv. Theater an der Wien.
Der Wolfsbrunnen.
Zauberspiel mit Chören, Tänzen und Märschen, in zwey Aufzügen, von Hrn. Aloys Gleich.
Musik von Herrn Franz Roser, Kapellmeister dieser Bühne.
Die Tänze und Gruppirungen von Herrn Minetti.
Der große Einzugsmarsch von Herrn Ocova.
Die neuen Decorationen von Herrn Riese. Die Maschinerie von Herrn Roller.
Das neue Costume von Herrn Lucca Piazza.

Personen.

Dlle. Eichenhoff wird die Ehre haben, in obiger Rolle ihren ersten theatralischen Versuch zu wiederholen, und bittet um gütige Nachsicht.

Ungeachtet der höhern Eintrittspreise belieben die resp. Abonnenten sich ihrer Abonnementskarten wie bisher zu bedienen.

Cassa-Oeffnung um 5 — Anfang um 7 — Ende um halb 10 Uhr.

Programm der *Euryanthe*-Premiere am 25. Oktober 1823

Die Ouvertüre wurde lebhaft beklatscht, ebenso der ganze 1. Akt. Die leidenschaftlichen Auseinandersetzungen des zweiten Aktes, Lysiarts Schwanken zwischen Haß, Neid und erwachender Liebe zu Euryanthe und die dramatisch gesteigerten sanglichen Rezitative des düsteren Paars standen in einem nicht allen Zuschauern verständlichen Gegensatz zu den heiteren, frühlingshaften Ritterszenen des 1. Aktes, den lyrischen Gesängen von Adolar und Euryanthe. Das grandiose Racheduett von Lysiart und Eglantine, überhaupt die musikalische Zeichnung dieses Paares, war für die Hörer von 1823 im wahrsten Sinne des Wortes noch »Zukunftsmusik«.

Weber hat diese Oper aus einer ungeheuren Konzentration aller Kräfte geschaffen. Das Unheimliche des in dunkle Töne getauchten Nachtduetts Lysiart-Eglantine wirkt auf uns heute wie eine Vorstudie zum Zwiegesang Telramund-Ortrud in Wagners *Lohengrin.* Es gibt noch zahllose Beispiele, an denen man dies feurige Vorwärtsstürmen Webers, sein unbedingtes Einhalten der selbstgeschaffenen Formen erkennt. Er arbeitet schon mit einem Erinnerungsmotiv, das später bei Wagner zum Leitmotiv wird; Weber geht es um die große deutsche romantische Oper, Wagner formt diese zum Musikdrama. Eines ist sicher: Vom *Freischütz,* seiner frischen Natürlichkeit mit Liebesweh und Teufelszauber, war diese streng aufgebaute Oper weit entfernt. *Er* machte ihr Konkurrenz, nicht die Italiener.

Trotz der großen Anstrengung, die auch das Zuhören bei einem so komplizierten neuen Werk kostete, gab es nach der Premiere Beifallsstürme, Blumen, Küsse, Herausrufe und Lorbeerkränze. Weber war völlig erschöpft, auch beglückt, ja; doch innerlich schon leise skeptisch. War es ein echter Erfolg oder nur ein Spektakel, das die Wiener wie jedes Theaterereignis als Anlaß zum Feiern benutzten? Er schrieb noch in der Nacht an Lina: »Alles schwamm in Seligkeit, die Sänger, die Chöre, Orchester, alles war wonnetrunken und erstickte mich in Liebkosungen. Vom Theater fuhr ich in die *Ludlam,* wo 27 Künstler und Dichter versammelt waren. Das Zimmer war festlich beleuchtet, mit Girlanden geschmückt. Mein Bild in der Mitte mit einem Lorbeerkranz. Die vielfältigen Beweise von Liebe und Verehrung waren rührend und schön. So schloß ein Tag, der mir ewig denkwürdig bleiben wird und hoffentlich auch in der Kunstgeschichte seinen Platz einnehmen wird. Danke Gott mit mir für seine überschwengliche Huld, womit er mich vor Tausenden überschüttet.«

Solange Weber in Wien war, hielt die Begeisterung, der Jubel um seine Person an. Drei Aufführungen leitete er selber, die vierte, die Conradin Kreutzer dirigierte, hörte er von seiner Loge aus. Auch bei dieser Vorstellung wurde Weber applaudiert und gerufen, so daß er nach jedem Akt vor dem Vorhang erscheinen mußte. Er hatte maßvoll noch einige Kürzungen vorgenommen; nach seiner Abreise strich Conradin Kreutzer über eine halbe Stunde Musik aus der Oper; was blieb, war ein Torso.

Am 1. November empfing Kaiser Franz I. den Dresdener Komponisten, der ihm sein Werk widmen wollte. Der Kaiser nahm die Widmung gerne an, gab sich überhaupt so natürlich und menschlich, daß Weber mit echter Sympathie von diesem schlichten aufrichtigen Manne schied.

Am 5. November verließ er Wien, dirigierte noch in Prag die 50. Vorstellung des *Freischütz* und traf am 10. November 1823 in Dresden ein. Mit seinem kleinen Sohn auf dem Schoß, umgeben von den liebsten Menschen, sagte er ein über das andere Mal: »Kinder, wie ist mir wohl!« Es gab Wiener Brühwürsteln, die er als Delikatesse mitgebracht hatte.

Vor der ersten Probe im Theater empfing ihn das gesamte Ensemble feierlich. Alle brachten ihre Verehrung für ihn zum Ausdruck, er wurde mit einem Lorbeerkranz geschmückt, während der Chor Partien aus *Euryanthe* mit einem Text zu seiner Ehrung sang. Er war überrascht, ja tief gerührt, nie hätte er so etwas von den Dresdenern erwartet! Auch hieß es, *Euryanthe* solle jetzt sofort einstudiert werden. An Brühl, der seine Oper auch in Berlin bald herausbringen wollte und ihn noch um weitere Kürzungen bat, schrieb er den stolzen Satz: »In einem so organisch verbundenen Ganzen wie eine große Oper ist, gehört es überhaupt zu dem Schwierigsten, etwas herauszunehmen, wenn der Komponist von Haus aus etwas über seine Oper gedacht hat.« Zum Schluß fügte er einen Seufzer hinzu: »Ja, ja, die arme Euryanthe wird noch viel zu leiden haben. Nun Geduld: Am Ende ist es ja nicht nötig, Opern zu schreiben.«

Ein erschütternder Satz. Vor 13 Jahren hatte er einem Freund geschrieben: »Wenn ich keine Oper unter den Fäusten habe, ist mir nicht wohl.« Und nun sollte das nicht mehr gelten? Nun sollte *Euryanthe*, seine *Euryanthe*, von der er so viel, von der er alles erwartet hatte, nur eine Illusion gewesen sein? Darüber kam er nicht hinweg. Gewiß, sie wurde gespielt, sie brachte ihm Geld ein, Kritiker und Publikum beurteilten sie verschieden, und die Erfolge in

Prag, Karlsruhe, Frankfurt, Kassel und anderen Orten waren mindestens Achtungserfolge, aber nirgends überwältigend. Das nahm ihm seinen inneren Schwung, seine Musikfreude, verschlechterte seine gefährdete Gesundheit. Als Julius Benedikt nach einigen Wochen aus Wien zurückkehrte, war er entsetzt: Weber schien in der kurzen Zeit um zehn Jahre gealtert zu sein.

Julius Benedict (1804–1885), Webers begabter Schüler, in seinen reiferen Jahren. Er wurde nach vielen Konzertreisen – unter anderem mit Jenny Lind nach Amerika – Kapellmeister am Covent Garden, komponierte Opern und erhielt 1871 den Adelstitel Sir. Seine Erinnerungen an Weber waren die erste Veröffentlichung dieser Art in England. Lithographie, Musikhistorisches Museum, Frankfurt am Main

Zeitgenossen über *Euryanthe*

Franz Schubert: Das ist herbe asketische Musik, die einem nicht warm in der Herzgrube macht.

Franz Grillparzer: Weber ist allerdings ein poetischer Kopf, aber kein Musiker. Keine Spur von Melodie, nicht etwa bloß gefälliger, sondern von Melodie überhaupt... Diese Oper kann nur Narren gefallen oder Blödsinnigen oder Gelehrten oder Straßenräubern und Meuchelmördern...

Robert Schumann: Geschwärmt haben wir wie lange nicht. Die Musik ist noch viel zu wenig anerkannt. Es ist Herzblut, sein edelstes, was er hatte; ein Stück Leben hat ihn die Oper gekostet – gewiß. Aber auch unsterblich ist er durch sie... Die Charakteristik der einzelnen, namentlich Eglantinens und Euryanthens, wie herrlich – und wie klingen die Instrumente! Aus der innersten Tiefe sprechen sie zu uns.

Franz Liszt: Text und Musik haben höhere Ausgangspunkte. Sie erheben sich über häusliches und ländliches Leben und nehmen einen kühnen Aufschwung zu heroischer Entfaltung. Mit der Komposition der Euryanthe setzte Weber den ersten Fuß in ein neues Land. Hier ward er sich als Vorläufer einer neuen Ära bewußt; hier hatte er eine Vorahnung des zukünftigen Tannhäuser und Lohengrin.

Julius Benedikt: Manchmal konnte man ihn frühmorgens beobachten, mit eng beschriebenen Blättern in der Hand, in denen er stehenbleibend las, um dann wieder vor sich hin sprechend durch Wald und Tal zu wandern. Er lernte den Text der *Euryanthe* auswendig, bis er ihn gleichsam zu einem Teil seiner selbst gemacht hatte. Sein Genie schlummerte zuweilen, während er immer wieder die Worte wiederholte, bis plötzlich der Gedanke zu einem ganzen Musikstück in seinem Geist aufblitzte, wie das Licht in die Dunkelheit bricht. Dort blieb er unauslöschlich, nahm allmählich Gestalt an. Und erst wenn dieser Prozeß abgeschlossen war, pflegte er das Ganze auf dem Papier niederzuschreiben. Die ersten Notizen schrieb er meist flüchtig schon nach der Rückkehr von seinen einsamen Spaziergängen. Dann schrieb er die Stimmen völlig aus und merkte hier und dort Klänge oder die Verwendung bestimmter Instrumente an. Manchmal setzte er auch Zeichen, deren Bedeutung nur er kannte, für seine charakteristischsten Orchestereffekte. Aus diesen unvollständigen Skizzen spielte er seiner Frau oder mir oft die erstaunlichsten Stücke der Oper vor, und zwar stets in der Gestalt, die sie hinterher beibehielten. Das Ganze war bereits in seinem Kopf derartig entwickelt, daß die Instrumentierung kaum mehr als Schreibarbeit war, und die Noten flossen ihm aus der Feder mit allen Ausdrucksnuancierungen, so als ob man gestochene Kupferplatten auf Papier abzöge.

13. »Courage, Bajazzo«

Weber hat nach der *Euryanthe*-Ouvertüre, die er drei Tage vor der Premiere vollendete, sehr lange Zeit, fast eineinhalbes Jahr, nichts geschrieben als eine französische Romanze und die Triobegleitung für schottische Volkslieder. Die Enttäuschung, Gänsbacher nun doch nicht als Mitarbeiter zu bekommen, woran er fest geglaubt hatte, ferner die Verschiebung der Dresdener *Euryanthe*-Einstudierung, weil Wilhelmine Schröder-Devrient der Geburt ihres ersten Kindes entgegensah, auch kleine alltägliche Schwierigkeiten regten ihn über Gebühr auf. Das Baby von Wilhelmine kam pünktlich zur Welt, und schon am 16. März konnte die junge Muter zur Probe erscheinen. Am 31. März fand die Dresdener Erstaufführung statt und nicht, wie in Wien, unter den Zwängen rivalisierender Gruppen. Hier fehlte jede Neigung, etwas Außerordentliches oder Sensationelles zu erleben. Man war ganz einfach neugierig, wie sich der Komponist des *Freischütz* in einer großen romantischen Oper präsentieren würde. Intensive Aufmerksamkeit herrschte daher von Anfang an, und der Beifall steigerte sich von Akt zu Akt. Weber beschrieb seinem Freund Lichtenstein, welch glänzenden Triumph er erlebt habe und daß nur eine Stimme darüber sei, »um wie vieles höher diese Oper als der Freischütz stehe«. Das war für Weber das wichtigste Ergebnis dieser Aufführung.

Aus Berlin hatte er seit längerer Zeit nichts mehr gehört; seine Oper war dort nach Brühls Dispositionen für Ende April vorgesehen, das Honorar auf 800 Taler festgesetzt, 100 Taler extra für Helmine von Chézy. Im März schrieb Weber an Brühl, außerdem einige höflich anfragende Zeilen an Spontini, wann er zu den letzten Proben kommen solle. Darauf erhielt er ein hochfahrendes Schreiben in französischer Sprache: Graf Brühl habe weder das Recht, eine Oper vorzuschlagen, noch sie anzunehmen. Dies stehe allein der von ihm, Spontini, geleiteten »General-Musikdirektion« zu, und solange ein

Werk dieser Institution nicht einmal vorgelegen habe, könne von einem Termin überhaupt nicht die Rede sein. Brühl seinerseits mußte zugeben, daß er die Vorschrift nicht beachtet hätte, weil ihm ein Antrag dieser Art für einen weit über Deutschlands Grenzen hinaus berühmten Komponisten als unnötig erschienen sei. Weber, der in einer erfolgreichen Berliner Wiedergabe der *Euryanthe* die einzig würdige Rehabilitierung für sein mißverstandenes und unterschätztes Werk sah, wurde nun in eine Korrespondenz mit Spontini verwickelt, die groteske Formen annahm. Zunächst schob dieser die Aufführung unter absurden Vorwänden monatelang auf; dann, nachdem dieses Verhalten in maßgebenden Kreisen scharf gerügt worden war, änderte er seine Taktik. Er verlangte nun von Weber, die Oper binnen 18 Tagen einzustudieren und vor der Sommerpause aufzuführen. Das lehnte Weber ab. Es wäre der sichere Tod dieses Werkes gewesen, das nur nach sorgfältigster Vorbereitung seine Qualitäten voll entfalten konnte. Der Streit geriet in die Zeitung, und der nervöse und gereizte Weber verlangte seine Partitur zurück; die Berliner Aufführung schien gescheitert.

Doch gab es neben derartigen Querelen, denen Carl Maria nicht gewachsen war, auch erfreuliche Erlebnisse. So hatte er Gelegenheit, in den neu auflebenden Konzerten der Dresdener Kapelle Haydns *Jahreszeiten* aufzuführen, ein Werk, das er ganz besonders liebte. Er begeisterte sich an der »Frische, der jugendlichen Glut, der erhabenen Meisterschaft« dieser Musik, und es gelang ihm eine Aufführung, die er selber als vollendet bezeichnen konnte. »Und ich hatte das herrliche Gefühl, mich mit meiner Kapelle so vollkommen aussprechen zu können, als wenn ich allein am Klavier säße und so spielen könnte, wie ich eben wollte.« Treffender kann man das ideale Zusammenspiel engagierter Musiker nicht beschreiben.

Dieses Konzert fand zu Pfingsten 1824 statt, und im Juli desselben Jahres reiste Weber zu einem dreitägigen Klopstock-Fest nach Quedlinburg. Eigentlich hatte er aus gesundheitlichen Gründen absagen wollen. Aber da ihm die Programmwahl überlassen blieb und ihn die Sopranistin Funk und der Flötist Anton Fürstenau aus Dresden begleiteten, dirigierte er gerne einige Werke als musikalische Huldigung für den großen Dichter. Wie empfindlich seine Nerven auf Musik reagierten, die ihn innerlich bewegte, zeigte sich bei der Aufführung des 3. Teils von Händels *Messias.* Als die Sopranistin bei der Arie *Ich weiß, daß mein Erlöser lebt* einsetzte, überwältigte ihr Gefühlsinhalt ihn so vollständig, daß er aufhören mußte zu dirigieren und sein Gesicht in den Händen barg. Doch ehe jemand aus dem Orchester reagieren konnte, hatte er sich wieder gefangen und dirigierte die wunderbar tröstliche Musik ruhig zu Ende.

Nach der Rückkehr von Quedlinburg blieb er nur wenige Tage zu Hause und begab sich dann auf ärztliche Verordnung nach Marienbad: für Webers Leiden sicher nicht die richtige Kur. Aber er ruhte dort aus, nahm 28 Schlamm- und Brausebäder und hatte jedenfalls das Gefühl, etwas für sich zu tun. Psychisch war er noch immer sehr niedergeschlagen; an Caroline schrieb er im Juli 1824: »Ich habe keine Sehnsucht nach Notenpapier und Pianoforte und könnte mich, glaube ich, ganz leicht überreden, einst ein Schneider gewesen zu sein und kein Komponist... Ich hätte nicht geglaubt, daß ich einen solchen Ekel gegen alle Arbeit bekommen könnte! Es wäre nicht gut, wenn es immer so anhielte!«

Nach der Rückkehr versuchte er, seine Dienstverpflichtungen weiter einzuschränken und private Schüler zu verabschieden. Besonders Julius Benedikts Schicksal lag ihm am Herzen; er hatte ihm noch eine Kapellmeisterstelle am Wiener Kärntnertor-Theater verschafft. Die Liebe zu diesem begabten Jungen, die Sorge um seine Schwächen bestimmen seinen Abschiedsbrief. Der Gedanke, solange er konnte, möglichst viel Geld für seine Familie zusammenzutragen, damit sie wenigstens über ein Existenzminimum verfügte, wenn er einmal – vielleicht schon bald – nicht mehr da sein würde, gab ihm ein verändertes Verhältnis zu seinen Einnahmen. Er maß ihnen eine Bedeutung zu wie noch nie in seinem Leben.

Bei seiner Rückkehr aus Marienbad fand er einen Brief von Charles Kemble vor, dem Pächter der Covent Garden Opera in London. Ein ganz ähnliches Schreiben erreichte ihn wenig später aus Paris. In beiden Weltstädten wünschte man, Carl Maria von Weber als Dirigenten seiner Opern, des *Freischütz* und der *Preziosa,* zu verpflichten, und fragte an, ob er bereit sei, den Auftrag für eine neue Oper anzunehmen und die Premiere zu dirigieren. Nach den vielen Enttäuschungen der letzten Zeit wirkten diese Anfragen auf Weber als Bestätigung seiner künstlerischen Existenz. So war er also international anerkannt, genoß eine Wertschätzung, die weit über seine Geltung in Dresden oder Berlin hinausging. Er fürchtete sich allerdings vor den Strapazen, die mit so weiten Reisen verbunden waren, vor den Aufregungen der

Einstudierung. Und er fragte sich im stillen, ob er solchen Anforderungen überhaupt noch gewachsen war.

Es kam zu einem Gespräch unter vier Augen mit seinem Arzt, Dr. Hedenus. Dieser riet ihm zu einem längeren Italienaufenthalt, dann würde er noch mit fünf bis sechs guten Jahren rechnen können. Wenn er dagegen die Strapazen der Londonreise auf sich nähme, seien die Aussichten sehr viel schlechter. Weber soll ihm geantwortet haben: Von einer Erholungsreise nach Italien könne seine Familie nicht leben, wenn er gestorben sei. Er begann die Auslandsangebote nun mit guten Freunden und Kennern der internationalen Musikszene zu besprechen. Besonders wichtig war ihm das Urteil des Pianisten Moscheles, der häufig in London und Paris konzertierte und gegenwärtig gerade in Dresden war. Er riet Weber, das englische Angebot anzunehmen. Carl Maria, der immer eine gewisse Sympathie für die englische Lebensart empfunden hatte, sagte am 21. August 1824 grundsätzlich zu.

Erfolgreiche neue Werke wurden damals in Paris und London schon bald nach der jeweiligen Premiere nachgespielt, oft mit gänzlich unzulänglichen Darstellern, und rücksichtslos überarbeitet. François Castil-Blaze in Paris hatte eine besonders scheußliche Verballhornung des *Freischütz* als *Robin des bois ou les trois balles* herausgebracht, erzielte damit einen Riesenerfolg und 327 Aufführungen. Er verdiente ein Vermögen daran, der Komponist ging leer aus. Ähnliches war auch in London passiert.

Auf Webers Brief antwortete Kemble bereits im September sehr erfreut und fragte ihn, ob er als Thema einer neuen Oper *Faust* oder *Oberon* bevorzuge. Kemble wünschte einen »germanischen« Stoff. Weber entschied sich für *Oberon.* Neben den vielen märchenhaften Zügen und grandiosen Naturereignissen dieses Stoffes sprach vielleicht auch seine Sympathie für Wieland mit, dessen Heldengedicht *Oberon* sich damals größter Beliebtheit erfreute. Die Haupthandlung, die Geschichte des treuen Liebespaares, hatte Wieland dem Ritterbuch des Huon de Bordeaux entnommen, die Gestalt Oberons und seinen Streit mit Titania Shakespeares *Sommernachtstraum.*

Weber bat Kemble, ihm möglichst bald das Libretto zu senden und zugleich seine Fragen nach den zur Verfügung stehenden Sängern und Sängerinnen zu beantworten: über ihre musikalischen und stimmlichen Fähigkeiten und Grenzen, ihr Aussehen und ihre Talente als Schauspieler. Der Herbst verging ohne weitere Mitteilung von Kemble, auch der Operntext blieb aus,

Webers Stimmung begann zu sinken, um so mehr, als der bisherige Dresdener Intendant von Könneritz zum Gesandten in Madrid ernannt worden war. Sein Nachfolger wurde der Kammerherr und Forstmeister Wolf Adolf August von Lüttichau, »ein ausgezeichnet schöner Mann«, wie es in Max Marias Biographie heißt. Er stammte aus einer hervorragenden Familie, brachte aber nicht die geringsten Voraussetzungen für die Leitung einer deutschen Oper mit. Als Schützling von Graf Einsiedel unterstützte er dessen italienische Tendenzen und hatte zunächst zu einer Persönlichkeit vom Format Webers gar keinen Zugang. Seine musikalisch interessierte Frau bewunderte den Komponisten und Dirigenten Weber und nahm Anteil an seinem und Carolines Schicksal, mit der sie aufrichtige Freundschaft verband.

Was Weber zu diesem Zeitpunkt besonders bedrückte, war die ungeklärte Frage des Londoner Honorars. Moscheles hatte ihm Hoffnung auf ein großzügiges Angebot gemacht, Rossini jedenfalls hatte allein für die Aufführung von drei schon bekannten Opern 2500 Pfund Sterling erhalten. Es ist bezeichnend für Webers realistische Betrachtungsweise der Situation, daß er trotz starker Belastung durch dienstliche Anforderungen und obwohl endgültige Abmachungen fehlten, sich jetzt entschloß, englischen Sprachunterricht zu nehmen. Er konnte seine musikalischen Einfälle nur dann sinnvoll gestalten, wenn er sich völlig in die ihm bisher fremde Sprache eingelebt hatte. Dazu aber bedurfte es einiger Monate.

Der Unterricht mußte in den frühen Morgenstunden stattfinden, es war die einzige Zeit, die ihm noch zur Verfügung stand. Weber nahm im ganzen 153 Stunden, er hat hart und intensiv gearbeitet. Als endlich am 30. Dezember der 1. Akt von James Robinson Planché, dem Autor des Librettos, eintraf, konnte er dessen Text bereits fließend und mit Verständnis lesen und seine poetische Qualität beurteilen. Weber war ungewöhnlich sprachbegabt. Als er in Prag bemerkt hatte, daß das Solopersonal die Kritik an seinem Dirigieren stets in tschechischer Sprache äußerte, nahm er Sprachunterricht und konnte zum Staunen der Betroffenen sich sehr bald deutlich dazu äußern. Auch mit den Italienern verständigte er sich in deren Muttersprache.

Das neue Jahr 1825 begann mit einem Ereignis, das er ängstlich erwartet hatte, der Geburt des zweiten Kindes am 6. Januar. Doch alles ging gut und leicht vonstatten, und der Junge wurde auf die Namen Alexander Heinrich Viktor Maria getauft.

Bis zum 1. Februar 1825 hatte Weber Kenntnis des ganzen Textes; er schrieb nun an Mr. Planché: »Der Zuschnitt einer englischen Oper ist gewiß sehr verschieden von dem einer deutschen, denn eine englische ist mehr ein Schauspiel mit Gesängen – aber dennoch finde ich im 1. Akt nichts, was ich geändert wünschen möchte, ausgenommen das Finale... Auch der 2. und 3. Akt sind voll von den größten Schönheiten; ich umfasse das Ganze mit Liebe und werde mich bestreben, nicht hinter Ihnen zurückzubleiben. Dieser Anerkennung Ihres Werkes können Sie um so mehr Glauben schenken, da ich wiederhole, daß der Zuschnitt des Ganzen allen meinen Ideen und Grundsätzen sehr fremdartig erscheint. Die Einmischung so vieler Hauptpersonen, die nicht singen, die Weglassung der Musik in den wichtigsten Momenten: Alle diese Dinge berauben unseren *Oberon* des Namens einer Oper und werden ihn untauglich machen für alle anderen Bühnen Europas, was ein schlimmer Umstand für mich ist.«

Planché antwortete darauf, daß die Engländer eine Ballad Oper von ihm erwarteten mit Aktion, Tanz, Gesang und vor allem großartiger Ausstattung.

James Robinson Planché war hugenottischer Abstammung, damals 29 Jahre alt und ein versierter Theatermann. Nach Erfolgen als Autor hatte er eine *History of British Costume* veröffentlicht und 1823 in England zum erstenmal historische Kostüme in einem historischen Stück auf die Bühne gebracht. Es war ihm durchaus bewußt, wie ungeeignet sein Text im Grunde für eine seriöse Oper war: »Duette, Chöre und glees (fröhliche Rundgesänge), und immer nur so kurz als möglich, war alles, was das Theaterpublikum damals duldete«, beschrieb er später die Situation, in die Weber geriet. Aber von dieser Primitivität der Zuschauer wußte der zunächst nichts, und als es ihm endlich klar wurde, konnte er nicht mehr zurücktreten. Er mußte also einen Weg finden, um die vielen Handlungsfäden, den ständigen Wandel der poetischen Szene und die dramatischen Höhepunkte des *Oberon* musikalisch miteinander zu verbinden. Er ließ sich Bücher über exotische, namentlich arabische Musik kommen und fand schließlich in Carsten Niebuhrs *Reisebeschreibungen* originale Themen, die er brauchen konnte. Das Horn-

Dieses repräsentative Porträt Webers schuf ein Maler, der eigentlich Sänger war, Ferdinand Schimon, im Sommer 1825 in Hosterwitz. Dresden, Museum für Geschichte der Stadt ▶

Weber dirigiert seine Oper *Euryanthe* als Erstaufführung am 23. Dezember 1825 in Berlin. Kupferstich der Gebrüder Henschel, Theatermuseum, München

Wegen einer Reparatur am Reisewagen blieb Weber fünf Tage in Paris, hörte Konzerte und besuchte die Oper; eine Aufführung von Spontinis *Olimpia* fand er beeindruckend

motiv mit der magischen Wirkung formte sich aus einem türkischen Tanz, den er in einem französischen Essay-Band von 1780 entdeckte. Es begleitet, teils klärend, teils geheimnisvoll, die ganze Handlung.

Zum Beglückendsten in der Oberonmusik gehört die feingliedrige Instrumentation, für die Weber ständig neue Tonfarben und Farbkombinationen findet. Alle Instrumente nehmen teil an den wechselnden Naturstimmungen, den geheimen Warnungen, den Erinnerungen an großartige Höhepunkte. Die Elfenmusik, die Auftritte der Ritter, die – wenigen – Liebesgesänge, die Planché duldete: dies alles ist von zarter und leidenschaftlicher Schönheit, wobei in den verborgenen Schichten mancher musikalischen Aussagen eine tiefe Sehnsucht wohnt. Die exotische Musik wird nie mit Klangeffekten überladen, sie bleibt durchsichtig. Man spürt darin die kluge Disposition des Komponisten, den genialen Tonsinn, die leichte Hand. Oberons Elfenauftritte gaben später so manchem Komponisten Anregungen für ähnliche musikalische Wirkungen; unter den Erben waren Carl Otto Ehrenfried Nicolai, Albert Lortzing und Heinrich August Marschner. Nicht Felix Mendelssohn-Bartholdy, er kam zu ähnlichen bezaubernden Sommernachtsklängen zu einer Zeit, als der *Oberon* in Deutschland noch unbekannt und ungespielt war.

Schon zu Anfang dieses Jahres hatte sich überraschend ein neuer Auftrag zwischen Webers erste Gedanken zum *Oberon* geschoben. Er erhielt von dem Verleger Mr. Thompson aus Edinburg *12 schottische Volksweisen* zugesandt mit der Bitte, die Begleitungen dazu in der gleichen Weise zu gestalten wie Joseph Haydn und Ludwig van Beethoven. Weber übernahm diesen Auftrag mit Freuden. Er empfand es als Ehre, den musikalischen Spuren großer Meister zu folgen. Die instrumentale Begleitung der Lieder, die für Flöte, Violine und Klavier vorgeschrieben war, vollendete er mit liebevoller Sorgfalt.

Im Frühling 1825 zogen Webers diesmal in ein Landhaus in Cosels Garten, da der Weg nach Hosterwitz, selbst mit dem eigenen Wagen, Carl zu sehr anstrengte. Hier lebte er ganz mit seiner Familie, baute ein Puppentheater für Max, beschäftigte sich mit dem jüngsten Familienmitglied, dem kleinen Lexel, und ließ sich von Ferdinand Schimon, einem ehemaligen Sänger, porträtieren. Es entstand ein höchst repräsentatives Bild: Vornehm gekleidet blickt Weber dem Betrachter kühl, mit stolzem Ausdruck entgegen.

Da die Ärzte ihm dringend zu einer neuen Kur geraten hatten, am besten in

Bad Ems, überlegte er mit Lina, in welche Etappen er die Fahrt einteilen, ob er mit eigenem Wagen und Pferden reisen sollte. So geschah es dann auch. An den Poststationen traf er fast immer gute Freunde oder Bekannte, auch mancherlei Prominenz. In Weimar überredete ihn Goethes Sohn, seinen Vater zu besuchen. Zweimal wurde er vom Diener nach seinem Namen gefragt, und eine Viertelstunde plauderte Goethe Belangloses mit ihm. Nach seinen Plänen, seinen Ansichten, seiner Musik fragte er mit keinem Wort. Anscheinend orientierte sich der alte Herr nur noch nach Zelters starrem Urteil. Weber, der immer eine große Verehrung für den Dichter Goethe empfunden hatte, war tief enttäuscht. Schon am Abend erkrankte er, bekam hohes Fieber, und ein Arzt mußte geholt werden. Er verordnete einige Tage Bettruhe. Der Pianist Johann Nepomuk Hummel, in Weimar Hofkapellmeister und mit Weber gut bekannt, versorgte ihn mit seiner Frau hingebungsvoll und erfolgreich. Während seiner Bettlägerigkeit empfing Carl Maria einen jungen Musiker, Christian Lobe, mit dem er ausführlich über den *Freischütz* und über Opernkomposition überhaupt sprach.

Weber reiste in Etappen weiter, traf unterwegs Berliner Freunde und hatte in Wiesbaden, der letzten Station vor Bad Ems, ein Erlebnis, das er Caroline schilderte: »Es saß ein Dr. Horn neben mir, ein höchst gebildeter Mann und großer Musikfreund... Die Tafelmusik brachte endlich das Gespräch auf den *Freischütz.* Ich wich aufs künstlichste allen Fragen, die mich hätten verraten können, aus, bis dann endlich der Mann, ganz erstaunt, mich in allem so zu Hause zu wissen, nach meinem Namen frug; nun, das ist ein ehrlicher Name, und ich konnte also nicht verschweigen, daß ich Weber heiße. Weber? rief er, ganz gespannt, Gottfried Weber? Nein! sagte ich. Also aus Berlin? – Der ist lange tot. Also – mit einer Pause, wie jemand, dem ein freudiger Schreck den Atem verhält – doch nicht – Carl Maria von Weber, sagte ich ganz ruhig, indem ich mir einschenkte.

Da hättest Du sehen sollen, wie der Mann, wie vom Donner gerührt, fünf Minuten unbeweglich still und starr saß und endlich, indem ihm die Augen feucht wurden, ganz andächtig stille sprach – was hat mich Gott für ein Glück erleben lassen...

Hier, ich gestehe es, mußte ich dem Schöpfer innig ergeben danken, daß er mir Macht gegeben, so tief eines guten Menschen Herz zu ergreifen, und daß wohl kein besserer Lohn mir je wieder geboten werden wird.«

In Ems erlebte er ähnliches, nur sehr viel turbulenter. Unangemeldet trat der fremde, leicht hinkende Herr in das berühmte Hotel »Zu den vier Türmen« ein und wurde nach einigem Überlegen in einem recht bescheidenen Zimmer einquartiert, da das Haus völlig überfüllt sei, wie die Wirtin sagte. Er war gerade beim Rasieren, als er großen Lärm im Flur und mehrmals seinen Namen hörte. Schließlich erschienen Wirtin, Ober-, Unter- und Zimmerkellner bei ihm, erstere händeringend: »Ach, hätte ich es gewußt! – *Freischütz – Preziosa!* Ich werfe alles zum Hause hinaus!« Weber amüsierte sich über die Aufregung, die er hervorrief, da stellten sich bereits einige Mitbewohner ein, die ihr Apartment zum Tausch anboten. Er landete schließlich in einem schönen Balkonzimmer. Überall, wo er erkannnt wurde, gab es einen Aufstand, der ihm höchst peinlich war; unzählige Male wurde ihm zu Ehren etwas aus *Freischütz* oder *Preziosa* gespielt. »Er verschwand gepeinigt, so still und eilig, als er konnte«, sagte der Sohn.

Ems war damals ein Badeort der vornehmsten Art. Es hatte sich schnell in der Gesellschaft herumgesprochen, daß der berühmte Weber aus Dresden angekommen sei, und schon begann der Kampf der Interessierten um seine Teilnahme an allen möglichen Unternehmungen: Man wollte ihn auf der Promenade treffen, auf Bällen und Sommerfesten, Ausflügen und bei den beliebten »kleinen Spielen«. Er mußte kegeln, Scheiben schießen, Pfänder auslösen, letztere meist am Piano...

Geistige Anregung und echtes Verständnis fand er eigentlich nur beim preußischen Kronprinzenpaar. Mit dem Kronprinzen teilte er den Humor, seine Frau war musikalisch und wünschte sich einen Walzer von Weber; er komponierte auch einen, der aber verlorenging. Der Leibarzt des Prinzen half ihm, erfolgreich gegen seine Depressionen anzugehen, er suggerierte Vertrauen und innere Ruhe, die Weber so notwendig brauchte. Sein Leiden war nicht mehr zu heilen, aber er fühlte sich subjektiv besser, er hatte wieder mehr Mut.

An Caroline schrieb er: »Ach Gott, nur Gesundheit und frischen Mut; am Gelde wird es wohl nicht mehr fehlen, wenn nur gearbeitet werden kann. Das wird aber mit Gottes Hilfe auch wiederkommen. Ich tröste mich mit der an mir gemachten Erfahrung, daß ich vor jedem Werk dachte, es würde nichts daraus werden und mir nichts mehr einfallen. Am Ende ging's doch, und wie die Leute sagen, gut. Also courage, Bajazzo.«

Am 10. August kamen Mr. Kemble und Sir George Smart, kurzfristig angemeldet, nach Bad Ems. Sie waren bei strömendem Regen von Koblenz aus drei Stunden zu Fuß gelaufen! Es wurden nun alle künstlerischen und organisatorischen Probleme der Oper erörtert, auch die Frage des Honorars. Kembles Vorschlag lag noch immer bei 500 Pfund Sterling. War Weber zu unsicher, fürchtete er, eine zu hohe Forderung könne die ganze Abmachung in Frage stellen? Sein Trost war: Er hatte einen vorzüglichen Eindruck von den beiden Engländern erhalten, glaubte, ihnen vertrauen zu können, und war beruhigt, daß er in London zunächst bei Sir George wohnen konnte, bis sich ein geeignetes Apartment für ihn fand. Der sensible Smart, er war Leiter der »Royal Music-Band« in London, hatte Webers Wesen in den wenigen Stunden des Zusammenseins vollkommen richtig erkannt. Er bezeichnete ihn als »bon enfant, der sich mit vornehmer Liebenswürdigkeit bewegte; aber er hinkt ziemlich und ist bei schlechter Gesundheit.« Sir George kam im Herbst nach Dresden und war entzückt von Webers *Freischütz* und der hervorragenden Aufführung. *Euryanthe,* die er ebenfalls hörte, war ihm zu schwierig: »Die Zuhörer müßten Fachleute ersten Ranges sein.« Er brachte Kembles endgültiges Angebot mit: 500 Pfund Sterling sowie ein Honorar von 220 Pfund Sterling für die Leitung der Oratorienkonzerte. Weber rang lange mit sich. Erst am dritten Dezember sandte er seine Einwilligung an Kemble, der die gesamten englischen Rechte übernahm, während Weber alle übrigen verblieben.

Von Brühl hatte er Nachricht bekommen, daß die Luft in Berlin »spontinifrei« sei und *Euryanthe* bald einstudiert werden solle. So fuhr er leichteren Herzens von Ems ab und traf am 31. August in Cosels Garten alles so an, wie er es sich in Gedanken vorgestellt hatte. Er ließ den Wagen etwas entfernt vom Haus warten und näherte sich Lina unbemerkt, die gerade damit beschäftigt war, die Empfangsgirlande an der Haustür zu verschönern. Glücklich erschrocken sank sie in seine Arme.

Da Weber zunächst die Festoper zur Vermählung des Prinzen Max mit der Prinzessin von Lucca einstudieren mußte, bat er Brühl, den Kapellmeister Seidel in Berlin mit dem Studium der *Euryanthe* bereits beginnen zu lassen. Größten Wert lege er auf die exakte Einstudierung der Chöre, »so daß sie ganz als mitspielende Personen wirken können, da sie in dieser Oper mehr als je in einer anderen in die Handlung handelnd eingreifen«.

Seit dem 8. September 1825 arbeitete Weber intensiv am *Oberon,* die Gedanken, die Einfälle waren zurückgekehrt. Er begann schon zu instrumentieren, während er einige seiner schönsten Nummern konzipierte: die Ariette Fatimes, das Quartett von Hüon, Rezia, Scheramin und Fatime und vor allem Rezias grandiose Szene: *Ozean, du Ungeheuer!* Im November vollendete er die Instrumentierung des 1. Aktes in neun Tagen und beschäftigte sich auch schon mit der des 2. Aktes.

Am 8. Dezember war er in Berlin und hielt die erste Probe ab. Die Besetzung war vorzüglich, doch jeder Sänger bat ihn flehentlich, seine Partie mit ihm durchzugehen. »Ich muß also die ganze Oper von Grund auf herstellen. Ich werde nun suchen, die Proben immer abends zu machen, und suchen, vormittags zu arbeiten, soviel mir Gott Kraft schenkt«, schrieb er an Caroline. »Überhaupt ist es eine Freude zu sehen, wie der Enthusiasmus mit jeder Probe steigt. Diese Proben lasse ich alle von Seidel dirigieren und stehe bloß dabei. Das ist mir eine große Erleichterung, und er muß es doch auch genau kennenlernen.«

Zur Generalprobe war auch Herr von Lüttichau gekommen. Als er nach dem Ende der Probe mit Weber und Lichtenstein das Theater verließ, wartete schon eine große Zahl von Verehrern und Musikbegeisterten am Künstlerausgang, um Weber zu begrüßen, ihm zuzujubeln. Von Lüttichau fassungslos: »Weber, sind Sie denn wirklich ein berühmter Mann?«

Trotz des ungünstigen Termins am Tage vor dem Heiligen Abend war das Haus überfüllt und die Erwartung von ähnlicher Intensität wie seinerzeit beim *Freischütz.* Nur daß für die neue Oper ein sehr viel intellektuelleres Publikum als damals erschienen war. Hintergründige Nachrichten von einem Kampf, der lange um diese Aufführung getobt habe und sie zunächst verhinderte, erregten die Zuschauer, die hellhörig und von höchster Aufnahmebereitschaft waren. Weber schrieb noch in der Nacht an Caroline: »Warum mußtest Du fehlen, um meine Freude an dem vollständigsten und glänzendsten Triumph, den je ein Komponist in Berlin feierte, zu teilen... In jedem Augenblick habe ich an Dich gedacht und Dich zur Zeugin gewünscht... Die Vorstellung war so gelungen und großartig, daß in vielen Dingen erst ganz alle Intentionen hier klar hervortraten... Nach der Oper wurde ich mit Sturmestoben gerufen, dann alle... Es war kein Parteigeist-Enthusiasmus, sondern man sah, daß er aus der Sache hervorging, wenn schon die Leute aus dem

Das Jagorsche Restaurant Unter den Linden, in dem Weber nach der Erstaufführung der *Euryanthe* zum letztenmal mit seinen Berliner Freunden zusammen war. Nach einer farbigen Lithographie von Lütke

Theater sich um einen drängen und Hände küssen, dann ist gewiß die Wirkung allgemein.«

Anschließend traf sich ein Kreis von 30 Freunden bei Jagor, fast wie vor vier Jahren. Gleich beim ersten Gang ertönte aus dem Nebenzimmer der Jägerchor mit neuem Text, und der Chordirektor an der Spitze der Sänger überreichte Weber einen Lorbeerkranz. »Die Liebe dieser geplagten Menschen rührte mich sehr.«

Lichtenstein hatte etwas sehr Diplomatisches getan – er hatte Zelter gebeten, den Vorsitz in der Runde zu übernehmen. So verlief das Zusammensein ohne Störungen. Doch für Webers alte Freunde war es unübersehbar, in welch elendem Zustand sich ihr Carl Maria befand: mit fieberroten Wangen, von Atemnot gequält und mit seiner schwachen Stimme kaum noch zur Unterhaltung fähig. Als Gubitz ihm noch einmal dringend abriet, die anstrengende Reise nach London zu unternehmen, sagte Weber nur: »Lieber Freund, ich erwerbe in England ein gut Stück Geld, das bin ich meiner Familie schuldig, aber ich weiß sehr gut – ich gehe nach London, um da – zu sterben. Still, ich weiß es!«

Weber blieb noch einige Tage in Berlin, um die zweite Vorstellung zu dirigieren und das vereinbarte Honorar in Empfang zu nehmen. Endlich, am 29. früh, konnte er in den Reisewagen steigen. Am Silvesterabend besuchte er mit Caroline zusammen den Dresdener »Liederkreis«, der sich bei dem kultivierten alten Arthur von Nordstern versammelt hatte. Sie wurden beide freudig begrüßt, und auf Carl wartete eine literarische Huldigung: Theodor Hell hatte ein Festspiel geschrieben, das ihm zugedacht war.

Abschiedsbrief an einen Schüler

Mein lieber Julius!

Es drängt mich, vor unserem Scheiden noch mit Ihnen zu sprechen... Daß Sie mein Schüler geworden, gab mir Gefühl der Pflichten für Ihr Wesen überhaupt, denn ich kann die Kunst nicht vom Menschen trennen, der in ihr lebend erst recht eigentlich das ganze Leben ehren lernen soll. Sie wissen, wie sehr ich jene sogenannte Genialität verachte, die in dem Künstlerleben einen Freibrief für alles zügellose Treiben und das Verletzen alles Sittlichen, bürgerlich Achtungswürdigen zu besitzen glaubt. Es ist keine Frage, daß das Sich-Hingeben die Phantasie weckt, daß vorsätzliches und notwendiges Einwiegen in jene bunten Träume sich nur gar zu gern in das wirkliche Leben überträgt. Es ist gar zu süß, *sich so ganz gehenzulassen* – aber hier muß sich nun die eigentliche Kraft des Menschen bewähren, ob er die Geister beherrscht... oder ob er, von ihnen besessen, sich als Wahntoller wie ein Fakir zum Preise des Götzendienstes dreht.

Wie töricht ist es, zu glauben, daß das ernste Studium der Mittel den Geist lähme. Nur aus der Herrschaft über dieselbe geht die freie Kraft, das Schöpferische hervor, nur vertraut mit allen schon betretenen Bahnen und frei sich auf ihnen bewegend, kann der Geist neue finden.

Seit mehr als zwei Jahren gab ich Ihnen Unterricht. Alle Erfahrungen, die mir der Himmel erlaubt zu machen, habe ich unverhüllt Ihnen mit jener Lust dargelegt, die so gern dem Freunde selbst ertragene Mühen erspart. – Kann ich Sie nun mit der Beruhigung entlassen, daß Sie dies alles in sich aufgenommen haben? Kann ich sagen: Hier steht einer, der das Seinige gelernt hat, und was nur Welt und Unstände ihm für Leistungen zumuten werden, er kann ihnen Rede stehen. Der Grund ist *fest*.

Lieber Julius, Sie haben so viel Scharfsinn, so viel Ehrgeiz, so viel Talent, Sie versündigen sich gegen Gott, Eltern, Kunst, sich und mich, wenn Sie sich ferner diesem träumerischen Forttaumeln überlassen, wenn Sie nicht lernen, mit fester Beharrlichkeit und jener Ordnung, die allein eine wahrhaft ehrliebende Seele kundgibt, der Welt und in der Welt zu leben. Ihre Unzuverlässigkeit, Ihre Nichtachtung alles Versprechens und Bestimmens ist zum Sprichwort unter allen Ihren Bekannten geworden. Es ist die Zierde des Mannes, der Sklave seines Wortes zu sein. Täuschen Sie sich nicht mit dem Wahne, man könnte in sogenannten Kleinigkeiten unwahr und unzuverlässig und bei bedeutenden Dingen das Gegenteil sein. Die ersteren machen das Leben aus und geben dem Zuschauer den Maßstab, und die furchtbare Macht der Gewohnheit läßt später selbst den besten Willen nicht zur Tat werden.

Mein lieber Julius, sosehr es Sie schmerzen mag, dies alles nochmals von mir zu hören, mich kränkt es gewiß noch tiefer. Sie sind ein Teil meines Ichs geworden, Sie stehen mir *so* nahe, und *solches* muß ich Ihnen noch sagen? Ich vertraue aber auf den, der alles zum Guten lenkt. In jedem Leben gibt es Wendepunkte, die für die Dauer desselben entscheiden. Lassen Sie einen solchen eintreten. Legen Sie sich einen die Kunst herausfordernden Mangel auf, setzen Sie Ihre Ehre darein, selbständig zu sein, und reichlich werden Sie sich durch Ihr Selbstgefühl für alle Entbehrungen entschädigt und belohnt fühlen.

Ich umarme Sie von Herzen und gebe Ihnen meine innigsten Wünsche auf den Weg mit…

Des Himmels bester Segen über Sie
von
Ihrem treuen Lehrer und Freunde

14. Die große Reise

Zu Beginn des neuen Jahres nahm Weber intensive Besprechungen mit seinem Rechtsberater Dr. Engelhardt auf. Sein Testament sollte Caroline und den Kindern eine bescheidene materielle Basis für den Fall seines Todes sichern.

Außerdem entwarf er ein »Rundschreiben an sämtliche Bühnen«, aus dem hervorgeht, wie unzulänglich der Rechtsschutz geistigen Eigentums damals noch gehandhabt wurde.

Rundschreiben an sämtliche Bühnen
Da außer in Frankreich und England das geistige Eigentum noch auf keine Weise gänzlich vor räuberischen Anfällen gesichert ist, diebische Kopisten und gewissenlose Musikhändler aber, wie z. B. Zulehner in Mainz, selbst Bühnen vom ersten Range durch ihr Zudrängen verleitet haben, sich meine Werke auf unrechtmäßigem Wege zu verschaffen, so sehe ich mich genötigt, die Maßregel zu ergreifen, Sie mit Gegenwärtigem zu belästigen; indem ich mir die Ehre gebe, Ihnen anzuzeigen, daß die von mir zunächst für London komponierte Oper: *Oberon,* durch eine treffliche deutsche Bearbeitung des Herrn Hofrat Winkler (Theodor Hell) zur Aufführung in Deutschland vorbereitet, nur unmittelbar von mir selbst auf rechtmäßige Weise erhalten werden könne.

Ich ersuche ergebenst, mir nur mit 2 Worten den Empfang dieser Anzeige gefälligst zu bestätigen und sich durch diese keineswegs zum Ankauf des Werkes aufgefordert zu glauben, da die eigentümlichen Verhältnisse jeder Bühne allein ihr Repertoire bestimmen können.

Zugleich werde ich diese Anzeige nebst dem Verzeichnis der geehrten Bühnen-Direktionen, denen sie zugesendet werden, in den gelesensten Zeitschriften zur Kenntnis des Publikums und Warnung der Unterschleifhändler öffentlich bekannt machen.

Der ich die Ehre habe
mit Achtung zu sein etc.

Dresden, im Januar 1826 Carl Maria von Weber

Was er in diesem Rundschreiben nicht aussprach, obwohl es ihn schon längere Zeit beschäftigte: *Oberon* war in der jetzt vorliegenden Fassung für deutsche Bühnen nicht aufführbar. Die große Menge gesprochener Dialoge, die Tatsache, daß überhaupt die Hälfte der Darsteller Schauspieler, nicht Sänger sein mußten, forderte eine umfassende Bearbeitung des Textes. Und er dachte an einen durchkomponierten Text. Aber wann sollte er die Kraft und die Zeit finden, diese Arbeit durchzuführen? Ein Problem, über das er oft sorgenvoll nachgrübelte. Im Grunde ist es bis heute nicht gelöst worden, trotz der zahlreichen Bearbeitungen gerade dieses in seiner musikalischen Substanz so reichen, beglückenden – und so romantischen Werkes.

Alle sonstigen Fragen besprach er mit seinem treuen Freunde Roth und seinem juristischen Berater Dr. Engelhardt. Caroline mußte bei diesen Gesprächen anwesend sein, damit sie, falls ihm etwas zustieß, sofort in seinem Sinne handeln könne. Angesichts Carl Marias elenden Zustandes, der sich in den letzten Wochen noch verschlechtert hatte, waren es qualvolle Stunden für eine junge Frau mit zwei kleinen Kindern, die ihren Mann über alles liebte und für die das Leben eigentlich gerade erst anfing.

Weber hatte einen bequemen Reisewagen gekauft; diesen und seine eigenen Pferde würde der alte Kutscher Johann bis nach Oschatz lenken, wo dann fremde Fahrer den Wagen von Station zu Station übernahmen. Ein gewisser Trost für Lina war, daß sich der Soloflötist der Hofkapelle, Anton Bernhard Fürstenau, entschlossen hatte, eigene Konzerte mit Webers Reise zu verbinden und mit ihm nach London zu fahren. Er war ein großer Verehrer seines Kapellmeisters, und Weber schätzte ihn als hervorragenden Musiker und liebenswerten Menschen. Er würde ihrem Carl gewiß in allen Situationen hilfreich zur Seite stehen, dachte Lina.

Es kamen nun die Abschiedsvisiten, die letzte Audienz beim König, der sich kühl und uninteressiert zeigte; schließlich, nach einer *Freischütz*-Aufführung, der Abschied von seiner Kapelle, der Weber sehr naheging. Während all dieser Reisevorbereitungen hatte sich Weber mit dem dritten Finale des *Oberon* beschäftigt und ihn im Entwurf vollendet.

Der letzte Abend, die letzte Nacht zu Hause. Für Carl und Lina verlief sie fast schlaflos. Seine freiwillige Trennung von ihr und den Kindern erschien ihm jetzt unbegreiflich. Wie sollte er diese lange Zeit allein überstehen?

Am frühen Morgen trat er leise noch einmal an die Bettchen der Kleinen, die fest schliefen, rosig, behaglich zusammengerollt, die Haare verwirrt vom Schlaf. Er küßte sie sanft. Draußen war inzwischen der Reisewagen vorgefahren, Fürstenau saß bereits darin. Das Gepäck wurde eingeladen, noch eine letzte Umarmung, ein letztes Winken. Der alte Johann grüßte mit der Peitsche, die Pferde zogen an. Das Wetter war herrlich, noch etwas kalt, der neue Wagen überaus bequem. Es zog nirgends. Ein besonderes für Webers empfindlichen Rücken konstruiertes Kissen stützte ihn angenehm, er hatte auch nach stundenlangem Sitzen keine Schmerzen. Sicher dachte er in wachen Momenten ständig an seine zurückgelassene Familie. Max war jetzt bald vier, Lexel ein Jahr und vier Monate.

»Den ganzen Tag habe ich in Gedanken mit Dir und meinen guten bösen Buben verlebt, und gewiß haben Dich viele, die es gut meinten, heute gequält mit Tröstenwollen«, schrieb er Caroline von Leipzig aus. Noch immer, auch in den folgenden Tagen, gab er sich ganz dem traumhaften Zustand hin, wie er sich zuweilen nach Strapazen und Aufregungen einstellt. Er baute Luftschlösser für künftige Reisen, überlegte sich ernsthaft, wo Lina, Max, Lexel, Ali und Schnuff ihre Plätzchen im Wagen finden, in welche Tasche die Kinder Bonbons und Spielsachen stecken sollten.

Ihm fielen die ersten Noten ein, die er für Mäzze aufgeschrieben hatte; damals war der Kleine ungefähr so alt wie Lexel heute. Die Kindermelodie ging und ging ihm nicht aus dem Sinn:

Am 16. Februar 1826 waren sie von Dresden aufgebrochen, am 25. Februar kamen sie in Paris an. »Gestern bis hierher«, schrieb Carl an Lina, »wo ich im Hotel de Bruxelles wohne. Alles ist im besten Stande, bis auf einen Hosen-

knopf und zwei Wagenfenster. Die letzteren sind sogleich hergestellt, der erstere erwartet meine eigene Kunstfertigkeit...«

Weber hatte eigentlich incognito bleiben wollen. Doch schon am nächsten Tag machte er Höflichkeitsbesuche bei Paër, Cherubini, Catel, Auber, Berton und anderen; Komponisten, die er entweder persönlich kannte oder deren Opern er mit großer Freude aufgeführt hatte. Auch beim deutschen Gesandten gab er Karten ab und besuchte vor allem Rossini, über den er sich so oft negativ geäußert hatte. Erst die ungewöhnlichen Qualitäten der Wiener Aufführungen hatten sein Urteil gemildert. Atemlos vom Treppensteigen versuchte er, dies Rossini zu erklären. Der lächelte nur: Er könne nicht deutsch und lese gar keine Kritiken. Er war erschüttert von Webers elendem Zustand und bat ihn dringend, die Londoner Strapaze aufzugeben – natürlich vergeblich. Weber hörte einige Konzerte, begegnete Kalkbrenner, den er schätzte, und hörte den jungen begabten Geiger Bériot. Er besuchte auch die Oper; am besten gefiel ihm *La dame blanche* von Boieldieu im »Théâtre Feydeau«. Nach Dresden schrieb er, man solle das reizende Stück aufführen, Hell müsse es sofort übersetzen!

Was er nicht erfuhr: Einer der begabtesten Musiker Frankreichs, der damals 22jährige Hector Berlioz, war ein großer Bewunderer seiner Musik, aber selber zu unbekannt und zu schüchtern, um sich direkt an den berühmten Komponisten zu wenden. Die einmalige Gelegenheit ging ungenützt vorüber.

Weber wurde in Paris außerordentlich gefeiert, geehrt, eingeladen, offiziell begrüßt und viel zuviel besucht. Es war schön, natürlich, und es hob seine Stimmung; nur war es entsetzlich anstrengend. In Calais erlitt er einen schweren Krampfanfall, der Fürstenau in große Angst versetzte. Webers unglaubliche Energie und die frische Meeresbrise halfen, den Anfall zu überwinden. Trotz leichter Seekrankheit genoß er die drei Stunden auf See.

In Dover holte ihn ein hoher Polizeibeamter aus der Menge wartender Passagiere heraus. »...er kam sogleich mit allen Papieren selbst zu mir, überhäufte mich mit Artigkeiten, bat, ich möchte ja der Ruhe pflegen und mich keinen Schritt bemühen, er wolle alles selbst besorgen etc. Ist das nicht erfreulich und spricht für die Stimmung überhaupt?«

Am nächsten Tag ging es nach London in einer Expreßkutsche. »Die Wiesen mit dem schönsten Grün bedeckt, die Gärten mit blühenden Blumen, alle

Gebäude von einer Eleganz und Nettigkeit, die unglaublich gegen den Schmutz in Frankreich absticht.« Die Fahrt nach London von 12 Meilen wurde in 15 Stunden zurückgelegt. Smart erwartete ihn schon an der Poststation mit einer Kutsche, in die alle Sachen und Menschen hineingepackt wurden: »... eine sehr abenteuerliche Fuhre.« Smart hatte zwei Zimmer für seinen Gast herrichten lassen; im Wohnraum fand er ein gutes Pianoforte mit einem artigen Billett des ersten Instrumentenmachers. »An alle mögliche Bequemlichkeit ist gedacht, und ich kann Dir manches Spaßhafte erzählen. Bad, alles ist im Hause.«

Schon am 6. März wollte Weber unbedingt eine Aufführung in »Covent Garden« erleben und sah als erste Vorstellung *Rob Roy,* eine Art Oper nach Walter Scott. »Ein prachtvoll dekoriertes, nicht übermäßig großes Haus. Wie ich so an die Logenwand trete, um es deutlich zu sehen, ruft auf einmal eine Stimme: ›Weber! Weber ist hier!‹, und obwohl ich mich schnell zurückzog, brach doch ein solches Jubeln, Applaudieren und Vivatrufen aus, das gar kein Ende nehmen wollte... Kann man mehr Enthusiasmus, mehr Liebe verlangen und hoffen? Sind das die kalten Engländer, die mich so aufnehmen?«

Im selben Brief versicherte er Lina, sie könne wegen der Sängerin und des Orchesters ganz ruhig sein. »Miss Paton ist eine Sängerin vom allerersten Range, die die Rezia göttlich singen wird. Braham desgleichen, aber in anderer Art... Ich begreife nicht, was die Leute dem englischen Gesang Übles nachsagen. Die Sänger haben vollkommen gute italienische Schule, schöne Stimmen und Ausdruck.« Das Orchester nannte er recht brav, die Chöre recht gut.

»Am 8. März war ein harter, aber schöner Tag, dessen Freude vollkommen war durch die Überraschung, die mir Dein lieber Brief Nr. 3 machte; ich erhielt ihn als wahres Belebungs- und Stärkungsmittel nach der Probe.« Carl und Lina pflegten ihre Briefe zu numerieren, um feststellen zu können, ob auch jeder ankam. Die Probe, von der Carl schrieb, war die erste für die vier Konzerte mit *Freischütz*musik, zu denen er sich dem »Oratorium« verpflichtet hatte. Dieses war trotz seines Namens kein Institut, das ausschließlich geistliche Musik berücksichtigte. Für diese gab es in London die großen Konzerte in der Westminster-Abtei sowie die der »Society for Sacred and Ancient Music«. In diesen wurden nur Werke aufgeführt, die mindestens 50 Jahre alt waren und sich bereits als Klassiker bewährt hatten.

Man besaß hier viel Sinn für Tradition. Es gab noch eine ganze Reihe von Konzerteinrichtungen in London; die von Lord Smart gegründeten »Oratorien-Konzerte« oder »Grand Performances of Ancient and Modern Music« erfreuten sich großer Beliebtheit. Neben weltberühmten sinfonischen Werken wurden auch populäre Opernouvertüren gespielt sowie Teile, Arien und Ensembles aus geistlichen wie dramatischen weltlichen Werken. Es waren attraktive, zuweilen bunte Programme.

Die Auswahl der *Freischütz*-Nummern, die Weber dirigierte, entzückte das Publikum von Anfang an; schon Webers erster Empfang war überwältigend. Als er erschien, ein kleiner, blasser bescheidener Mann in Schwarz, erhob sich das ganze Haus. Es wurde »Weber« geschrien, gewinkt, manche Zuhörer stiegen auf die Bänke, tobten und klatschten. Erst nach einer Viertelstunde konnte er mit dem Konzert beginnen. Er dirigierte mit einer Notenrolle, wie auch zu Hause oft. Für die englischen Hörer etwas Sensationelles: Man war von der italienischen Oper her den Kapellmeister am Pianoforte und den Einsätze gebenden 1. Geiger gewöhnt. Da fast alle Nummern wiederholt werden mußten, dauerte dieses Konzert bis halb zwei Uhr nachts. Bei jedem neuen Beifallssturm reichte Weber den Sängern die Hände; er wollte damit sagen, daß der Hauptbeifall ihnen gebühre. Moscheles sprach Weber nach dem Konzert; erschöpft, matt, doch glücklich lächelnd saß er auf einem Sofa, von begeisterten Zuhörern umgeben. Er hatte nur einen Gedanken: »Wüßte sie es doch daheim!«

Vielen Konzertbesuchern fiel an diesem Abend Webers nur mühsam unterdrückter Husten auf. Am nächsten Vormittag wurden in der Great Portland Street 91 Dutzende von Hustenmitteln, Gelees und Konfitüren abgegeben.

Webers *Freischütz* war in London nicht unbekannt. Er war schon im Juli 1824 im »English Opera House«, dem Theatre Royal, gegeben worden, allerdings erstaunlich angereichert. Der Tenor – er hieß Rudolf statt Max – hatte unter anderem eine englische Polacca gesungen und Agathe statt des ersten Duetts mit Ännchen das beliebte Lied *War's vielleicht um eins, war's vielleicht um zwei?* Solche Willkürlichkeiten waren damals möglich und üblich. Trotzdem wurde Webers Oper sehr schnell bekannt, und seine Melodien waren es, die die Hörer faszinierten, man sang sie, man pfiff sie, es gab zahllose Variationen über *Freischütz*-Themen, man hörte sie in der Oper und vom

Freischütz-Travestie von Septimus Globus. Illustration von George Cruikshank, London 1824

Leierkasten auf der Straße. Webers *Oratorien-Konzerte* lösten wahre Stürme der Begeisterung aus: Noch nie hatte man hier ein so diszipliniertes, klangschönes Orchesterspiel gehört. Dieses Erlebnis wirkte besonders stark auf musikalisch vorgebildete Hörer.

Für ein großes Diner, das bei Severin, Arzt und erstem Chemiker von London, gegeben wurde, hatte der Herzog von Sussex die Präsentation übernommen. »Ein höchst liebenswürdiger Fürst«, berichtete Carl. »Der Herzog trank auf meine Gesundheit und setzte auseinander, wie wuchtig meine Musik auf den englischen Geschmack eingewirkt habe, daß eine gänzliche, wohltätige Revolution entstanden sei und die Nation mir nicht dankbar genug sein könne.«

Wie es im allgemeinen bei Soireen des Adels zuging, können wir Webers

Charles Kemble, erfolgreicher Schauspieler und Intendant von Covent Garden, der mit Sir Smart Weber während seiner Emser Kur aufsuchte. Die finanzielle Frage wurde dabei nicht geklärt

Anton Bernhard Fürstenau (1792–1852), Soloflötist der Hofkapelle, begleitete Weber auf der Reise nach London. Weber schätzte ihn als hervorragenden Musiker und liebenswerten Menschen. Kupferstich von W. Bäßler, Dresden, Staatliche Kunstsammlungen

Sir George Smart spielte eine führende Rolle im Musikleben Londons, er war Kapellmeister und Vorsitzender der Philharmonic Society und hatte für Weber ein behagliches kleines Apartment in seinem Haus eingerichtet. Ölgemälde von W. Bradley, London, National Portrait Gallery

Der erwachsene Max Maria von Weber, gezeichnet von seinem Bruder Alexander, 1844

Schon am 6. März besuchte Weber eine Aufführung im Covent Garden: »Ein prachtvoll dekoriertes, nicht übermäßig großes Haus.« Er wurde sofort erkannt und jubelnd begrüßt. Covent Garden, dortiges Archiv

Schilderung einer Großen Réunion bei Lord Hertford entnehmen: »Um halb elf fuhr ich zu Lord Hertford. Gott, welche große Gesellschaft! Herrlicher Saal, 500–600 Personen da, alles im höchsten Glanze. Fast die ganze italienische Operngesellschaft... Da wurden Finales gesungen etc., aber kein Mensch hörte zu. Das Geschrei und Geplauder der Menschenmenge war entsetzlich. Wie ich meine *Polacca in Es* spielte, suchte man einige Ruhe zu stiften, und ungefähr hundert Menschen sammelten sich teilnehmendst um mich; was sie aber gehört haben, weiß Gott, denn ich hörte selbst nicht viel davon. Ich dachte dabei fleißig an meine 30 Guineen und war so ganz geduldig. Gegen zwei Uhr endlich ging man zum Souper, wo ich mich aber empfahl.«

Neben solchen Strapazen des Körpers, der Nerven und der Konzentrationsfähigkeit vollendete Weber den *Oberon,* komponierte für den Tenor Braham neue *Gesangsstücke,* ganz nach dessen Wünschen, darunter eine Preghiera – Gebet –, die den klangvollen Tenor des Sängers besonders schön zur Geltung brachte, schrieb häufig an Caroline, seinen Gesundheitszustand vorsichtig umschreibend, zwischendurch aber auch Überraschendes wie dieses: »Aha! da kommen die Austern, da muß Frau Mukkin weichen, natürlich... Ach lieber Gott, könnte ich Dich doch herzaubern. Das hat gut geschmeckt: Von solchen Austern haben wir doch keinen Begriff auf dem festen Lande. Dann einige Scheiben Schöpsbraten und einen Schluck Porter – delikat! Die englische Küche behagt mir sehr wohl in ihrer kräftigen Einfalt.«

Sicher waren Carls heitere und genau beschreibende Mitteilungen sehr geeignet, Carolines Angst um ihren Mann, um seine Gesundheit, zu beruhigen, so daß ihr kleiner Sohn Max sie nicht ermahnen mußte, »brav zu sein und sich nicht mehr zu ängstigen«. Sie hatte Carl die Worte des Kleinen berichtet, und er schrieb ihr zurück: »Folge nun auch dem Kinderwort!« In diesen für ihn sehr anstrengenden Wochen vor der *Oberon*-Premiere schrieb er ihr trotzdem über alles, was sie interessieren konnte, besonders über die häusliche Situation bei Sir George und von dem freundlichen Dienerehepaar, das seit 16 Jahren bei Smart tätig war. »Ich muß hier wiederholen, wie vortreff-

◀ Caroline von Weber 1844, von ihrem begabten Sohn Alexander gemalt. Privatbesitz, z. Zt. Dresden-Hosterwitz

Weber in London. Lithographie von R. J. Lane nach John Cawse

lich ich in diesem Hause aufgehoben bin, diese Sorgfalt und Pünktlichkeit, ganz Leute, wie ich sie brauche. Auf die Minute, einmal gesagt, für ewig, und dabei so anständig; kurz, excellent, ich kann dem Himmel nicht dankbar genug dafür sein... Ich habe heute die Romanze für Fatime beendigt und wäre nun eigentlich fertig, bis auf die Ouvertüre, die ich aber auch schon teilweise eingetragen habe. Und so kommt denn alles endlich zustande, selbst eine Oper. Mein Husten ist sehr brav und meine Kurzatmigkeit war heute bedeutend geringer als sonst. Bitte, bitte, lieber Gott, nur bald gut Wetter, danach sehne ich mich ordentlich.«

Komponistenarbeit, private Soireen und öffentliche Konzerte gingen unaufhörlich weiter. Am widerwilligsten dirigierte Weber *Freischütz*-Konzerte. Immer und immer wieder wurde dieses Stück von begeisterten Fachleuten gelobt, von Laien aller Art in den Himmel gehoben; es war manchmal, als hätte er nichts anderes geschrieben. Und *Euryanthe?* Und wie würde man *Oberon* aufnehmen? Immer wieder hielt er sich selber streng vor, daß er die ganze Strapaze ja nur des Geldes wegen unternommen habe – die Einnahmen sind die Hauptsache! dachte er bockig. Aber er fühlte, daß gerade in der Musik des *Oberon* etwas vom Reinsten und Heitersten seiner musikalischen Phantasie spürbar wurde. Wenn er die Elfenpartien, die Arien und Ensembles, die Szenen mit dem Meeresgott, mit Puck, mit dem schönen Liebespaar dirigierte, war es ihm auch bewußt. Von Miss Paton – übrigens mit einem Lord verheiratet – war er besonders entzückt. Ihre Stimme hatte die Wärme eines edlen Instrumentes, sie bewältigte auch die dramatische Szene *Ozean, du Ungeheuer!* (die schon Klänge des *Fliegenden Holländers* und des *Ringes* von Wagner vorausnahm). Braham, der ihm so viele Extras abverlangte, war ein idealer Händelsänger, das Ruhige, Getragene lag seiner Stimme, die nicht mehr ganz jung war. Schauspielerisch trat er nicht hervor. Und dann war da noch Fatime, Madame Vestris, die am perfektesten sang.

Mitten in dem ruhigen Verlauf der Proben kam es plötzlich zu großer Aufregung und Erschütterung: Miss Paton hatte ihr geliebtes Töchterchen in wenigen Tagen an den Masern verloren! Die Proben wurden unterbrochen, die Premiere verschoben.

Am 11. April 1826 war die Generalprobe des *Oberon* angesetzt, mit glänzendem Publikum in allen Logen. Im 2. Akt, vor Rezias und Hüons Auftritt, entstand eine Pause, wurde länger und länger, was war nur los? Schließlich erschien Fawcett, der Regisseur, und bat um einen Arzt, Miss Paton sei ein Versatzstück auf den Kopf gefallen. Sie wolle, nach einiger Erholung, weiterspielen. Sie erholte sich jedoch nicht, und die Generalprobe, die so gut begonnen hatte, endete ohne die Hauptsängerin. Eine für Miss Paton angesetzte Probe am Premierentag besuchte sie nicht; sie müsse sich für den Abend schonen, ließ sie bestellen. Weber dachte im stillen: Mein Stern hat sich gemeldet. Niemand konnte voraussagen, wie diese Premiere ausfallen würde.

Mary Ann Paton spielte die weibliche Hauptrolle, Rezia, im *Oberon.* Weber bezeichnete sie als »eine Sängerin vom allerersten Range«. Covent Garden, Archiv

Urteile über *Oberon*

Weber, als echtestem Romantiker, war eben das Geisterreich keine Spielerei, die eine sentimentale Wallung schafft, eine ironische Laune bannt wie bei den romantischen Poeten, sondern seine Kunstwelt bevölkerte sich ganz von selbst und notwendig mit Elfen, Gnomen, Geistern und Elementarwesen… Die Lebenskraft der Welt nahm für seine Künstlerseele diese Form an, und solange er sich mit ihr beschäftigte, existierte sie für ihn wirklich.

Max Maria von Weber

Wie überragend ist diese zarte Arbeit, wie müßte man suchen, der Musik wegen alles zu tun, um sie zu beleben, schön zu geben, dabei nicht durch Pracht zu erdrücken. Aber so ist's! Im Leben lassen sie ihn für ein englisches Possentheater arbeiten, und nach seinem Tode akzeptieren sie sein Werk als Meisterwerk und verschleudern es! Und so wird es bleiben. Mir macht die Musik einen unsäglichen Eindruck. Jungfräulich, naiv und rein. Etwas vom Schillerschen Geiste wehte in Weber, dazu etwas Fröhliches, Heiteres. Ich sage zu Richard, daß ich ihn wohl nicht für ein solches Genie wie Mozart halte, doch daß er uns viel näherstände. ›Oh‹, erwiderte dieser, ›es erklang da etwas ganz anderes. Das war das Deutsche.‹

Cosima Wagner in ihrem Tagebuch

Weber erforscht die Seele der einzelnen Instrumente und legt sie mit behutsamer Hand bloß. Sie offenbaren sich ihm und geben ihm mehr, als er gefordert hatte. Auch bewahren seine kühnsten Klangkombinationen, wenn er absichtlich symphonisch wird, noch die individuelle Klangfarbe, die den einzelnen noch ursprünglich war, sowie Farben, die übereinander gemalt sind und sich nicht vermischen und in ihrer gegenseitigen Wirkung ihre Individualität eher noch verstärken als vernichten.

Claude Debussy an Robert Godet

Diese Musik ist wesentlich melodiös, aber verschieden von derjenigen der größten Melodiker. Die Melodie entströmt den Stimmen und den Instrumenten wie ein leichter Duft, den man mit Wonne einatmet, ohne vorerst sein Wesen bestimmen zu können. Ein musikalischer Gedanke, dessen Anfang überhört wurde, hat sich, im Augenblicke, wo der Zuhörer auf ihn aufmerksam wird, schon seiner bemächtigt, ein anderer, dessen Ausklingen ihm entgangen ist, beschäftigt ihn noch eine Weile, nachdem er nichts mehr davon hört. Der Hauptreiz dieser Musik ist die Anmut, eine auserlesene, etwas eigentümliche Anmut.

Hector Berlioz

15. *Oberons* Horn

Am Premierentag, dem 12. April 1826, fuhr Weber um sechs Uhr ins Theater. Wie würde es Miss Paton jetzt gehen? Wie würde die Aufführung ablaufen? Er gab sich äußerlich gelassen, aber innerlich war er gespannt und sehr beunruhigt. Nach der Aufführung schrieb er wie stets an Lina.

»Nachts 3/4 auf 12 Uhr

Meine innigst geliebte Lina!

Durch Gottes Gnade habe ich denn heute Abend abermals einen so vollständigen Erfolg gehabt wie vielleicht noch niemals. Das Glänzende und Rührende eines solchen vollständigen und ungetrübten Triumphes ist gar nicht zu beschreiben. Gott allein die Ehre!

Wie ich ins Orchester trat, erhob sich das ganze überfüllte Haus, und ein unglaublicher Jubel, Vivat- und Hurra-Rufen, Hüte- und Tücherschwenken empfing mich und war kaum wieder zu stillen. Die Ouvertüre mußte wiederholt werden. Jedes Musikstück zwei- bis dreimal mit dem größten Enthusiasmus unterbrochen. Brahams Arie da capo… Im 2. Akt Fatimes Romanze und das Quartett da capo. Das Finale wollten sie auch zweimal haben, es ging aber wegen des Szenischen nicht…«

Am nächsten Tag fuhr er fort:

»Die Paton sang herrlich, und die Vorstellung griff so ineinander mit solchem Feuer und Liebe, wie Du wohl weißt, daß meine Musik das Glück hat, bei den Menschen hervorzubringen. Wie oft habe ich dabei an Dich gedacht…«

Er erzählt weiter, beschreibt die großartige Ausstattung, die Schönheit der Kostüme, die Leistungen jedes wichtigen Darstellers. Übrigens: Er ist als erster Komponist in London vom Publikum herausgerufen worden und mußte sich auf der Bühne verneigen; nicht einmal Rossini hat man so geehrt. Die ersten zwölf Vorstellungen waren bereits ausverkauft, er würde sie dirigieren.

Es ist etwas Fiebriges in diesen Berichten, ein inneres Gehetztsein, das wahrzunehmen weh tut. Während er Lina schrieb, sein Gesundheitszustand sei zu gut, um zu klagen, und nicht gut genug, um ihn zu loben, stand am gleichen Tag in Webers Tagebuch: »Mehr Blut ausgeworfen, darüber sehr erschrocken. Nichts gegessen, sehr unwohl.«

Bis zur *Oberon*-Premiere waren die Symptome seiner Krankheit ungefähr gleichbleibend, danach verschlechterte sich sein Zustand ständig. Er hatte den Neffen von Friedrich Kind kennengelernt, einen jungen Arzt, der ihm nach Kräften helfen wollte, und Carl war auch bereit, seine Verordnungen zu befolgen. Dr. Kind riet Weber, Blausäuredämpfe einzuatmen, das würde die quälende Kurzatmigkeit bessern. Auch einen Vesicator, ein großes Senfpflaster, ließ er sich auf der Brust befestigen. An Caroline schrieb er, daß der Husten lose sei, die Kurzatmigkeit wie zu Hause: »Ich kann nicht weit gehen, muß immer fahren. Appetit ist erträglich, Schlaf sehr gut, Humor nicht sonderlich, Sehnsucht sehr groß. Du siehst, ich male nicht ins Schöne... Du kannst ganz ruhig sein.«

In einem anderen Brief: »Ich habe *Oberon* nun achtmal in acht Tagen dirigiert, jedesmal brechend volles Haus, jedesmal die größte Teilnahme. Es ist das entschiedenste Furore, das es geben kann; Gott sei ewig gedankt.«

Der Erfolg der Oper war in der Tat einmalig. In London gab es sonst häufig kritische Zuhörer, eine Opposition, die lautstark die Vorstellung störte oder beim Applaus dazwischenfuhr. Im *Oberon* hörte man nur begeisterten Beifall, Jubel für den Komponisten und die Darsteller. Das war es, was Weber als besonders wohltuend empfand. Er hatte sich ausgerechnet, daß seine Familie jetzt wahrscheinlich schon in Hosterwitz wohnen würde, ließ alle Hausgenossen herzlich grüßen, »auch alle Bäume, Beete und Blumen«.

»Wie zähle ich die Tage, Stunden, Minuten bis zu unserem Wiedersehen. Wir sind doch sonst auch getrennt gewesen und haben uns gewiß auch liebgehabt, aber diese Sehnsucht ist ganz unvergleichbar... Nach all diesen Erfolgen gehe ich herum wie einer, der gehangen werden soll.«

Am 16. Mai schrieb er zum letztenmal an Lina, daß er nach einem anstrengenden Tag »sehr süß geschlafen« habe.

Die schwierige Situation bei seinem eigenen Konzert, auf das er so große Hoffnungen setzte, regte ihn auf und beschäftigte ihn unterschwellig eigentlich ständig. Die »Philharmonische Gesellschaft«, in deren Rahmen es stattfand, war der Inbegriff aristokratischen Anspruchs, ihre Träger waren die Lords und Ladys. Voraussetzung für den Erfolg war es, diesen Hörerkreis zu gewinnen. Jedes Mitglied mußte persönlich eingeladen, höflich aufgesucht und charmant motiviert werden. Zu solchen Aktivitäten war Weber physisch nicht mehr fähig, und sie lagen ihm auch nicht.

Rossini hatte bei seinem letzten Londoner Gastspiel in der eigenen Equipage, von elegant ausgestatteten Domestiken begleitet, sämtliche Mitglieder besucht. Seine Ankunft wurde jedesmal zu einem amüsanten kleinen Bühnenauftritt des berühmten Maestros. Er präsentierte sich selbstbewußt als der *Gebende* – nicht etwa als einer, der um etwas *bat!* Webers elendes Aussehen sowie Husten und Kurzatmigkeit waren keine Empfehlung für einen Konzertgeber.

Das Traurigste: Von den zahlreichen Deutschen, die in London lebten, hatte sich kaum einer um Webers Opern und Konzerte gekümmert. Die wirklichen Kenner der Londoner Musikszene bedauerten besonders, daß Weber nicht schon ein halbes Jahr eher gekommen war. Da war sein Name plötzlich aufgestiegen, da drängten sich alle, diese interessante neue Musik zu hören – da war er *Mode* gewesen!

Aber die Weberbegeisterung dauerte nicht ewig, und so fand der attraktive Abend am 26. Mai 1826 in den »Argyle Rooms« vor einem halbleeren Saal statt. Dabei gab es ein wunderschönes Programm mit hervorragenden Mitwirkenden; sogar ein neues Lied von Weber, das er auf Bestellung eines Mäzens komponiert hatte, wurde an diesem Abend uraufgeführt. Doch Weber war am Tag so schwach gewesen, daß er nur die Singstimme für die Sängerin notierte und die Begleitung am Abend improvisierte. Es war das letzte Mal in seinem Leben, daß er an einem Klavier saß. Nach einem Flötenkonzert von Fürstenau und der Arie des Max aus dem *Freischütz* dirigierte er noch die Ouvertüre zu *Euryanthe,* sein Lieblingsstück. Danach wurde herzlich und lebhaft geklatscht. Aber es war der Applaus eines zu kleinen Publikums in einem viel zu großen Saal. »Das ist Weber in London!« sagte er außer sich.

Beim Abgang nach dem letzten Applaus mußte Weber sich auf Fürstenau stützen. Er hatte keine Kraft mehr, er erlitt einen völligen Zusammenbruch.

Die Freunde brachten ihn gemeinsam in die Great Portland Street zurück und dort ins Bett. Der Arzt bemühte sich noch eine Weile um ihn. Fürstenau und Smart wachten die Nacht über verstört und tief niedergedrückt in einem Zimmer, das wenigstens in der Nähe von Webers Räumen lag.

Sein Zustand war an diesem Konzerttag besonders schlecht gewesen. Das Tagebuch sagt: »Sehr angegriffen, sehr unwohl, so erschüttert. Ich hielt es im Konzert mit der größten Not aus. Senfpflaster auf der Brust, entsetzliche Beängstigung.« An Lina schrieb er sachlich. »Mein Konzert am 26. Mai war als Konzert eines der brillantesten. Orchester, Chöre, alles das Beste. Alles hat sich beeifert mir zu dienen, der berühmte Kramer spielte die Bratsche etc. Beifall über alle Maßen enthusiastisch; in der *Jubelkantate* ein Chor da capo gerufen etc. Aber die Einnahme, die ich bis jetzt nicht ganz sicher weiß, war sehr mittelmäßig.« Einige Tage später korrigierte er sich: »Mein Konzert ist doch noch besser ausgefallen, als ich dachte; ich habe gegen 100 Pfund Sterling übrig, für Deutschland viel, für London nicht.«

Fürstenau hatte für sein eigenes Konzert nur noch einen Vormittagstermin erhalten. Er erklärte Weber, daß er auf diesen verzichten und lieber früher mit ihm zurückfahren wolle. Carl griff diesen Vorschlag erleichtert auf und schrieb zum erstenmal einen sehr deutlichen Brief an Lina. »Das Schreiben wird mir etwas sauer, weil meine Hände so zittern. Und dann lebt die Ungeduld in mir; Du wirst nicht mehr viele Briefe von mir sehen, denn vernimm meinen grausamen Befehl: *Antworte mir nicht mehr auf diesen Brief nach London, sondern gleich nach Frankfurt poste restante.* Du staunst? Ja, ja, ich gehe nicht nach Paris. Was soll ich da, ich kann nicht gehen, nicht sprechen. Geschäfte will ich jahrelang verbannt wissen, also – besser der gerade Weg zur Heimat... welche herrliche Fahrt! Obwohl ich nun werde langsam reisen müssen und zuweilen einen halben Tag ruhen, so gewinnen wir doch wenigsten 14 Tage. Nun, was sagt die Frau Mukkin zu dieser Neuigkeit?«

Die letzten Tage des Mai, die ersten des Juni vergingen nach Webers Tagebuch mit »Atemnot, Schwäche, täglich um vier kaltes Fieber, sehr krampfhaft gehustet, abends sehr schlecht«. Weber hatte im Benefiz-Konzert von Miss Paton noch einmal die *Freischütz-Ouvertüre* dirigiert – eine letzte verzweifelte Anstrengung, um sich selbst zu beweisen, daß er auch eine ganze Vorstellung der Oper dirigieren könne; sie war zu seinem Benefiz angesetzt. Doch sah er nun seinen Irrtum ein und verbrachte die meiste Zeit liegend,

Weber. Zeichnung von einem Unbekannten, wahrscheinlich sein letztes Bild, 1826

ordnete seine Papiere, erledigte Geschäftsangelegenheiten und anderes. Außer Smart waren meist Fürstenau, Dr. Kind, Göschen, ein junger Deutscher, und Moscheles bei ihm. Sie baten ihn wiederholt, seine Abreise noch etwas zu verschieben – bis er wieder mehr Kräfte gesammelt hätte. Weber schüttelte den Kopf. »Ich muß fort zu den Meinigen, sie noch einmal sehen, und dann geschehe Gottes Wille!«

Die Abreise sollte am sechsten Juni morgens vor sich gehen. Am vierten abends waren zum letztenmal die engsten Freunde bei ihm. Bevor er in sein Schlafzimmer ging, gab er jedem von ihnen seine abgemagerte, zitternde Hand. »Gott lohne euch allen eure Liebe!«

Fürstenau, der einzige, der ihm beim Auskleiden behilflich sein durfte, sah noch einmal nach dem Vesicator auf seiner Brust und verließ ihn schweren Herzens. Weber wollte durchaus nicht, daß er im Schlafzimmer übernachtete, nicht einmal in einem Vorzimmer. Weber zog seine Uhr auf. »Nun laßt mich schlafen«, waren seine letzten Worte.

Vielleicht ist er in der Nacht noch einmal aufgewacht. Vielleicht war ihm, als hätte ihn jemand gerufen. Eine Stimme, die er gut kannte, ein Ton, den er liebte: Oberons Horn. Er hatte süß geschlafen, wie schon lange nicht mehr, nun fühlte er sich ganz leicht, ohne Schmerzen, ohne Atemnot. Plötzlich wußte er, warum ihm so wohl war: Oberon konnte ihn in wenigen Augenblicken bringen, wohin er sich immer gesehnt hatte.

Er erinnerte sich ganz deutlich an einen Gang mit Freunden durch den wispernden, flüsternden, sonnendurchglühten Grund in Hosterwitz. Er hatte den Zeigefinger auf die Lippen gelegt, damit niemand die Stille durch Sprechen störte, Oberons Stille, seine magische Welt.

Warum nur hatte er so entsetzliche Angst gehabt? Es war doch ganz leicht, fortzugehen. Mit einer neuen jungen Zärtlichkeit dachte er an Lina. »Oberon ruft und ich *muß* gehorchen – ade, ade geliebtes Herz!«

Hatte er diese Worte nicht schon einmal zu ihr gesagt – oder geschrieben? Lina würde sie verstehen.

Dann war nichts mehr um ihn als die sonnendurchglühte Weite von Hosterwitz und der Klang des Horns, der ihn trug, wohin er wollte.

Vielleicht ist es so gewesen. Vielleicht. Am Morgen des fünften Juni antwor-

tete Weber auf kein Klopfen, keinen Ruf. Als ein Schlosser schließlich die Tür aufbrach, die Weber von innen verriegelt hatte, fanden sie ihn mit gelöstem Lächeln auf der Seite liegend; er sah aus, als schliefe er, ohne Qual, ohne Schmerzen, von Klängen verzaubert, wie nur er sie vernehmen konnte. Der Arzt wurde gerufen, es sollte alles für Weber geschehen, alles, was zu tun noch möglich war! Der Doktor hob die abgemagerte durchsichtige Hand Webers auf, hielt sie einen Moment in der seinen und legte sie auf das Laken zurück. »Dieser Mann ist seit fünf oder sechs Stunden tot«, sagte er.

Nachmittags wurde die Obduktion vorgenommen in Gegenwart von zwei englischen Ärzten, Webers Arzt Dr. Kind und dem Chirurgen Dr. Robinson, der sie durchführte. Sie ergab zwei unheilbare Leiden, jedes genügend, den Tod herbeizuführen. Ein Geschwür an der linken Seite des Kehlkopfes, »von der Größe einer welschen Nuß, und in der durch und durch mit Tuberkeln erfüllten Lunge zwei Eiterhöhlen von der Größe mäßiger Hühnereier«.

In den nächsten Tagen wurde ein Verzeichnis der Hinterlassenschaft angefertigt. Es ergab sich, daß Weber in England im ganzen 1097 Pfund Sterling und 6 Shilling eingenommen hatte.

Die Nachricht von seinem Tode verbreitete sich schnell in der großen Stadt, sie löste Betroffenheit und Teilnahme aus, alle Zeitungen und Zeitschriften würdigten die Verdienste und das Wesen des verstorbenen Meisters. Auch kam der Stolz, daß dieser große Künstler sein letztes Werk für England geschaffen hatte, in vielen Beiträgen zum Ausdruck. Alle musikalischen Institute gedachten seines Wirkens durch Konzerte und Aufführungen seiner Werke.

Die einflußreichsten Londoner Freunde, Smart, Kemble, Moscheles und Braham, sorgten für eine würdige Beisetzung, die am 21. Juni in der Kapelle

Adagio. **No 1. Requiem etc.**

quiemaeter _ _ nam dona e _ is, Domine! re _ qui _ em ae-
de den Entschlaf. _ nen! segne du sie, E _ wiger! Frie _ de den Ent-
r nam do _ na e _ is, Do _ _ mine. dona, do _ na
hlafnen! seg _ ne du sie, E _ _ wiger! segne, seg _ ne
_ nam do _ na e _ is, Do _ mine! re _ quiem aeter _ nam
nen! seg _ ne du sie, E _ wiger! Frie de den Entschlaf _ nen
r nam do _ na e _ is, do _ na, dona e _ is, Domine! re _ qui-
lafnen! seg ne du sie, seg ne, segne du sie, E _ wiger! Friede

Webers erste Ruhestätte in der St. Moorfield-Kapelle in London

St. Mary in Moorfields stattfand. Die berühmtesten Sängerinnen und Sänger Londons hatten sich für das Requiem zur Verfügung gestellt, Orchester und Chöre sahen es als eine Ehre an, dabei mitwirken zu dürfen. Als der Trauerzug mit Webers Sarg am Eingang der Kapelle erschien, erklangen die ersten Töne des *Requiems* von Mozart, den Weber unter allen großen Musikern am meisten geliebt hatte.

Totenmaske von Weber. Am Morgen des 5. Juni 1826 fanden ihn seine Freunde friedlich entschlafen in seinem Bett. Dresden, Körner-Museum ▶

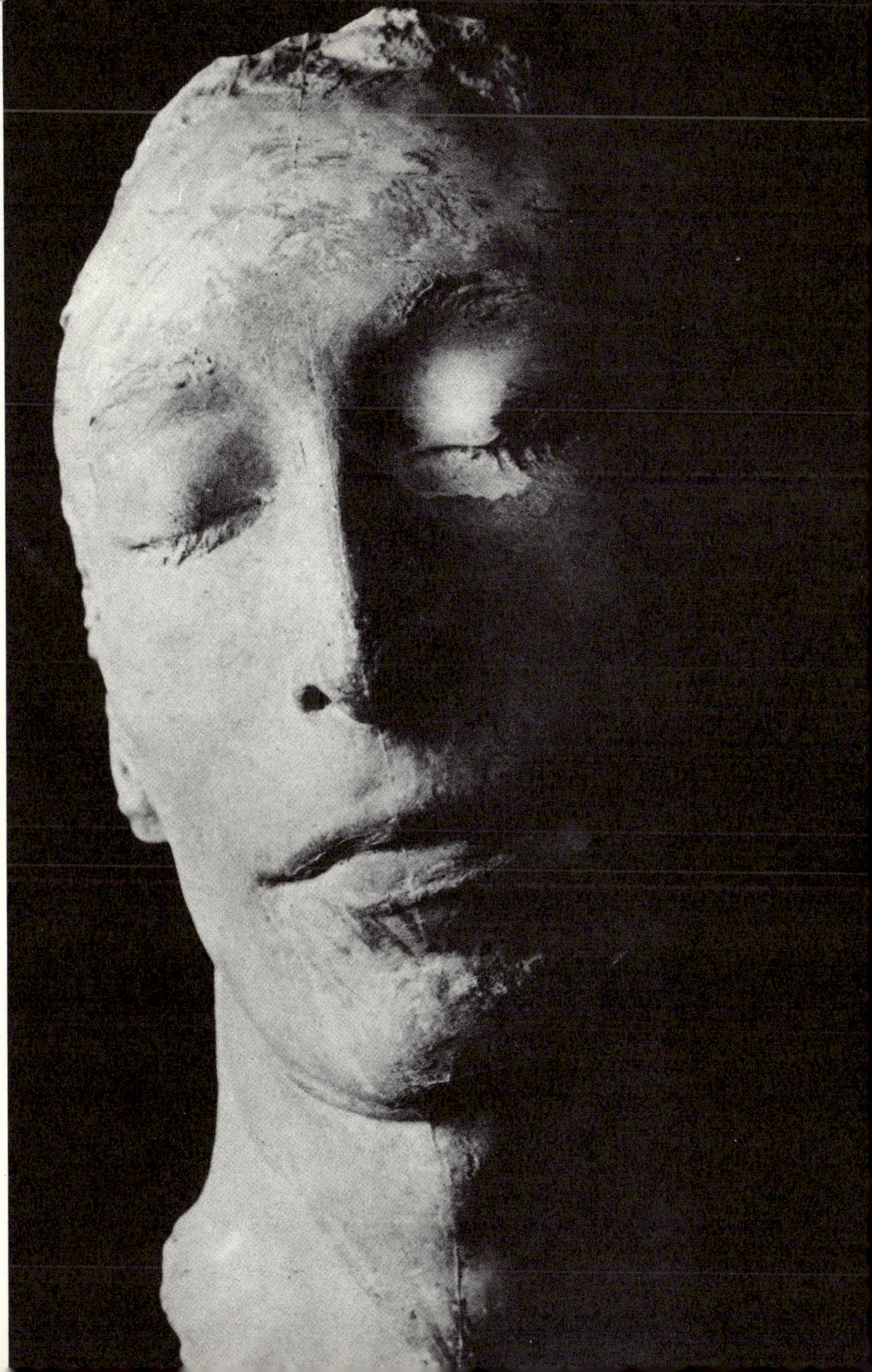

Das Grabmal für die Familiengruft auf dem katholischen Friedhof in Dresden schuf Gottfried Semper. Hier wurde Carl Maria von Weber am 15. Dezember 1844 zum zweitenmal beigesetzt. Stich von A. Krauße nach Zeichnung von G. Taubert

Nachwort

Nach Webers Tod mußte Fürstenau noch viele Wochen in London bleiben, um alles Geschäftliche korrekt abzuwickeln. Er hatte Charlotte von Hansmann, Carolines beste Freundin, gebeten, ihr die traurige Nachricht zu überbringen. Webers Zustand war schon bei der Abreise beängstigend gewesen, sie hatte befürchten müssen, daß sie ihren Mann nicht wiedersehen würde. Ihre beiden kleinen Söhne, vier und anderthalb Jahre alt, die sie so notwendig brauchten, halfen ihr, sich den Realitäten zu stellen.

Ihre finanzielle Lage war nach genauer Prüfung günstiger als erwartet. Der Hof erhöhte ihre bescheidene Pension um das Doppelte, und die Honorare für Aufführungen der Opern und Ergebnisse von Benefizveranstaltungen ergaben bessere Einnahmen als zu Carl Marias Lebzeiten. Um das tägliche Brot und die Ausbildung der Kinder brauchte sie sich keine Sorgen zu machen.

1841 kam von vielen Seiten die Anregung, Webers Sarg in die Heimat zurückzuführen. Es bildete sich ein Komitee, das sich an verschiedene musikalische Instanzen wandte; auch der Dresdener Hof wurde ehrerbietig um Unterstützung gebeten. Er lehnte ab. Man würde, so hieß es, damit einen Präzedenzfall schaffen, durch den künftig jeder im Ausland verstorbene Kapellmeister der Oper zurückgeholt werden müsse.

Richard Wagner, Webers Nachfolger als Kapellmeister der Dresdener Oper, wurde Sprecher des Komitees. Seiner starken Überzeugungskraft gelang es, die notwendigen Mittel mit Hilfe eines großen Kreises interessierter Persönlichkeiten und Weberfreunde aufzubringen.

Im Dezember 1844 begleitete Webers ältester Sohn Max Maria, der sich studienhalber in England aufgehalten hatte, den Sarg seines Vaters an Bord der »John Bull« nach Hamburg. Die im Hafen ankernden Schiffe der ver-

Webers Sarg wurde von der »John Bull« nach Hamburg gebracht. Die im Hafen ankernden Schiffe senkten bei seinem Eintreffen ihre Flaggen auf Halbmast. Zeitgenössischer Holzschnitt

schiedensten Nationen erwiesen ihm Reverenz: Sie senkten bei seinem Eintreffen ihre Flaggen auf Halbmast.

Am 15. Dezember wurde Carl Maria von Weber in dem von Gottfried Semper würdig gestalteten Familiengrab beigesetzt. Wagners Abschiedsworte, von hohem Pathos getragen, bildeten den Höhepunkt der Trauerfeier.

Einen tragischen Akzent erhielt der feierliche Akt durch den kurz zuvor erfolgten Tod Alexanders von Weber, des jüngeren Bruders von Max. Alexander galt als große Hoffnung der Malakademie, die er besucht hatte, und er war, wie sein Bruder berichtete, einer Maserninfektion erlegen.

Max Maria wurde später Direktor der sächsischen Staatseisenbahnen; hohe Ämter in Wien und Berlin folgten. Er schrieb Bücher über sein Fachgebiet und verfaßte die erste ausführliche Biographie seines Vaters, auf der alle späteren Werke fußen.

Richard Wagner sagte in seiner Gedenkrede, es habe »kein deutscherer Musiker gelebt« als Weber. Das Wort ist oft aufgegriffen und wiederholt worden, nicht nur im 19. Jahrhundert. In Zeiten wachsenden nationalen Selbstbewußtseins mochte es dem allgemeinen Lebensgefühl entsprechen, doch trifft es nur einen Aspekt von Webers Kunst. Die großen deutschen Meister sind nicht groß, weil sie deutsch sind, sondern weil sie ihre eigene Musik erfinden. In ihren Werken gibt es viele Klänge, die ihre Zugehörigkeit zur Tradition des deutschen Sprachraums bestätigen, doch daneben auch solche, die von außen, aus fremden Vaterländern, kommen; die musikalische Welt war schon im 17. Jahrhundert erstaunlich international. Fremde Volkslieder oder Tänze können elektrisierend wirken, oft ist es nur ein winziges Motiv, ein bestimmter Rhythmus, der zündet und sich dem eigenen Kompositionsstil untrennbar verwebt. Derartige Momente gibt es bei Bach und bei Mozart, bei Schubert, Beethoven, Brahms oder Mahler. Weber folgte solchen Spuren besonders gern, er hatte die leichte Hand, das untrügliche Ohr dafür. Und gerade das gibt zuweilen seinen deutsch empfundenen Partien ihren wunderbar reinen, unverwechselbaren Klang.

Weber wurde im Laufe seines wechselvollen Lebens ein deutscher Europäer mit Wohnsitz in Wien, Prag, Berlin, Dresden, zuletzt London. Sosehr er die großen Städte liebte und sich in ihnen »wie ein Fisch in seinem Element« vorkam: Sein ständiger Aufenthaltsort war nicht die Welt. Das eigentliche Zuhause blieb Hosterwitz – und sonst nur die Musik.

Nicht alles, was Weber geschrieben hat, ist heute noch lebendiger Bestandteil des Musiklebens. Ein großer Teil seiner schöpferischen Kraft wurde für Bühnenmusik, Liedeinlagen, Ballette und Chansons der deutschen Oper verbraucht. Dazu kamen Aufträge des Hofes, für den er zunächst mit Freude arbeitete. Es sind insgesamt 13 Werke entstanden, darunter zwei *Messen,* die *Jubel-Kantate,* die *Jubel-Ouvertüre* und kleinere Arbeiten, meist zu Festtagen des königlichen Hauses. Durch die Eifersucht des italienischen Kapellmeisters Morlacchi erlebten nur wenige der Weberschen Auftragskompositionen die Premiere im vorgesehenen Rahmen. Oft wurde das Programm geändert, Webers Werke kamen verkürzt, ohne Präsenz des Hofes zu Gehör – manchmal gar nicht. Diese Praxis hat ihn oft gekränkt und seine geschwächte Gesundheit noch zusätzlich belastet.

Von seinen dramatischen Werken wurden *Abu Hassan* und *Silvana* im 19. Jahrhundert noch viel gespielt. *Der Freischütz* überrundete zunächst alle anderen Opern von Weber mit seinen Aufführungszahlen. Er erscheint auch heute noch im Repertoire zahlreicher Bühnen – und sicherlich im Jahr des 200. Geburtstags des Komponisten.

Euryanthe und *Oberon* erfuhren nach Webers Tod zahllose Umarbeitungen, Textänderungen oder Unterlegung einer stark veränderten Handlung; sicher macht sich in jeder Bearbeitung der Stil, die Mode der Zeit bemerkbar, in der sie geschaffen wurde. Als einziger der vielen Bearbeiter sei hier Gustav Mahler angeführt, ein Sonderfall. Er hat die unvollendet hinterlassenen *Drei Pintos* ergänzt und entscheidende Bearbeitungen am *Oberon* vorgenommen. Er war wie Weber Operndirigent, hatte echte Sympathie für die Musik des Kollegen – und war selber ein großer Komponist.

Wieweit das Jahr des 200. Geburtstags musikalische Überraschungen, neue überzeugende Lösungen, zum Beispiel für die beiden letzten Opern, bieten wird, steht noch aus. Vielleicht entspricht Webers Musik, die Dissonanzen nicht scheute, in ihren Grundzügen heute oder morgen wieder dem Geschmack der Hörer. Die Vorlieben für bestimmte, lang vergessene Zeitstile sind gegenwärtig wechselhaft und oft überraschend. Warum sollte es nicht möglich sein, daß Weber, der mit seiner *Euryanthe* das Lehrstück eines neuen Opernstils schuf, von einem unbefangenen jungen Publikum neu entdeckt wird? Weber selber war sich durchaus bewußt, was er getan hatte. Aus Wien, dem Ort der Uraufführung, schrieb er an Caroline: »Es ist doch recht schön und ein eigenes Gefühl, zu sehen und zu wissen, daß man seiner Zeit einen Stoß oder eine Richtung gegeben hat, die sich niemand bei dem herrschenden Geschmack erwarten konnte.«

Es ist mir ein Bedürfnis, all denen zu danken, die mir bei meiner Arbeit geholfen haben. Ich möchte die Bibliothek im Staatlichen Institut für Musikforschung, Preußischer Kulturbesitz, Berlin, nennen, die mir die gründliche Beschäftigung mit der reichhaltigen Weber-Literatur und -Musik ermöglichte. Ferner danke ich Herrn Dr. Werner Bollert, Bad Reichenhall, dessen aus reicher Erfahrung stammende Ratschläge mir sehr wertvoll waren. Der Deutschen Staatsbibliothek Berlin (DDR) und Herrn Dr. Wolfgang Goldhan (Musikabteilung) haben Verlag und Autorin für die Überlassung der Noten- und Handschriftenproben auf den Seiten 93, 138, 161, 162 und 167 dieses Buches zu danken. Roswitha Zehm danke ich für ihre Hilfe bei der Herstellung des Anhangs. Auch möchte ich Hans-Jürgen Freiherrn von Weber, Hamburg, dem Ururenkel des Komponisten, danken, der immer bereit war, Fragen zu beantworten und Einzelheiten aus der Familientradition zu berichten. Dietrich Fischer-Dieskau danke ich für seine vielseitige, kenntnisreiche Hilfe und sein Verständnis für meine Arbeit.

Karla Höcker

Anhang

Inhaltsangaben der drei großen Opern

Der Freischütz

I. Im Böhmerwald, bald nach dem Dreißigjährigen Krieg, haben sich vor einer Waldschenke Landleute und Jäger versammelt, um den neuen Schützenkönig zu feiern, den Bauern Kilian. Max, der Jägerbursche des fürstlichen Erbförsters Kuno, muß sich verspotten lassen: Seit Wochen hat er kein Jagdglück gehabt. Ob er einmal Nachfolger des Erbförsters werden und dessen Tocher Agathe, seine Braut, heiraten kann, darüber entscheidet am kommenden Tag nach altem Brauch der Probeschuß, den er vor dem Fürsten ablegen muß.

In der Dämmerung gesellt sich der Jägerbursche Kaspar zu dem in niedergedrückter Stimmung zurückgebliebenen Max. Kaspar hat sich dem höllischen »schwarzen Jäger« Samiel verschrieben. Er verspricht Max, ihm um Mitternacht in der Wolfsschlucht unfehlbar treffende »Freikugeln« zu verschaffen.

II. Im Forsthaus wartet inzwischen Agathe mit ihrer jungen Verwandten Ännchen sehnsüchtig auf Max. Sie hatte einen Eremiten aufgesucht, der ihr zum Schutz vor einer unbekannten Gefahr geweihte Rosen geschenkt hat, und war sorgenbeschwert nach Hause gekommen. Nun ist sie erleichtert; die Gefahr scheint abgewendet: Ein von der Wand gefallenes Ahnenbild hätte sie töten können, aber sie wurde nur leicht davon geritzt. Ännchen ist gerade dabei, das Bild wieder aufzuhängen.

Endlich kommt Max, aber er scheint verstört und hat es eilig. Unter dem Vorwand, in der Nähe der Wolfsschlucht einen großen Hirsch geschossen zu haben, der noch hereingeschafft werden müsse, läßt er die Mädchen in Angst zurück.

In der unheimlichen nächtlichen Wolfsschlucht bereitet Kaspar das Ritual für das Gießen der Freikugeln vor. Dem erscheinenden Samiel, der ihn an seine bald abgelaufene Frist mahnt, verspricht er seinen Jagdgesellen Max als Opfer. Samiel gewährt ihm sechs Freikugeln. Die siebente behält er sich vor. Sie soll Agathe ins Herz treffen.

Um Mitternacht klettert Max in die dunkle Schlucht. Er sieht den Geist seiner verstorbenen Mutter ihn warnend zurückwinken und danach das Bild Agathes, die wie im Wahnsinn erscheint und sich in den Wasserfall stürzen will. Es gibt nun kein Zurück mehr für Max. Während Kaspar die Kugeln gießt, wird es in der Wolfsschlucht immer stürmischer und gespenstischer. Bei der siebenten Kugel tut sich die Hölle vollends auf. Samiel erscheint; Max verliert das Bewußtsein.

III. Am anderen Morgen hat sich Max bereits die Hochachtung der fürstlichen Jäger erworben: Mit hervorragenden Treffern hat er seinen Anteil an den Freikugeln verschossen. Die anderen drei gehören Kaspar, der ihm nun die unheilvolle siebente gibt.

Indessen bereitet sich Agathe im Gebet auf den Hochzeitstag vor. Sie hat dunkle Vorahnungen, denn im Traum sah sie sich in eine weiße Taube verwandelt, auf die Max zielte. Ännchen gelingt es kaum, sie aufzuheitern. Sie geht, während die Brautjungfern kommen, um die Braut anzusingen, den Brautkranz zu holen. Agathe öffnet die Schachtel und schrickt zurück: Es liegt eine Totenkrone darin. Ännchen flicht geschwind einen Kranz aus den weißen Rosen des Eremiten.

Im Wald schart sich eine fröhliche Gesellschaft um das Jagdzelt des Fürsten Ottokar. Agathe und die Brautjungfern werden erwartet. Als Probeschuß soll Max eine weiße Taube im Zweig eines Baumes treffen. Als er die Büchse anlegt, eilt Agathe mit einem Schrei zwischen den Bäumen hervor. Max trifft mit dem losgehenden Schuß die davonfliegende Taube nicht, aber Agathe sinkt ohnmächtig nieder. Kaspar, der auf den Baum geklettert war, stürzt von der Kugel getroffen zu Boden. Er hatte den hilfreichen Eremiten bei Agathe stehen sehen und verflucht nun Samiel im Sterben. Der Fürst läßt ihn in die Wolfsschlucht werfen. Max klärt, seine Schuld gestehend, die Vorgänge auf und soll des Landes verwiesen werden. Doch der Eremit weist den Fürsten auf das Unrecht hin, vom Lauf einer Kugel das Glück zweier Herzen abhängig zu machen. Den Probeschuß soll es hinfort nicht mehr geben. Max wird ein Probejahr zu bestehen haben, nach dessen Ablauf dann die Hochzeit stattfinden darf.

Euryanthe

I. Beim Fest in einem mittelalterlichen Königsschloß in Frankreich preist Adolar, Graf zu Nevers, die tugendhaften Reize seiner Braut Euryanthe von Savoyen. Der neidische Lysiart, Graf zu Forrest, wettet um Hab und Gut mit Adolar, daß Euryanthes Treue zu erschüttern sei.

Eglantine von Pulset, die ihrerseits Adolar liebt, ist ebenfalls bemüht, Euryanthe zu verdächtigen. Es gelingt ihr, sich freundschaftlich zu verstellen und Euryanthe dazu zu bewegen, ein Geheimnis zu verraten, das Adolar ihr einmal unter dem Siegel der Verschwiegenheit anvertraut hatte: Seine Schwester Emma war keines natürlichen Todes gestorben, sondern hatte sich mit einem vergifteten Ring das Leben genommen aus Schmerz über den Tod ihres in der Schlacht gefallenen Bräutigams.

II. Lysiart hat es nicht erreicht, Euryanthes Unschuld ins Wanken zu bringen. Nun verbündet er sich mit Eglantine, die den Ring aus Emmas Gruf gestohlen hat. Er bittet Euryanthe im Namen König Ludwigs VI. an den Hof. Vor versammeltem Hofstaat weist er den Ring vor, den er von Euryanthe als Liebesbeweis erhalten zu haben behauptet. Euryanthe weist diese Lüge zurück. Da es aber offenkundig wird, daß sie ihren Schwur gebrochen und nicht über die Umstände von Emmas Tod geschwiegen hat, glaubt Adolar ihr nicht mehr und löst seine Wette Lysiart gegenüber ein.

III. Adolar führt Euryanthe in eine öde Felsschlucht. Ermattet folgt sie; er will sie töten. Als aber eine Schlange sich ihm bedrohlich nähert und Euryanthe sich furchtlos vor das Ungeheuer wirft, um den Geliebten zu schützen, ist er zu der Tat nicht mehr fähig. Er tötet die Schlange und verläßt Euryanthe. Alleingelassen, will sie vor Kummer sterben. Da findet sie der König, der in der Gegend jagt und dem sie alle Vorkommnisse wahrheitsgemäß berichtet. Er will ihr helfen.

Adolar, der seine höfische Tracht abgelegt hat, erfährt von Bauern von der bevorstehenden Hochzeit Lysiarts und Eglantines. Er findet sich dazu ein. Eglantines Gewissen schlägt wegen des Verrats an Euryanthe. Als Adolar Lysiart zum Zweikampf herausfordert, tritt der König dazwischen und verkündet Adolar den angeblichen Tod Euryanthes. Nun kennt Eglantine keine Zurückhaltung mehr und offenbart ihren Betrug. Sie wird von Lysiart erstochen. Euryanthe, die sich verborgen gehalten hatte, kommt zum guten Ende wieder hervor.

Oberon

I. Der Elfenkönig Oberon und seine Gemahlin Titania sind durch die Frage, wer mehr zur Untreue neige, Mann oder Frau, in einen heftigen Streit geraten. Sie schwören, sich erst wieder miteinander zu verbinden, wenn sich ein Liebespaar finden ließe, das keine Macht der Welt auseinanderbringen kann. Der betrübte Oberon fürchtet daher, Titania auf immer entbehren zu müssen. Doch sein Diener Puck meint ein solches Paar zu kennen: Hüon von Bordeaux, ein fränkischer Ritter, der im Auftrag Karls des Großen in Askalon gelandet ist, hat dort in einem unbewachten Augenblick Rezia, die Nichte des Emirs, erblickt. Auch sie hat ihn gesehen, und beide wurden sofort von tiefer Liebe zueinander ergriffen. Deshalb ist Rezia nach Bagdad in den Serails ihres Vaters Harun al Raschid gebracht worden, bewacht von zwölf Eunuchen. Der unglückliche Hüon weiß nicht, wo sie sich befindet. Puck hat nun den Ritter und seinen Knappen Scherasmin flugs im Schlaf nach Geisterart ins Feenreich gebracht und zeigt ihm mit Hilfe von Oberons Zauberstab im Traum das Bild der sich nach ihm sehnenden Rezia. Als er erwacht, ist er sofort entschlossen, sie um jeden Preis zu befreien. Oberon gibt ihm ein Horn aus goldverziertem Elfenbein mit auf die Reise. Damit kann er in höchster Not den Feenkönig herbeirufen.

Fatime, Rezias Dienerin, hat den arabisch verkleideten blonden Ritter mit seinem Knecht vor dem Stadttor von Bagdad erblickt: Nun schöpft Rezia neue Hoffnung auf Befreiung.

II. Scherasmin hat ausgekundschaftet, daß kommende Nacht die Vermählung Prinzessin Rezias mit dem Prinzen Babekan stattfinden soll. Es gelingt Hüon, gemeinsam mit Scherasmin zur Nachtzeit in den Palast des Kalifen einzudringen, gerade als Rezia dem Prinzen zugeführt werden soll. Hüon ersticht Babekan und flieht im allgemeinen Tumult mit Rezia, Scherasmin und Fatime. Die Lanzenreiter des Kalifen verfolgen die beiden Paare und finden sie auf der Rast in einer Oase. Scherasmin kann sich der Fesselung im letzten Augenblick entziehen und bläst in das Horn. Sofort sinken die Soldaten zu Boden, die Fesseln lösen sich von selbst, und Oberon erscheint. Er ist von der Treue des Ritters überzeugt worden und fragt Rezia, ob auch sie bereit sei, sich mit Hüon in ungewisse Gefahren zu begeben. Ja, sie will ihm gehören in Glück und Unglück. So hält Oberon ihnen ein Schiff am mittelländischen Meer bereit, das sie für die Fahrt in die Zukunft besteigen.

Puck ruft die Elementargeister herbei, die einen gewaltigen Sturm auf dem Meer entstehen lassen und das Schiff zum Sinken bringen. Hüon kann sich mit Rezia an ein ödes Felsengestade retten. Während er geht, um Ausschau nach dem anderen Paar zu halten, erblickt Rezia ein Schiff in der Ferne und winkt mit ihrem weißen Tuch. Die vermeintlichen Retter sind jedoch Seeräuber, die Rezia ergreifen und fortschleppen. Den herbeieilenden Hüon schlagen sie bewußtlos. Oberon erscheint wieder. Helfen kann er nicht, denn die Trennung des Paares gehört zur Prüfung. Doch läßt er von Puck einen schattigen Hain hervorzaubern, in dem Hüon sieben Monate ruhen soll. Danach bringt Puck ihn durch die Luft nach Tunis in den Palastgarten des Emirs. Als er dort erwacht, wird er zum Sklavendienst im Garten bestellt.

III. Auch Scherasmin und Fatime, die von den Seeräubern aufgefischt und auf dem Sklavenmarkt verkauft worden waren, befinden sich am selben Ort. Hüon erfährt von ihnen, daß der Emir Almansor für einen hohen Preis Prinzessin Rezia den Piraten abgekauft hat, sie jetzt wie in einem goldenen Käfig hält und vergeblich um sie wirbt. Als Rezia hört, daß Hüon in der Nähe ist, versucht sie, ihn durch eine Dienerin heimlich nachts in den Palasthof zu bestellen. Dort trifft er zunächst auf Roschana, die eifersüchtige Gemahlin des Emirs. Sie hat sich in den vermeintlichen Gärtner verliebt, umschlingt ihn, will ihn mit allen Mitteln verführen und bietet ihm einen Dolch an zur Ermordung Almansors. Hüon reißt sich los, doch Almansor kommt zornentbrannt dazu und läßt Roschana abführen und erdrosseln. Seinen Bewaffneten befiehlt er, einen Holzstoß zu errichten und Hüon darauf zu verbrennen. Rezia eilt vergeblich um Gnade bittend herbei. Um Hüons Schicksal teilen zu können, bekennt sie sich zu ihm als ihrem Gatten. Zusammen mit ihm wird sie auf dem Scheiterhaufen festgebunden, das Feuer wird entfacht. Da kommt Scherasmin mit dem Horn, das beim Schiffsuntergang verlorengegangen war. Zwei Elfen, von Oberon gesandt, haben es gebracht. Scherasmin bläst ein Lied darauf, und Almansor und seine Leute müssen wie im Zwang unaufhörlich tanzen. Hüon und Rezia steigen vom Scheiterhaufen herab.

Im Feengarten erscheinen Titania und Oberon, der nun durch die Treue des Paares vom Schwur entbunden ist und seine Königin neu umarmen kann. Als letzten Feenzauber versetzt er die beiden in die Kaiserpfalz Karls des Großen, der Hüon einst ausgesandt und aus dessen Hand er nun die Braut empfängt.

Zeittafel

1786 Carl Maria Friedrich Ernst von Weber am 18. oder 19. November in Eutin geboren (getauft am 20. November)
1796 Klavierunterricht bei Johann Peter Heuschkel in Hildburghausen
1797 Unterricht in Komposition bei Michael Haydn in Salzburg
1799 Unterricht bei Johann Nepomuk Kalcher (Komposition) und Johann Evangelist Valesi/Wallishauser (Gesang) in München
1800 Oper *Das Waldmädchen* – Uraufführung in Freiberg/Sachsen
1801 Weiteres Studium bei Michael Haydn in Salzburg
1803 Oper *Peter Schmoll* – Uraufführung in Augsburg
Weber nimmt Unterricht bei Abbé Vogler in Wien
1804 Kapellmeister am Stadttheater Breslau
1806 Musikintendant bei Prinz Eugen von Württemberg auf Schloß Carlsruhe (Schlesien)
1807 Weber geht als Geheimsekretär des Herzogs Ludwig von Württemberg nach Stuttgart
1810 Weber wird aus Württemberg ausgewiesen
Oper *Silvana* – Uraufführung in Frankfurt/Main
1811 Oper *Abu Hassan* – Uraufführung in München
Kunstreisen in die Schweiz, nach Sachsen
1812 Weber von Februar bis August in Berlin. Erstaufführung der *Silvana*
1813 Weber wird Operndirektor in Prag
1814 Weber kurz in Berlin, großer Konzerterfolg. Lieder aus *Leier und Schwert* finden begeisterten Widerhall
1816 Weber verläßt Prag, erhält die Berufung als Kapellmeister der deutschen Oper zu Dresden
Endgültige Verlobung mit Caroline Brandt, Heirat am 4. November 1817
1820 Oper *Der Freischütz* beendet, *Die drei Pintos* begonnen
Konzertreise nach Norddeutschland und Dänemark
1821 Oper *Preziosa* – Uraufführung in Berlin (15. März)
Der Freischütz – Uraufführung in Berlin (18. Juni)
1822 *Der Freischütz* in Dresden aufgeführt
Reise nach Wien. Der Sohn Max Maria von Weber geboren

1823 Oper *Euryanthe* – Uraufführung in Wien (25. Oktober)
Weber besucht Beethoven in Baden bei Wien
1824 Opernauftrag aus London: *Oberon* (nach Wieland)
1825 Erstaufführung der *Euryanthe* in Berlin
Weber besucht Goethe in Weimar
Geburt des zweiten Sohnes Alexander Victor Maria
1826 Weber in England. Uraufführung des *Oberon* (12. April)
In der Nacht vom 4. zum 5. Juni stirbt Weber in London
Beisetzung in der Kirche von Moorfields (21. Juni)
1844 Überführung des Sarges nach Dresden und Beisetzung (15. Dezember) in der Familiengruft. Grabrede von Richard Wagner

Geldwerte zu Webers Zeit, Gehälter, Honorare, Lebenskosten

4 Pfennig	= 1 Kreuzer
3 Kreuzer	= 1 Groschen
60 Kreuzer	= 1 Gulden
90 Kreuzer	= 1 Reichstaler

Goldmünzen:

4 1/2 Gulden	= 1 Dukaten
7 1/2 Gulden	= 1 Pistole
8 Gulden	= 1 Friedrichsdor
9 Gulden	= 1 Carolin

500 Liv. Sterl.	= 3300 Taler
100 Liv. Sterl.	= 660 Taler
10 Liv. Sterl.	= 66 Taler

1804

Der zwischen dem Breslauer National-Theater und Weber geschlossene Vertrag sah für den Kapellmeister vor:
wöchentliche Gage im 1. Jahr: 12 Reichstaler (ca. 145 Mark im Monat),
wöchentliche Gage im 2. Jahr: 14 Reichstaler (ca. 170 Mark im Monat);
der preußische Taler (Reichstaler) betrug 3,01 Mark.

1807

In Stuttgart erhielt Weber als Geheimer Sekretär des Herzogs Ludwig von Württemberg jährlich 400 Gulden sowie freie Wohnung, Heizung und Licht.

1810
Für die Partitur des *Abu Hassan,* die Weber dem Großherzog von Hessen widmete, erhielt er von diesem 440 Gulden.

1811
Theaterdirektor Liebich in Prag erwarb die Aufführungsrechte von *Abu Hassan* und *Silvana* für zusammen 1500 Gulden.

1813
Als Kapellmeister am Ständischen Prager Theater erhielt Weber ein Jahresgehalt von 2000 Gulden sowie 1000 Gulden für einen Benefizabend garantiert.

1817
Zum Vergleich: An seine Braut in Prag schrieb Weber über seine Dresdener Lebenshaltungskosten:
»Unbedingt brauche ich:

Quartier	12 Taler monatlich
Bediente	8 Taler monatlich
Wäsche	3 Taler monatlich
Essen und Trinken	30 Taler monatlich
Schuster u. Schneider	10 Taler monatlich
Briefporto	5 Taler monatlich

Dies sind nun schon ohne alle Extraausgaben 68 Taler, und 120 habe ich alle Monate einzunehmen. Da ist kein Holz, kein Licht, keine Bücher, nichts gerechnet.«

1820/21
Das 1820 und 1821 in zwei Raten von der Berliner Hofbühne für den *Freischütz* gezahlte Honorar betrug 80 Friedrichsdor.

1822
Für Unterricht erhielt Weber in Dresden 1 Dukaten pro Lektion.

1822/23
Für die von Wien bestellte große Oper *Euryanthe* schlug Weber in einem

Brief vom 3. 1. 1822 ein Honorar von 240 Friedrichsdor vor, zusätzlich Reisegeld von 60 Friedrichsdor für eine Informationsreise nach Wien.
Weber bekam 720 Taler für die Wiener Aufführung der *Euryanthe*.

1825
Für die Berliner *Euryanthe*-Aufführung erhielt er 800 Taler.

1826
In London hat Weber im ganzen 1097 Liv. Sterling und 6 Shilling eingenommen, 500 davon für die *Oberon*-Partitur. Das entsprach 3300 Talern, war daher das höchste Honorar, das er für eine Oper erhielt. Die weiteren Liv. Sterling erhielt er für die Leitung von 12 *Oberon*-Aufführungen, für zahlreiche Konzerte, Mitwirkung bei Hauskonzerten der Gentry, kleine Kompositionen etc.

(Nach John Warrack, Max Maria von Weber und Carl Maria von Weber)

Werkverzeichnis

Die im Buch genannten Werke von Carl Maria von Weber (J. = Chronologisch-thematisches Verzeichnis von F. W. Jähns)

Anhang

Literaturverzeichnis

Ameln, Konrad und Hans Schnoor: Deutsche Meister, Briefe, Berichte, Urkunden, Göttingen 1956
Becker, Wolfgang: Die deutsche Oper in Dresden unter der Leitung von Carl Maria von Weber, 1817-1826, Berlin 1962
Benedikt, Julius: Erinnerungen an Karl Maria von Weber, London 1881
Bie, Oskar: Die Oper, Berlin 1913
Bollert, Werner und Arno Lemke: Carl Maria von Webers Briefe an Gottfried Weber, im Jahrbuch 1972 und 1973 des Staatlichen Institutes für Musikforschung, Preußischer Kulturbesitz
Csampai, Attila und Dietmar Holland (Hg.): Carl Maria von Weber, Der Freischütz, Texte, Materialien, Kommentare, Reinbek 1981
Degen, Max: Die Lieder von Weber, im Weberheft Die Musik, Berlin 1905/6
Einstein, Alfred: Größe in der Musik, München/Kassel 1951
Georgii, Walter: Klaviermusik, Berlin-Zürich 1941
Gehrmann, Hermann: Biographie von Carl Maria von Weber, Berlin 1899
Gregor, Joseph: Kulturgeschichte der Oper, Zürich 1941
Haußwald, Günter (Hg.): Carl Maria von Weber, eine Gedenkschrift, Dresden 1951
Hefele, Friedrich: Die Vorfahren Carl Maria von Webers, Karlsruhe 1926
Hellinghaus, Dr. G.: Carl Maria von Weber, seine Persönlichkeit in seinen Briefen und Tagebüchern und in Aufzeichnungen seiner Zeitgenossen, Freiburg 1924
Hoffmann, E. T. A.: Briefe, eine Auswahl, hrsg. von Franz Karl Ginzkey, Wien-München-Leipzig 1922
Hoffmann, E. T. A.: Briefe und Tagebücher, hrsg. von Walter Harich, 2 Bände, Weimar 1924
Hoffmann, E. T. A.: E. T. A. Hoffmanns musikalische Schriften, hrsg. von Dr. Edgar Istel, Stuttgart 1906
Hoffmann, Hans: Carl Maria von Weber, Leben und Werk, Husum 1978
Hürlimann, Martin: Carl Maria von Weber in seinen Schriften und in zeitgenössischen Dokumenten, Zürich 1973
Jähns, Friedrich Wilhelm: Carl Maria von Weber in seinen Werken, Chronologisch-thematisches Verzeichnis seiner sämtlichen Compositionen, Berlin 1871
Jähns, Friedrich Wilhelm: Carl Maria von Weber, eine Lebensskizze, Leipzig 1873

Kaiser, Georg (Hg.): Sämtliche Schriften von Carl Maria von Weber, Leipzig 1908
Kolb, Karl Maria: Beiträge zur Geschichte der deutschen komischen Oper, Berlin 1903
Kroll, Erwin: Carl Maria von Weber, Potsdam 1934
Kerner, Dieter: Krankheiten großer Musiker, Band 2, Mainz 1969
Laux, Karl: Carl Maria von Weber, Bildband, Leipzig 1978
Leinert, Michael: Weber in Selbstzeugnissen und Bilddokumenten, Reinbek 1978
Raabe, Peter: Wege zu Weber, Regensburg 1942
Sandner, Wolfgang: Die Klarinette bei Carl Maria von Weber, Wiesbaden 1971
Schnoor, Hans: Weber auf dem Welttheater, Dresden 1942
Wagner, Richard: Mein Leben, München 1911
Warrack, John: Carl Maria von Weber, eine Biographie, Hamburg 1972
Weber, Carl Maria von: Reisebriefe an seine Gattin Caroline, hrsg. von Karl von Weber, Leipzig 1886
Weber, Carl Maria von: Briefe an Hinrich Lichtenstein, hrsg. von Ernst Rudorff, Braunschweig 1900
Weber, Carl Maria von: Briefe an den Grafen Karl von Brühl, hrsg. von Georg Kaiser, Leipzig 1911
Weber, Carl Maria von: 77 bisher ungedruckte Briefe Carl Maria von Webers, hrsg. von Leopold Hirschberg, Hildburghausen 1926
Weber, Carl Maria von: Briefe, hrsg. von Hans Christoph Worbs, Frankfurt a. M. 1982
Weber, Max Maria von: Carl Maria von Weber, ein Lebensbild, 3 Bände, Leipzig 1864-1868

Bildnachweis

Archiv für Kunst und Geschichte: Seite 53 u, 89 u – Bildarchiv Preußischer Kulturbesitz, Berlin: Seite 9, 89 o, 146 u, 166 u – Deutsche Staatsbibliothek, Berlin (DDR): Seite 93, 138, 161, 162, 167 – Die Vorlagen zu folgenden Abbildungen befinden sich im Archiv für Kunst und Geschichte, Berlin: 15, 17, 18, 33, 35, 36 u, 50, 54 u (2), 56, 58, 72 o, 72 u l, 89 o, 90 o, 90 u l, 97, 104, 107, 108, 109, 128 o, 134, 153, 160, 163 (2), 164, 165, 184 u, 187, 189, 201, 224, 239, 240, 242.
Die übrigen Vorlagen wurden dem Archiv des Verlages entnommen. Schutzumschlagbilder: Bildarchiv Preußischer Kulturbesitz, Berlin.

Inhalt

Biographien

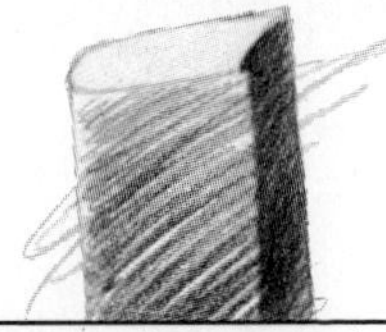

Für Jugendliche und Erwachsene. Mit vielen Abbildungen.
Erschienen im Erika Klopp Verlag. In jeder Buchhandlung.

Prospektwünsche an:

Erika Klopp Verlag · Augustastr. 20B · D-1000 Berlin 45